VERÖFFENTLICHUNGEN DES OSTASIEN-INSTITUTS
DER RUHR-UNIVERSITÄT BOCHUM

Morphologie des koreanischen Verbs

von

BRUNO LEWIN

1970

OTTO HARRASSOWITZ · WIESBADEN

Morphologie des koreanischen Verbs

von

BRUNO LEWIN

1970

OTTO HARRASSOWITZ · WIESBADEN

Herausgegeben vom Direktorium des Ostasien-Instituts der Ruhr-Universität Bochum.
Schriftleitung z. Z. Professor Dr. Bruno Lewin

Gesamtherstellung: KN Digital Printforce GmbH, Stuttgart
Printed in Germany

I n h a l t

V o r w o r t

Mit dieser Morphologie soll der Versuch unternommen werden, den reichen Formenbestand des koreanischen Verbs systematisch zu ordnen und über die Funktionen der Einzelformen Auskunft zu geben. Der systematische Teil, der in seiner Anlage dem Aufbau der Verbalformen folgt, bringt eine kurzgefaßte Einführung in die Morphologie des koreanischen Verbs, der alphabetische Teil eine Übersicht der Verbalformen mit Beispielsätzen.

Die Lehrbücher und Grammatiken des Koreanischen leisten diesen Dienst nur unzureichend, so daß das Studium der koreanischen Sprache und koreanischer Texte oft durch mangelndes Formenverständnis erschwert wird. Auch die vorliegende Formenlehre kann keinen Anspruch auf Vollständigkeit bei der Sammlung und Erschließung des Materials erheben. Für die Systematik der Terminalformen, Konjunktionalformen und der kompositionellen Verbalformen bleibt noch viel zu tun, die teilweise neu geprägte grammatische Terminologie sollte Anlaß zu kritischen Überlegungen geben, und beim Gebrauch des alphabetischen Teils werden sich manche Lücken der Formantien zeigen.

Nur auf wenige zuverlässige Grammatiken und grammatische Untersuchungen der koreanischen Sprache konnte zurückgegriffen werden. Sie sind im nachstehenden Literaturverzeichnis der verwendeten Werke angegeben. Auch hier zeigt sich, daß die Wissenschaft von der koreanischen Sprache noch jung ist. Das große Wörterbuch von Martin, Lee und Chang (1967), das die Formantien des Koreanischen weitgehend berücksichtigt, konnte nur noch im Endstadium der Arbeit zu Rate gezogen werden und ist für morphologische Fragestellungen ohnehin erst dann voll nutzbar, wenn die dort avisierte Korean Reference Grammar erschienen sein wird.

Diese Morphologie hätte nicht abgeschlossen werden können, wenn mir Herr Dr. phil. Hyogmyon Kwon, Lektor für Koreanisch am Ostasien-Institut der Ruhr-Universität Bochum, nicht beim Zusammentragen der Textbelege geholfen hätte. Ihm verdanke ich auch die ad hoc gebildeten Beispielsätze, manche Texterläuterungen und Einzelhinweise. Ich bin ihm für seine wertvolle Hilfe sehr dankbar.

Für die technischen Mängel des Schriftbildes, die sich aus der Verwendung deutscher und koreanischer Schreibmaschinentypen ergeben, bitte ich die Benutzer um Nachsicht.

Bochum, Oktober 1969 Bruno Lewin

L i t e r a t u r v e r z e i c h n i s

Ch'oe Hyŏnbae: Uri malbon. Seoul: Chŏng'ŭmsa ³1961.

Yi Hŭisŭng: Sae-kodŭng-munbŏp. Seoul: Iljogak 1966.

Yi Sungnyŏng: Kodŭng-kugŏ-munbŏp. Seoul: Ŭryu-munhwasa 1966.

Yi Sungnyŏng: Chungse-kugŏ-munbŏp. Seoul: Ŭryu-munhwasa 1961.

Yi Kimun: Kugŏsa-kaesŏl. Seoul: Minjung-sŏgwan ²1962.

G.J. Ramstedt: A Korean Grammar, Helsinki 1939. ²1968.

Samuel E. Martin: Korean Morphophonemics. Baltimore: Linguistic Society of America 1954.

Ishihara Rokuzō u. Aoyama Hideo: Chōsengo no gakushū. Tenri: Yōtokusha 1962.

A.A. Cholodovič: Očerk grammatiki korejskogo jazyka. Moskva: 1954.

J.N. Mazur: Korejskij jazyk. Moskva 1960.

E.K. Guseva: Sistema vidov v sovremennom korejskom jazyke. Moskva 1961.

Korejskij jazyk. Sbornik statej. Moskva 1961.

K'ŭn sajŏn. Hrsg. v. Hangŭl-hakhoe. Seoul: Ŭryu-munhwasa 1961-1962 (2.-4. Aufl.).

Kugŏ-daesajŏn. Komp. v. Yi Hŭisŭng. Seoul: Minjung-sŏgwan ⁵1966.

Ŭryu Kugŏ-sosajŏn. Komp. v. Yi Yŏngch'ŏl und Han Yŏngsŏn. Seoul: Ŭryu-munhwasa ⁶1962.

Koŏ-sajŏn. Komp. v. Nam Kwang'u. Seoul: Tong'a-ch'ulp'ansa 1960.

Yijoŏ-sajŏn. Komp. v. Yu Ch'angdon. Seoul: Yŏnsae-daehakkyo-ch'ulp'anbu 1964.

Gendai-Chōsengo-jiten. Hrsg. v. Tenri-daigaku-Chōsen-gakka-kenkyūshitsu. Tenri: Yōtokusha 1967.

Samuel E. Martin, Yang Ha Lee, Sung-Un Chang: A Korean-English Dictionary. New Haven and London: Yale University Press 1967.

E i n l e i t u n g

Das Koreanische ist in seiner morphologischen Struktur dem Japanischen ähnlich. Es lassen sich auch im Koreanischen flektierbare Wörter (yong'ŏn 用言) und unflektierbare Wörter (ch'eŏn 體言) unterscheiden. Die unflektierbaren umfassen folgende Wortkategorien (p'umsa 品詞):

- Nomina (myŏngsa 名詞)
- Pronomina (taemyŏngsa 代名詞)
- Numeralia (susa 數詞)
- Attributiva (kwanhyŏngsa 冠形詞)
- Adverbia (pusa 副詞)
- Konjunktionen (chŏpsoksa 接續詞)
- Interjektionen (kamt'ansa 感歎詞)

Unter den flektierbaren Wörtern figurieren allein die Verba (tongsa 動詞) und Qualitativa (hyŏngyongsa 形容詞).[1] Die koreanischen Qualitativa (Eigenschaftswörter) sind mit den Verba morphologisch fast identisch: formale Abweichungen zeigen sich nur im partizipialen Bereich und bei einigen Terminalformen. Wegen dieser verbalen Merkmale der Qualitativa ist es berechtigt, die flektierbaren Wörter (yong'ŏn) des Koreanischen sämtlich als Verba anzusehen und terminologisch nur zwischen prozessiven Verba (= tongsa) und qualitativen Verba (= hyŏngyongsa) zu unterscheiden.

Die Flektierbarkeit koreanischer Wortkategorien ist auf den verbalen Bereich beschränkt. Die große Gruppe der unflektierbaren Wortarten (ch'eŏn) wird in ihrer syntaktischen oder modalen Wertigkeit innerhalb des Satzes durch die Satzstellung oder durch grammatische "Hilfswörter" (chosa 助詞) bestimmt, die wie im Japanischen als Postpositionen den betreffenden Wörtern enklitisch nachgestellt und wegen ihrer Abhängigkeit nicht als selbständige Wortkategorien aufzufassen sind. Soweit sie sich mit den Kasusendungen indogermanischer Sprachen funktionell identifizieren lassen, sprechen manche Grammatiker von einer Kasusflexion (kyŏkpyŏnhwa 格變化) und von Kasusendungen (kyŏgŏmi 格語尾). Jedoch sind Wortformen des Koreanischen, die sich unter den Begriff der Flexion subsumieren lassen, auf den verbalen Bereich beschränkt, der somit den größten Teil der koreanischen Morphologie überhaupt umfaßt.

1. Einige kor. Grammatiker (z.B. Yi Hŭisŭng) analysieren als dritte Kategorie der Yong'ŏn sog. Existentialia (chonjaesa 存在詞), welche Daseinsaussagen beinhalten (있다 itta, 계시다 kyesida "dasein", 없다 ŏpta "nicht dasein"). Da diese semantische Gruppe morphologisch den Verben gleichzustellen ist, erübrigt sich hier ihre Aussonderung. Wir bezeichnen sie als Verba der Befindlichkeit.

Die flektierbaren Wörter des Koreanischen, d.h. die prozessiven und qualitativen Verben, erweisen sich als sehr formenreich. Ihre Flexion (hwaryong 活用) ist eine Endungsflexion. Die Flexionsendungen (hwaryong-ŏmi 活用語尾) sind agglutinative Morpheme, die zu oft mehrgliedrigen Endungsmorphemen kombiniert sind. Diese Endungsmorpheme treten an den Wortstamm (ŏgan 語幹), der die Anschlußbasis für die Verbalformen bildet. Bei den Verbalstämmen bzw. Anschlußbasen lassen sich im Koreanischen primäre und sekundäre Verbalbasen sowie erweiterte Verbalstämme unterscheiden. Die Ableitung der sekundären Verbalbasen und erweiterten Verbalstämme von den Primärbasen geschieht mittels Stammbildungsmorphemen. Sie dienen zur Bezeichnung von Tempora, Modi und Genera verbi und bilden die Basen für die prädikativen Aussageformen. Die Endungsmorpheme treten direkt oder unter Einschaltung eines Themavokals an Verbalbasen oder erweiterte Verbalstämme. Die Endungsmorpheme drükken syntaktische Beziehungen und Funktionskategorien aus. Hinsichtlich ihrer syntaktischen Relevanz hat man terminale Endungen (chonggyŏl-ŏmi 終結語尾), konjunktionale Endungen (yŏn'gyŏl-ŏmi 連結語尾) und derivative Endungen (chŏnsŏng-ŏmi 轉成語尾) unterschieden. Die derivativen Endungen umfassen die vom Verb abgeleiteten Attributivformen (kwanhyŏngsa-hyŏng 冠形詞形), die auch als Partizipialformen bezeichnet werden können, Nominalformen (myŏngsa-hyŏng 名詞形) und Adverbialformen (pusa-hyŏng 副詞形). Sie bilden die Gruppe der nichtprädikativen Aussageformen des Verbs. Die prädikativen Endungen hingegen bezeichnen einerseits Hauptsatzprädikate (Terminalformen) und andererseits Nebensatzprädikate (Konjunktionalformen). Sie sind die morphologisch am stärksten differenzierte Gruppe der Verbalformen. Nur in dieser Gruppe, und hier allein bei den Terminalformen, zeigen die Endungsmorpheme funktionale Relevanz, und zwar in dem Sinne, daß sie die Intention der Aussage (Deklarativ, Interrogativ, Imperativ, Propositiv, Affektiv), die interpersonalen Beziehungen der Aussage (Soziativ) sowie den subjektiven Wirklichkeitsgehalt der Aussage (Dubitativ, Intentionalis, Quotativ) bezeichnen können. Der syntaktische und semantische Bezug ist in den prädikativen Endungen zugleich enthalten, weshalb sie als mehrfunktionale Endungen zu definieren sind.

Ebenso wie im japanischen Verbalsystem gibt es auch im koreanischen keine grammatische Person. An ihre Stelle tritt weitgehend der interpersonale Bezug, der durch die Verbalkategorie Soziativ reguliert ist. Zur Bezeichnung der Genera verbi, der Modi und Aktionsarten, die mit den einfachen Verbalformen des Neukoreanischen nicht mehr, unzureichend oder gar nicht fixiert werden können, treten zusätzlich kompositionelle Aussageweisen auf, die durch verschieden strukturierte Verbindungen von Haupt- und Hilfsverb diese Verbalkategorien ausfüllen.

Im nachstehenden Abriß (Teil I) wird das koreanische Verbalsystem, wie es oben skizziert worden ist, nach morphologischen Gesichtspunkten dargestellt. Dabei wurde nach der synthetischen Methode vorgegangen, um den Aufbau der oft komplizierten koreanischen Verbformen transparent zu machen. Ausgangspunkt der Darstellung bilden die Verbalbasen, von denen über die erweiterten Stämme zu den Endungsformen fortgeschritten wird. Um die Übersicht für das praktische Sprachstudium nutzbar zu machen, sind anschließend (Teil II) die im Abriß behandelten Stammbildungs- und Endungsmorpheme sowie die Formantien der kompositionellen Verbalformen in alphabetischer Ordnung gegeben, mit morphologischen, funktionellen und semantischen Erläuterungen sowie Beispielsätzen versehen. Aus diesem Grunde konnte im ersten Teil auf Beispiele weitgehend verzichtet werden.

Gegenstand der Darstellung ist die neukoreanische Hochsprache (KH) des Zentralgebietes mit Seoul als Mittelpunkt. Auf dialektale Formen und spezifische Entwicklungen der Umgangssprache (U) wird nur am Rande eingegangen. Häufiger werden Formen der älteren Schriftsprache (S), die in der Literatur des Neukoreanischen (ab 1600) lebendig geblieben sind, behandelt, da man beim Textstudium, insbesondere auch in der Poesie, oft auf solche Formen stößt. Sie finden ausführlicher im alphabetischen Teil Behandlung.

Als Transkription findet das System von Reischauer-McCune Verwendung (vgl. G.M.McCune, E.O.Reischauer: The Romanization of the Korean Language Based Upon Its Phonetic Structure. In: Transact.Kor.Branch Royal Asiatic Soc. 29/1939).

T E I L I

D A S V E R B A L S Y S T E M

V e r b a l b a s e n   u n d   e r w e i t e r t e   S t ä m m e

1. Die <u>Anschlußbasen</u> sind entweder identisch mit den Primärbasen, welche als nicht weiter analysierbare Verbalwurzeln zu definieren sind, oder sie entstehen aus der Verbindung der Primärbasen mit Stammbildungsmorphemen zur Ableitung und Erweiterung.

1. 1 Man hat vokalische und konsonantische Primärbasen zu unterscheiden. Ein großer Teil der Primärbasen ist einsilbig.

1. 11 <u>Vokalische Primärbasen</u> haben einen vokalischen Auslaut. Als Auslautvokale können auftreten: a, ŏ, yŏ, o, u, i, ŭ, ae, e, oe, ui, ŭi.

Beispiele:

가	ka-	(gehen)	쓰	ssŭ-	(schreiben)
서	sŏ-	(stehen)	보내	ponae-	(schicken)
펴	p'yŏ-	(ausbreiten)	세	se-	(zählen)
보	po-	(sehen)	되	toe-	(werden)
주	chu-	(geben)	쉬	sui-	(ausruhen)
피	p'i-	(blühen)	희	hŭi-	(weiß sein)

1. 11. 1 Die Verbalformen (Stamm- und Endungsformen) schließen stets unmittelbar an die vokalischen Basen an (Anschlußtyp 1: 1).

1. 11. 11 Bei der Bildung des Konverbalstammes von vokalischen Basen treten in vielen Fällen Assimilationen und Kontraktionen auf (§ 1. 32.2). Instabilität zeigen in dieser Form insbesondere die (r)ŭ-Basen (§ 1.32.25.1) und die ha-Basis (§ 1.32.24.2).

1. 11. 11. 1 Die ha-Basis (machen) wird in einer Gruppe von Komposita der U zu h- verkürzt und der Kompositum-Stamm wie eine konsonantische h-Basis behandelt (§ 1.12.21.1); z.B.그러하 kŭrŏha- (so sein)>그렇 kŭrŏh-, 어떠하 ŏttŏha- (wie sein)>어떻 ŏttŏh-,아니하 aniha- (nicht sein) >않 anh-.

1. 12 <u>Konsonantische Primärbasen</u> haben einen konsonantischen Auslaut.

1. 12. 1 Die Verbalformen (Stamm- und Endungsformen) schließen bei vokalischem Anlaut stets unmittelbar an die Konsonantenbasen an (1), bei konsonantischem Anlaut teils ohne Themavokal (athematischer An-

schluß: Anschlußtyp 1), teils mit Themavokal (thematischer Anschluß: Anschlußtyp 2).

1. 12. 11 Themavokal ist ŭ. Nur bei p/w-Basen ist u Themavokal (§ 1.12.22.5).

1. 12. 12 Athematisch (1) angeschlossen werden die folgenden Formen (Stammbildungs- und Endungsmorpheme):

a) die Morpheme -saop, -sŭp, -chaop usw. des objektbezogenen Honorativstammes (§ 1.31.2) sowie die mit ihnen zusammengesetzten Terminalformen (§§ 2.11.1 ff.);
b) der Futurstamm auf -kess (§ 1.33.3);
c) die retrospektiven Terminalformen auf -tŏ mit den Ableitungen -te (< tŏi), -tŭi und -ti (§§ 2.11.1 ff.);
d) die meisten ohne das Honorativmorphem -p gebildeten assertiven und retrospektiven Terminalformen (-naida,-saida, -ne, -na, -ke, -se, -te, -ta, -nda, -nŭnya, -cha, -tŏra usw. siehe §§ 2.11.1 ff.);
e) viele erweiterte und die meisten emphatischen (affektiven) Terminalformen (§§ 2.12, 2.13);
f) verbale Konjunktionalformen, die auf -cha, -ko, -kŏ (-ŏ), -ke, -ta, -tŏ/tŭ, -nŭ und -chi (teilweise) lauten oder anlauten sowie -torok (§ 2.24.10);
g) die Partizipialformen auf -nŭn und -tŏn (§§ 3.11, 3.13);
h) die Nominalformen auf -ki, -i und -chi (§§ 3.21, 3.23, 3.24);
i) die Adverbialformen auf -i, -o (-u) und -ke (§§ 3.31 ff.).

1. 12. 13 Thematisch (2) angeschlossen werden die folgenden Formen (Stammbildungs- und Endungsmorpheme):

a) das Morphem -si des subjektbezogenen Honorativstammes (§ 1.31.1);
b) die Morpheme -p, -op und -o des objektbezogenen Honorativstammes (§ 1.31.2) sowie die mit ihnen zusammengesetzten Terminalformen (§§ 2.11.1 ff.);
c) die intentional-dubitativen Terminalformen (§§ 2.11.1 ff.);
d) die verbalen Konjunktionalformen mit dem Anlaut -m und -n sowie die auf -rŏ und -ra (teilweise) (§ 2.24);
e) die Partizipialformen auf -n und -l (§§ 3.12, 3.14);
f) die Nominalform auf -m (§ 3.22).

1. 12. 2 Es sind stabile und instabile Konsonantenbasen zu unterscheiden.

1. 12. 21 <u>Stabile Konsonantenbasen</u> unterliegen bei der Formbildung keiner morphologischen Veränderung. Beim Antritt von Verbalendungen sind jedoch die phonetischen Assimilationserscheinungen zu beachten (siehe Tabelle S. 54).

Als konsonantische Auslaute treten auf:

1. 12. 21. 1 Die einfachen Konsonanten k, kk, t, t', s, ss, ch, ch', p, p', n, m, h.

Beispiele:

먹	mŏk-	(essen)	쫓	tchoch'-	(verjagen)
꺾	kkŏkk-	(zerbrechen)	잡	chap-	(greifen)
받	pat-	(nehmen)	덮	tŏp'-	(bedecken)
붙	put'-	(haften)	안	an-	(umarmen)
웃	us-	(lachen)	검	kŏm-	(schwarz sein)
있	iss-	(dasein)	좋	choh-	(gut sein)
맞	mach-	(passen)			

1. 12. 21. 2 Die Konsonantenverbindungen lk, lt', lp, lp', ps, lm, lh, nch, nh.

Beispiele:

붉	pulk-	(rot sein)	젊	chŏlm-	(jung sein)
핥	halt'-	(lecken)	잃	ilh-	(verlieren)
넓	nŏlp-	(breit sein)	앉	anch-	(sitzen)
읊	ŭlp'-	(rezitieren)	많	manh-	(viel sein)
없	ŏps-	(nicht dasein)			

1. 12. 22 <u>Instabile Konsonantenbasen</u> unterliegen bei der Formbildung morphologischen Veränderungen.

In der koreanischen Terminologie werden sie als "unregelmäßige Verben" (pyŏnch'ik-yong'ŏn 變則用言) der Gesamtheit der übrigen "regelmäßigen Verben" (kyuch'ik-yong'ŏn 規則用言) gegenübergestellt.

Es sind fünf instabile Typen von Konsonantenbasen zu unterscheiden: l/Null-Basen, s/Null-Basen, h/Null-Basen, t/r-Basen und p/w-Basen.

1. 12. 22. 1 Die <u>l/Null-Basen</u> verlieren den liquiden Anlaut regelmäßig vor Morphemen auf n-, p-, o- und dem Honorativmorphem si-.

Beispiel: 살 sal- (leben) 사니 sani, 삽니다 samnida (< sapnita), 사오 sao, 사신다 sasinda usw.; aber: 살다 salda, 살면 salmyŏn, 살고 salgo, 살아서 sarasŏ usw.

1. 12. 22. 11 Vor Endungen auf t-, s-, ch- kann das l ausfallen, z.B.사더라 sadŏra neben살더라 saldŏra,사세 sase neben살세 salse,사자 saja neben살자 salja. Hier gilt jedoch die l-Form als KH (Ausnahme: Honorativmorphem si-, s.o.).

1. 12. 22. 2 Die <u>s/Null-Basen</u> gehen vor konsonantisch anlautenden Morphemen auf s aus, elidieren das s jedoch vor vokalisch anlautenden Morphemen und vor dem Themavokal (ŭ).

Beispiel: 낫 nas- (sich erholen) -낫다 natta,낫고 nakko (< nas-ko),낫나 nanna (< nas-na),낫소 nasso,낫지 natchi;
aber:나으ㄴhaŭni,나읍니다naŭmnida,나은 naŭn,나아서 naasŏ.

1. 12. 22. 21 Das intervokalische s (ㅅ) wurde im frühen Mittelkoreanischen (Koryŏ-Zeit) stimmhaft oder kakuminal (?) artikuliert, seit dem Hungmin-chŏngŭm (1446) graphisch mit dem Zeichen ㅿ fixiert:나ᅀᅡ, 나ᅀᆞ니. Im späten Mittelkoreanischen (1446-1598) schwand dieser Laut und führte so auch zu den neukor. Formen der s/Null-Basen:낫아>나ᅀᅡ> 나아; 낫ᄋᆞ니>나ᅀᆞ니>나으니.

1. 12. 22. 22 s/Null-Basen bilden das n-Partizip (§ 3.12) regelmäßig mit dem Themavokal (z.B. naŭn, s.o.), können aber eine gleichwertige Variante ohne Themavokal bilden (z.B.난 nan).

1. 12. 22. 23 Instabile s/Null-Basen unterscheiden sich von stabilen s-Basen durch eine Dehnung des Stammvokals (Angabe in der lexikalischen Form -ta).

Instabile s/Null-Basen haben:낫다 nātta sich erholen,붓다 pūtta einschenken, schwellen,짓다 chītta herstellen, bauen,잇다 ītta verbinden,긋다 kŭ̄tta Strich ziehen,젓다 chŏ̄tta umrühren, rudern,잣다 chātta pumpen, spinnen.

Stabile s-Basen haben:벗다 pŏtta ausziehen,웃다 utta lachen,빗다 pitta kämmen,씻다 ssitta waschen.

1. 12. 22. 3 Die <u>h/Null-Basen</u> gehen vor Morphemen mit athematischem Anschluß (1) auf h aus, vor Morphemen mit thematischem Anschluß (2) und mit Anschluß in der Konverbalform (3) (§ 1.32) elidieren sie das auslautende h (§ 1.32.12). Die h/Null-Basen beschränken sich auf eine Gruppe von Intensivbildungen qualitativer Verba.

Beispiel:노랗/노라norah/nora- (goldgelb sein) -노랗다 norat'a,
노랗고norak'o,노랗소 norasso, 노랗지 norach'i; aber:

노란 noran, 노라면 noramyŏn,노라서 norasŏ,노랍니다 noramnida (< nora-pnita).

1. 12. 22. 31 Instabile h/Null-Basen haben: 노랗다 norat'a goldgelb sein, 까맣다 kkamat'a pechschwarz sein, fern sein, 허옇다 hŏyŏt'a blendendweiß sein, 보얗다 poyat'a milchigweiß sein,발갛다 palgat'a dunkelrot sein, 커다랗다 k'ŏdarat'a riesengroß sein, 동그랗다 tonggŭrat'a ganz rund sein, u.a.

1. 12. 22. 4 Die t/r-Basen gehen vor konsonantisch anlautenden Morphemen auf t aus, vor vokalischen auf r.

Beispiel: 듣 / 들 tŭt/tŭr- (hören) - 듣다 tŭtta, 듣고 tŭkko (< tŭt-ko), 듣소 tŭsso (< tŭt-so), 듣는 tŭnnŭn (< tŭt-nŭn); aber: 들으니 tŭrŭni, 들으면 tŭrŭmyŏn, 들어서 tŭrŏsŏ usw.

1. 12. 22. 41 Instabile t/r-Basen zeigen in manchen Fällen eine Dehnung des Stammvokals (vgl. § 1.12.22.23).

Instabile t/r-Basen haben: 듣다 tŭtta hören, 걷다 kŏ̄tta zu Fuß gehen,긷다 kītta schöpfen, 닫다 tatta laufen, 묻다 mūtta fragen, 싣다 sītta beladen,붇다 pūtta schwellen,겯다 kyŏ̄tta ölig sein, flechten, 눋다 nūtta anbrennen,깨닫다 kkaedatta begreifen, 일컫다 ilk'ŏtta (be) nennen.

Stabile t-Basen haben: 걷다 kŏtta aufrollen, -nehmen, 닫다 tatta verschließen, 믿다 mitta glauben, 묻다 mutta vergraben, 받다 patta nehmen, 돋다 totta aufsteigen, u.a.

1. 12. 22. 5 Die p/w-Basen gehen vor konsonantisch anlautenden Morphemen auf p aus, vor vokalischen oder dem Themavokal auf (bilabiales) w. Themavokal der p/w-Basen ist u.

Beispiel: 돕 top- (helfen) - 돕다 topta, 돕고 topko, 돕소 topso, 돕는 tomnŭn (< top-nŭn),돕지 topchi; aber: 도우니 to(w)-uni, 도웁니다to(w)umnida (< towu-pnita),도와서 towasŏ usw.

1. 12. 22. 51 Das intervokalische p (ㅂ) wurde im frühen Mittelkoreanischen (Koryŏ-Zeit) zu einem stimmhaften, bilabialen Reibelaut β, seit dem Hungmin-chŏngŭm (1446) graphisch mit dem Zeichen ㅸ fixiert: 도ᄫᅡ,도ᄫᅳ니. Im Neukoreanischen tritt dieser Laut nur noch als Halbvokal w auf. Da das Hangŭl kein Schriftzeichen für intervokalisches w kennt, tritt w in der Verbalbasis graphisch nicht in Erscheinung. Vor dem Themavokal u wird w nicht bezeichnet: 도우니 (< 도오니 < 도ᄫᅳ니 <

돕ᄋᆞ니). Nur in der Verbindung mit folgendem Vokal - hier kommt allein das Konverbalmorphem -a oder -ŏ in Betracht - wird das bilabiale w graphisch zum Endungsanlaut gezogen und durch 오 bzw. 우 wiedergegeben: 와, 워 - 도와 towa (< 도ᄫᅡ < 돕아), 누워 nuwŏ (< 누ᄫᅥ < 눕어).

1. 12. 22. 52 Instabile p/w-Basen zeigen in manchen Fällen eine Dehnung des Stammvokals (vgl. § 1.12.22.23).

Instabile p/w-Basen haben viele qualitative Verba; z.B. 덥다 tŏ̄pta warm sein, 춥다 ch'upta kalt sein, 곱다 kōpta schön sein, 쉽다 suīpta leicht sein, 맵다 maepta scharf sein (im Geschmack), 반갑다 pan'gapta froh sein, 우습다 usŭpta spaßig sein, u.a. Instabile p/w-Basen haben nur folgende prozessive Verba: 굽다 kupta backen, 깁다 kipta ausbessern, 눕다 nupta liegen, 돕다 topta helfen, 뵙다 poepta sehen (honorativ).

Stabile p-Basen haben die meisten prozessiven Verba; z.B. 잡다 chapta greifen, 집다 chipta aufheben, 입다 ipta anziehen, 업다 ŏpta auf dem Rücken tragen (Kinder), 뽑다 ppopta herausziehen, 꼽다 kkopta (an den Fingern) zählen; dgl. auch einige qualitative Verba wie 좁다 chopta schmal sein, 굽다 kupta krumm sein.

1. 2 <u>Sekundäre Verbalbasen</u> fungieren zur Veränderung der Transitivität sowohl prozessiver als auch qualitativer Primärbasen. Mittels einer Gruppe von Ableitungsmorphemen werden intransitive (qualitative) Verba in faktitive, transitive in passive oder kausative verwandelt. Der Gebrauch der Ableitungsmorpheme bestimmt sich nach dem Auslaut der Primärbasis und hat nur die Funktion, die Transitivität zu verändern, ohne ein bestimmtes Genus verbi zu bezeichnen.

1. 21 Als <u>Ableitungsmorpheme</u> treten auf: 이 i, 이우 iu, 우 u, 리 ri, 히 hi, 후 hu, 기 ki (치 ch'i). Die Bildung der Sekundärbasen ist sprachgeschichtlich bedingt und hat als unproduktiv zu gelten. Produktiv werden Genera verbi im Neukoreanischen durch kompositionelle Aussageweisen gebildet (§ 4. 15).

1. 21. 1 <u>Das Ableitungsmorphem 이 i</u> fungiert nach Primärbasen mit vokalischem Auslaut (außer i und i-Diphthongen) und nach Primärbasen mit konsonantischem Auslaut k (teilweise, vgl. § 1.21.5), kk, h, p', lt' und p/w. Mit den Vokalen a und ŏ wird das Morphem i in der Regel zu Diphthongen kontrahiert (a+i > ae 애 , ŏ+i > e 에). Bei p/w-Basen wird vor dem Ableitungsmorphem der labiale Wurzelauslaut fakultativ elidiert.

Beispiele: 보 (sehen): 보이 poi- (sichtbar sein)
나 (entstehen): 내 nae- (erzeugen)
서 (stehen): 세 se- (aufstellen)
바꾸 (wechseln): 바꾸이 / 바뀌 pakkui- (sich ändern)
뜨 (aufwachen): 뜨이 ttŭi- (aufwecken)
먹 (essen): 먹이 mŏgi- (füttern)
낚 (angeln): 낚이 nakki- (geangelt werden)
쌓 (aufhäufen): 쌓이 ssahi- (aufgehäuft sein)
높 (hoch sein): 높이 nop'i- (erheben)
핥 (lecken): 핥이 halt'i- (beleckt werden)
가깝 (nahe sein): 가까위 kakkawi- oder 가까이 kakkai- (annähern)
덥 (warm sein): 데 te- (wärmen, anbrennen)

1. 21. 2 Das Ableitungsmorphem 이우 iu fungiert als seltene Variante von i nach Primärbasen mit vokalischem Auslaut (außer i und i-Diphthongen).
Beispiele: 서 (stehen): 세우 seu- (aufstellen) = 세 se- (s.o.)
자 (schlafen) 재우 chaeu- (schlafen legen)
자라 (wachsen): 자래우 charaeu- (wachsen lassen)

1. 21. 3 Das Ableitungsmorphem 우 u fungiert nach vokalischen Primärbasen auf i und i-Diphthongen.
Beispiele: 피 (blühen): 피우 p'iu- (blühen lassen)
깨 (aufwachen): 깨우 kkaeu- (wecken)

1. 21. 4 Das Ableitungsmorphem 리 ri fungiert nach Primärbasen mit liquidem Auslaut (l, t/r, rŭ, rh). rŭ-Basen elidieren den Schlußvokal (vgl. Bildung des Konverbalstammes, § 1.32.25.1).
Beispiele: 알 (wissen): 알리 alli- (informieren)
갈 (schleifen): 갈리 kalli- (geschliffen sein)
걷/ 걸 (zu Fuß gehen): 걸리 kŏlli- (zu Fuß gehen lassen)
듣/ 들 (hören): 들리 tŭlli- (gehört werden, hören lassen)
오르 (aufsteigen): 올리 olli- (aufheben, darbieten)
흐르 (fließen): 흘리 hŭlli- (vergießen)
뚫 (durchbohren): 뚫리 ttulli- (durchbohrt werden)

1. 21. 41 들 (halten) bildet die Sekundärbasis 드리 tŭri- (geben) ohne Geminierung der Liquide.

1. 21. 5 Das Ableitungsmorphem 히 hi fungiert nach Primärbasen mit

konsonantischem Auslaut auf k (teilweise, vgl. § 1.21.1), t, p, lp, lk, nch.

Beispiele: 박 (hineinschlagen): 박히 pakhi- (hineingeschlagen sein)
닫 (verschließen): 닫히 tathi- (verschlossen sein)
뽑 (herausziehen): 뽑히 ppophi- (herausgezogen werden)
넓 (breit sein): 넓히 nŏlphi- (verbreitern)
얽 (binden): 얽히 ŏlkhi- (gebunden sein)
앉 (sitzen): 앉히 anchhi- (setzen)

1. 21. 6 Das Ableitungsmorphem 후 hu fungiert nach Primärbasen mit dem konsonantischen Auslaut ch.

Beispiele: 맞 (passen): 맞후 machhu- (anpassen)
낮 (niedrig sein): 낮후 nachhu- (senken)

1. 21. 61 Die Orthographie tendiert zum Hinüberziehen des ch-Lautes mit Aspiration: 맞추다 match'uda, 낮추다 natch'uda usw.

1. 21. 7 Das Ableitungsmorphem 기 ki fungiert nach Primärbasen mit konsonantischem Auslaut auf n, m, lm, s, ch', nh.

Beispiele: 안 (umarmen): 안기 an'gi- (umarmt werden)
감 (waschen): 감기 kamgi- (sich waschen)
굶 (hungern): 굶기 kumgi- (aushungern)
벗 (sich ausziehen): 벗기 pŏkki- (Kleider ablegen)
쫓 (verjagen): 쫓기 tchokki- (gejagt werden)
끊 (unterbrechen): 끊기 kkŭnk'i- (unterbrochen sein)

1. 21. 71 Bei einigen h- und p-Basen tritt als Variante von hi bzw. i (nach h) und ki das Ableitungsmorphem 치 ch'i auf; z.B. 놓 (freisetzen): 놓이 nohi- (gesetzt sein), 놓치 noch'i- (entkommen lassen); 끊 (unterbrechen): 끊기 kkŭnk'i- (unterbrochen sein), 끊치 kkŭnch'i- (zeitweilig aufhören); 굽 (gebogen sein): 굽치 kopch'i- (zusammenfalten).

1. 21. 72 Neben ki ist in wenigen Fällen das alte Ableitungsmorphem 구 ku existent; z.B. 솟 (sich erheben): 솟구 sokku- (hochheben, schultern)

1. 3 Erweiterte Stämme entstehen aus der Verbindung der Verbalbasen mit Stammbildungsmorphemen. Es gibt drei Arten von Stammbildungsmorphemen: zur Bildung der Honorativstämme, des Konverbalstammes und

der Temporalstämme. Sie können gemeinsam in einer Form auftreten. Die erweiterten Stämme bilden ihrerseits Anschlussbasen für die Endungsmorpheme und werden morphologisch wie die Verbalbasen behandelt.

1. 31 <u>Die Honorativstämme</u> dienen ursprünglich der ehrerbietigen Kennzeichnung von Handlungen und Sachverhalten, welche im Redeinhalt eingeschlossene Personen betreffen. Sie bezeichnen im Prinzip einen stoffbezogenen Honorativ, während der partnerbezogene Honorativ durch die in Soziativstufen klassifizierbaren Terminalformen (§§ 2.1 ff.) bezeichnet wird. Wir unterscheiden einen Honorativstamm zur Ehrung des personalen Subjekts (chuŏ-kyŏng'ŏ-bŏp 主語敬語法) und einen Honorativstamm zur Ehrung des personalen Objekts (mokchŏgŏ-kyŏng'ŏ-bŏp 目的語敬語法). Während der erstere stets stoffbezogen geblieben ist, tendierte der letztere zum Übergang in die Partnerbezogenheit, indem er von der honorativen Bezeichnung der besprochenen Objektperson zur honorativen Bezeichnung der angesprochenen Partnerperson überging.

1. 31. 1 <u>Der subjektbezogene Honorativstamm</u> ist an einen Handlungsträger der nichtersten Person gebunden (Ehrung der handelnden anderen Person: chon'gyŏng-bŏp 尊敬法). Er ist durch das Stammbildungsmorphem 시 -si gekennzeichnet, welches unmittelbar an die Verbalbasis antritt, nach konsonantischen Basen mit Themavokal (Anschlußtyp 2), nach l/Null-Basen an die Null-Variante: 주 : 주시chusi-, 웃 : 웃으시 usŭsi-, 걷 : 걸으시 kŏrŭsi-, 돕 : 도우시tousi-, 살 : 사시 sasi- (in U auch Anschluß an den Konverbalstamm: 살아시sarasi-).

1. 31. 11 Der subjektbezogene Honorativstamm wird als vokalische Anschlußbasis auf i behandelt (§ 1.11).

1. 31. 2 <u>Der objektbezogene Honorativstamm</u> kennzeichnet eine Handlung honorativ-bescheiden (kyŏmson-bŏp 謙遜法) gegenüber dem zu ehrenden personalen Objekt der Rede oder dem Gesprächspartner. Er weist ein Stammbildungsmorphem in verschiedenen historischen Formen auf. Es steht in der Regel unmittelbar vor den Endungsmorphemen und wird ihnen, wenn es im Neukoreanischen in die Partnerbezogenheit übergegangen ist, üblicherweise auch zugerechnet. Die verbreitetste Form des objektbezogenen Honorativstamm-Morphems der modernen Sprache, der fünften Soziativstufe zuzuordnen (§ 2.11.5), ist ㅂ -p (Anschlußtyp 2), nach konsonantischen Basen häufiger 습 (< 삽 < 사옵, s.u.) -sŭp (Anschlußtyp 1). Ehr-

erbietiger ist das der sechsten Soziativstufe zuzuordnende Honorativmorphem 옵 (사 옵/ 자 옵) -op (-saop, -chaop) (Anschlußtyp 1) der älteren S, auch noch im gehobenen Briefstil vertreten. -op steht nach vokalischen Basen, -saop nach konsonantischen Basen, -chaop speziell nach t, ch, ch'. Vor vokalisch anlautenden Endungen, den Endungsmorphemen n(i) (fakultativ), r(i) und den Konjunktionalsuffixen -myŏn und -na wird der labiale Auslaut elidiert: 오 , 사 오, 자 오, -o, -sao, -chao. -saop und -chaop treten überdies in den Kontraktionsformen 삽 -sap und 잡 -chap auf.

Beispiele: 보 (sehen): 봅(시 다) pop-sida, 보 옵 (고)poop-ko, 보 오(니) poo-ni, 보 잡(고) pochap-ko, 보 자 오(니) pochao-ni; 막 (abhalten): 막 습(니 다) maksŭp-nida, 막 으 옵(고) magŭop-ko, 막으오(니)magŭo-ni, 막 사 옵 (고) maksaop-ko, 막사 오 (니)maksao-ni.

1. 31. 21 Man beachte stets die Stellung und Bedeutung der honorativen Morpheme, z.B.주 시 겠 사 옵 나 이 다 chusigessaomnaida "er wird geben": hier bezeichnet -si ehrend die Handlung der nichtersten Person (stoffbezogen), -saop im Zusammenhang mit der Endung der sechsten Soziativstufe (§ 2.11.6) die ehrerbietige Äußerung gegenüber dem Gesprächspartner (partnerbezogen).

1. 31. 22 Den Morphemen des objektbezogenen Honorativs sind auch das veraltete 노 -no und 소 -so gleichzustellen, als Ausdruck der Bescheidenheit häufig auf Handlungen der eigenen Person angewandt und in emphatischen Endungen wie 노 라 -nora, 노 니 -noni oder 놋 다-notta (§ 2.13) oder in Terminalformen wie 소 서-sosŏ, 노 이 다 -noida oder 도 소 이 다 -tosoida (§ 2.11.6) auftretend.

1. 32 <u>Der Konverbalstamm</u> fungiert a) als Konjunktionalform zur Bezeichnung der Vorzeitigkeit oder Abfolge ("nachdem", "dann"); b) als terminale Soziativform der formlosen Redeweise (Panmal) oder, in Verbindung mit dem Endungsmorphem -yo, der höflichen Redeweise (§§ 2.11.1, 2.11.41); c) als Anschlußbasis (Anschlußtyp 3) für den Präterital- und Plusquamperfektstamm (§§ 1.33.1, 1.33.2), für die Konjunktionalsuffixe -sŏ und -to (§§ 2.24.2, 2.24.5), das Adverbialsuffix -ya (§ 3.34) sowie für Verbalkomposita und Hilfsverba (§§ 3.36, 4.16).

1. 32. 1 <u>Bildungsmorphem des Konverbalstammes</u> ist 어 -ŏ, nach o oder a (KH) jedoch 아 -a.

Das Stammbildungsmorphem -ŏ/a wird athematisch (1) an konsonantische

Verbalbasen gehängt: 먹 (essen): 먹어 mŏgŏ, 웃 (lachen): 웃어 usŏ, 있 (dasein): 있어 issŏ, 좋 (gut sein): 좋아 choha, 받 (nehmen): 받아 pada.

1. 32. 11 Bei p/w-Basen (§ 1.12.22.5) tritt das Konverbalmorphem an die w-Variante des Stammes (돕: 도와 towa, 줍 : 주워 chuwŏ), bei s/Null-Basen (§ 1.12.22.2) an die Null-Variante (낫 : 나아 naa, 붓 : 부어 puŏ).

1. 32. 12 Bei h/Null-Basen (§ 1.12.22.3), die sämtlich auf -ah oder -ŏh ausgehen, wird die Konverbalform durch Elision des auslautenden h gebildet (노랗: 노라 nora, 허옇 : 허여 hŏyŏ).

1. 32. 2 Bei vokalisch auslautenden Verbalbasen und beim Honorativstamm auf -si (§ 1.31.1) treten in vielen Fällen <u>Assimilationen und Kontraktionen</u> auf.

1. 32. 21 Nur die einsilbigen Verbalbasen auf o, u, i und die Basen auf i-Diphthonge (außer ae) unterliegen in der Regel keinen Assimilationen mit dem Konverbalmorphem: 보(sehen): 보아 poa, 주 (geben): 주어 chuŏ, 이(sein) 이어 iŏ, 피 (blühen): 피어 p'iŏ, 지 (tragen): 지어 chiŏ, 치 (schlagen): 치어 ch'iŏ, 되 (werden): 되어 toeŏ, 세 (zählen): 세어 seŏ, 쉬 (ruhen): 쉬어 suiŏ, 희 (weiß sein): 희어 hŭiŏ.

1. 32. 21. 1 Kontraktionen zu einer Silbe sind als U-Formen möglich: 보아 > 봐, 주어 > 줘 , 이어 > 여, 피어 > 펴; nach Sibilanten geht dabei in der Aussprache die Palatalität verloren (§ 1.32.23).

1. 32. 21. 2 Entgegen der standardisierten Orthographie wird die nach i-Lauten zu hörende Jotierung zuweilen mitgeschrieben: 이여, 되여, 쉬여 usw.

1. 32. 22 Bei mehrsilbigen Verbalbasen auf o, u, und i wird das Konverbalmorphem mit dem Stammesauslaut kontrahiert (o + a > wa, u + ŏ > wŏ, i + ŏ > yŏ): 배우 (lernen): 배워 paewŏ, 나누 (teilen): 나눠 nanuŏ, 아니 (nicht sein): 아녀 anyŏ, 기다리 (warten): 기다려 kidaryŏ, 마시 (trinken): 마셔 masyŏ, 먹이 (füttern): 먹여 mŏgyŏ.

1. 32. 22. 1 Die einsilbige Verbalbasis 오 (kommen) bildet den Konverbalstamm regelmäßig ebenso: 와 wa.

1. 32. 23 i-Basen nach den Sibilanten ch und ch' verlieren in der

Konverbalform die Palatalität, obgleich in der Regel 저 und 처 geschrieben wird: 지 (tragen): 져 chŏ (U), 가지 (halten): 가져 kajŏ, 치 (schlagen): 쳐 ch'ŏ (U), 가르치 (lehren): 가르쳐 karŭch'ŏ.

1. 32. 24 Nach Verbalbasen auf a, ae, ŏ und yŏ ist die Konverbalform mit der Verbalbasis identisch (a+a > a, ae+a > ae, ŏ+ŏ > ŏ, yŏ+ŏ > yŏ): 가 (gehen): 가 ka, 보내 (schicken): 보내 ponae, 서 (stehen): 서 sŏ, 펴 (ausbreiten): 펴 p'yŏ.

1. 32. 24. 1 In der U werden auch die oe- und e-Basen (§ 1.32.21) häufig ebenso behandelt: 되 (werden): 되 toe, 세 (zählen): 세 se.

1. 32. 24. 2 Die ha-Basis bildet den Konverbalstamm auf i (U) oder yŏ (KH). Es gibt nur ein Verb dieses Typs: 하 ha- (machen): 해 hae, 하여 hayŏ. Eine ältere Nebenform (S) lautet auch 하야 haya. In den umgangssprachlich kontrahierten Komposita der ha-Basis des Typs 그렇 kŭrŏh- (so sein) und 어떻 ŏttŏh- (wie sein) (§ 1.11.11.1) lautet der Konverbalstamm 그래 kŭrae bzw. 어때 ŏttae.

1. 32. 25 Bei ŭ-Basen wird der Schlußvokal ŭ vor dem Konverbalmorphem elidiert: 쓰 (schreiben): 써 ssŏ, 바쁘 (beschäftigt sein): 바뻐 pappŏ, 치르 (bezahlen): 치러 ch'irŏ.

1. 32. 25. 1 Die meisten ŭ-Basen mit vorangehender Liquide (rŭ-Basen) geminieren die Liquide vor dem elidierten Schlußvokal ŭ und richten sich in der Vokalqualität des Konverbalmorphems nach dem Wurzelvokal: 오르 (aufsteigen): 올라 olla, 부르 (rufen): 불러 pullŏ.

Dazu gehören folgende Verba (Angabe in der lexikalischen Form auf -ta): 가르다 karŭda (trennen), 이르다 irŭda (sagen, früh sein), 모르다 morŭda (nicht wissen), 마르다 marŭda (trocknen), 흐르다 hŭrŭda (fließen), 빠르다 pparŭda (schnell sein), 고르다 korŭda (eben sein, ebnen; auswählen), 누르다 nurŭda (drücken) u.a.

1. 32. 25. 11 Wie einfache ŭ-Basen behandelt werden nur 치르다 ch'irŭda (bezahlen): 치러 ch'irŏ, 따르다 ttarŭda (nachfolgen): 따러 ttarŏ und 따라 ttara.

1. 32. 25. 12 Unter Beibehaltung der rŭ-Basis bilden folgende Verba den Konverbalstamm auf -rŏ: 이르다 irŭda (ankommen): 이르러 irŭrŏ, 푸르다 p'urŭda (grünblau sein): 푸르러 p'urŭrŏ, 누르다 nurŭda (gelb sein): 누르러 nurŭrŏ.

1. 33 Die Temporalstämme bezeichnen vergangenes, zukünftiges oder, in einer Nebenfunktion, ungewisses Geschehen. Es gibt zwei Temporalmorpheme (ㅆ ss, 겠 kess), die alleinstehend oder kombiniert folgende Tempora und Modi bilden können: Präteritum oder Perfektum (-ss), Präteritum perfecti oder Plusquamperfekt (-ssŏss), Futurum oder Dubitativ (-kess) und Dubitativ perfecti (-sskess). In einem kombinierten Temporalmorphem bezeichnet -kess häufiger den Dubitativ als das Futurum.

1. 33. 01 Das Präteritalmorphem -ss wird an den Konverbalstamm - auch den honorativen - affigiert (§§ 1.32 ff.), das Futurmorphem -kess an die Verbalbasis (§§ 1.11, 1.12, 1.2) oder den Honorativstamm auf -si (§ 1.31.1); an konsonantische Basen schließt es athematisch (1) an, unter Beachtung der Konsonantenassimilation (siehe Tabelle S. 54).

1. 33. 02 Die Temporalstämme werden morphologisch wie konsonantische Verbalbasen auf -ss behandelt. Sie bilden die Anschlußbasen vom Anschlußtyp 4 (4) der Temporalformen, sodann vieler Retrospektiv- und Quotativformen.

1. 33. 03 Als Quasi-Temporalmorpheme können 더 -tŏ und 리 -ri angesehen werden, bei denen im Neukoreanischen jedoch stets der modale Aspekt der Rückerinnerung bzw. der Ungewißheit und Absicht vorherrscht (§§ 1.33.11, 1.33.31).

1. 33. 1 Der Präteritalstamm bezeichnet mit dem Morphem ㅆ -ss die Vergangenheit oder Vollendung eines Geschehens. Das Präteritalmorphem ist aus der Verbalbasis 있 iss des (Hilfs)Verbs der Befindlichkeit entstanden. Der Präteritalstamm hat folgende Form: 먹 (essen): 먹었 mŏgŏss-, 좋 (gut sein): 좋았 chohass-, 춥 (kalt sein): 추웠 ch'uwŏss-, 가 (gehen): 갔 kass-, 하 (machen): 했 haess- oder 하였 hayŏss-, 쓰 (schreiben): 썼 ssŏss-, 오르 (aufsteigen): 올랐 ollass-, 가지 (halten): 가졌 kajŏss-, 주시 (geben, honor.): 주셨 chusyŏss- usw.

1. 33. 11 Dem Präteritalmorphem -ss steht semantisch das Retrospektivmorphem 더 -tŏ mit der phonetischen Variante 드 -tŭ (erweitert zu 데 -te, 듸 -tŭi, 디 -ti) nahe (§ 2.10.3), dessen Auftreten in einer Form die Rückerinnerung impliziert (Anschlußtyp 1): z.B. 하더라 hadŏra, 먹더라 mŏktŏra (§ 2.11.2).

1. 33. 11. 1 Nach der Kopula 이다 ida lautet in der älteren S das Re-

trospektivmorphem 러-rŏ (1-rŏ) statt -tŏ; z.B. 이러니 irŏni, 이런가 irŏn'ga. Vgl. auch -ta / -ra, § 2.12.

1. 33. 2 Der Plusquamperfektstamm wird durch Reduplizierung des Präteritalmorphems ㅆ -ss, verbunden durch konverbales ŏ, gebildet und bezeichnet die Vorvergangenheit oder die Vollendung einer Handlung in der Vergangenheit. Er hat folgende Form (vgl. § 1.33.1): 먹었었 mŏgŏssŏss-, 갔었 kassŏss-, 했었 haessŏss-/ 하였었 hayŏssŏss-, 주셨었 chusyŏssŏss- usw.

1. 33. 3 Der Futurstamm bezeichnet mit dem Morphem 겠-kess ein zukünftiges Geschehen, Ungewißheit oder Absicht (der 1. Pers.). Das Futurmorphem ist aus dem Prospektivmorphem 게-ke und dem Verbalstamm 있 iss- des (Hilfs)Verbs der Befindlichkeit (vgl. § 1.33.1) entstanden. Der Futurstamm hat folgende Form (vgl. § 1.33.01): 먹겠 mŏkkess-, 좋겠 chok'ess-, 춥겠 ch'upkess-, 가겠 kagess-, 하겠 hagess-, 쓰겠 ssŭgess-, 오르겠 orŭgess-, 가지겠 kajigess-, 주시겠 chusigess- usw.

1. 33. 31 Statt des Futurmorphems -kess tritt in Intentional- und Dubitativformen das ältere Stammbildungsmorphem 리 -ri des Futurs in Funktion. Es wird der Verbalbasis thematisch (2) angeschlossen (§§ 2. 11.1 ff.): 가리 kari-, 먹으리 mŏgŭri- usw. Die Konverbalform von -ri lautet 려 -ryŏ (< ri + iŏ = Futurmorphem + Konverbalform der Kopula ida).

1. 33. 31. 1 -ri tritt nur vor Terminalformen auf, während -ryŏ auch vor Temporalformen (렸 -ryŏss-), Konjunktionalformen (려고 -ryŏgo) und Partizipialformen (련 -ryŏn) fungiert.

1. 33. 31. 2 Das Morphem -ri fungiert in der älteren S auch als Terminalform der 3. und 2. Soziativstufe im Dubitativ oder Intentionalis, sowohl im deklarativen als auch im interrogativen Sinn.

1. 33. 4 Der Dubitativperfektstamm wird durch Verknüpfung des Präterital- und Futurstammes gebildet und bezeichnet eine auf die Vergangenheit bezogene Ungewißheit, Möglichkeit oder Absicht. Er hat folgende Form (vgl. § 1.33.1): 먹었겠 mŏgŏkkess-, 갔겠 kakkess-, 주셨겠 chusyŏkkess- usw.

1. 33. 41 Es gibt auch einen Dubitativplusquamperfektstamm (auf Vollendung in der Vergangenheit oder auf die Vorvergangenheit bezogene Ungewißheit, Möglichkeit oder Absicht), der jedoch selten zur Anwendung kommt: 먹었었겠 mŏgŏssŏkkess-, 갔었겠 kassŏkkess- usw.

Prädikative Verbalformen

2. Die prädikativen Verbalformen kennzeichnen das Satzprädikat und sind zugleich Grenzsignale einer Aussage, da sie einen Satz abschließen. Es ist streng zwischen terminalen und konjunktionalen Prädikaten zu unterscheiden. Erstere bilden den Schluß eines Einzelsatzes oder Satzgefüges, letztere begrenzen den Nebensatz und haben eine überleitende Funktion. Wesentliche Unterscheidungsmerkmale sind die (partnerbezogene) soziative Abstufung und der funktionale Bezug, beides den Terminalformen vorbehalten.

2. 1 Die Terminalformen bezeichnen den Abschluß einer Aussage und bilden das Satzende. Sie enthalten Bestimmungen über a) die Darstellungs-, Auslösungs- oder Kundgabefunktion der Aussage (funktionaler Bezug), b) die interpersonale Beziehung der Gesprächspartner (soziativer Bezug), c) den Wirklichkeitsgehalt der Aussage aus der Sicht des Sprechers (modaler Bezug).

2. 10. 1 Der funktionale Bezug gibt an, ob eine Aussage als Erklärung, Frage, Befehl oder Aufforderung intendiert oder ob sie emphatisch ist. Danach lassen sich fünf funktionale Kategorien unterscheiden: 1. Deklarativ (sŏlmyŏng-bŏp 說明法), 2. Interrogativ (ŭimun-bŏp 疑問法), 3. Imperativ (myŏngnyŏng-bŏp 命令法), 4. Propositiv (kwŏnyu-bŏp 勸誘法), 5. Affektiv (kamt'an-bŏp 感歎法). Die ersten vier funktionalen Kategorien werden in der Regel durch einfache Terminalformen bezeichnet. Zur Bezeichnung des Affektivs dienen auch erweiterte Terminalformen.

2. 10. 2 Der soziative Bezug gibt an, in welchem soziativen Verhältnis die Gesprächspartner sich befinden. Je nach Grad der Achtungsbezeugung lassen sich sechs formal differenzierte Soziativstufen unterscheiden: (I) die formlose Sprechweise (panmal 반말 "halbe Sprache"), allgemein unter Kindern, barsch gegenüber Kindern und Untergebenen, intim unter Vertrauten, (II) die "sehr niedrige" Sprechweise (haera 해라)[1], gegenüber Kindern und Untergebenen, zwanglos unter Vertrauten, neutral in der Schriftsprache, (III) die "niedrige" Sprechweise (hage 하게), gegenüber jüngeren Personen, zwanglos unter Bekannten, (IV) die "hohe" Sprechweise (hao 하오), freundlich herablassend gegenüber

1. Die koreanischen Soziativstufen II bis VI werden meist mit der entsprechenden Imperativform des Verbs 하다 hada (machen) benannt.

Erwachsenen, auch Untergebenen, korrekt unter Gleichgestellten, (V) die "sehr hohe" Sprechweise (hapsyo 합쇼), ehrerbietig gegenüber Höherstehenden, sehr höflich unter Gleichgestellten, (VI) die "höchste" Sprechweise (hasosŏ 하소서), gegenüber Gottheiten, höchsten Würdenträgern, im veralteten formalen Briefstil und in der älteren S.

2. 10. 3 <u>Der modale Bezug</u> gibt an, ob die Aussage schlichten Wirklichkeitsbezug hat (Assertiv), oder ob die Tatsächlichkeit eines Sachverhaltes aus eigener Erfahrung (Erinnerung) oder fremder Beobachtung konstatiert wird (Retrospektiv). Der Retrospektiv steht dem Präteritum nahe, da er auf zurückliegende Sachverhalte Bezug nimmt (vgl. § 1.33.11). Diesen beiden indikativen Modi stehen die konjunktiven gegenüber, die mehrere Schattierungen der Wirklichkeitsbeschränkung einer Aussage beinhalten, insoweit Ungewißheit, Absicht oder Hörensagen bezeichnet werden (Dubitativ, Intentionalis, Quotativ). Der Quotativ kann nur durch erweiterte Verbalformen bezeichnet werden und hat Berührungspunkte mit dem Retrospektiv im Sinne einer Feststellung aus fremder Beobachtung.- Bei einem Formentyp sind Dubitativ und Intentionalis identisch, da hier in der Regel die Endungen bei einem Subjekt der ersten Person intentionale Geltung haben ("ich will"), bei einem Subjekt einer nichtersten Person dubitative ("es ist wohl so"); ein anderer Formentyp fungiert nur als Intentionalis und ist nicht an die grammatische Person gebunden.

Im modalen Bereich besteht eine formale Opposition zwischen Assertiv, Retrospektiv und Intentionalis/Dubitativ. Der Assertiv erstreckt sich auf das ganze funktionale und soziative Bezugssystem. Retrospektiv und Intentionalis/Dubitativ sind zwar soziativ abgestuft, in der Regel aber auf Deklarativ- und Interrogativformen beschränkt.[1]

2. 11 Jeder Bezug wird durch koordinierte Formen bezeichnet, welche eine Reihe äquipollenter Oppositionen bilden, wobei in manchen Bezugsreihen eine Form mehrere Koordinatenpunkte umfaßt, in anderen Bezugsreihen Koordinatenpunkte unbezeichnet bleiben. Die Bezugsreihen bilden eine Korrelationsgruppe dreidimensionaler Oppositionen (aus soziativer, funktionaler und modaler Bezeichnung), deren jeweiliger Schnittpunkt durch eine Terminalform besetzt ist. Jede Terminalform ist

1. Funktionaler und modaler Bezug stehen sich in denjenigen Terminalformen nahe, welche nur eine beider Bezugsrichtungen enthalten (Imperativ und Propositiv). Der modale Aussagebereich des kor. Verbs ist schwer zu analysieren und noch nicht hinreichend systematisiert. Obige Gliederung ist als Versuch zu werten.

also mehrfunktional im Sinne dieser dreifachen Zeichenfunktion.

Die einfachen Terminalformen haben teils primäre, teils zusammengesetzte Endungen. Die zusammengesetzten bilden jeweils eine morphemische Ganzheit, aus der sich Einzelmorpheme analysieren und bestimmten Bezugspunkten zuordnen lassen. Neben den einfachen Terminalformen gibt es erweiterte (modale) und emphatische Terminalformen. Letztere, als Affektiv in den funktionalen Bezug einzuordnen, sind teils einfach, teils erweitert in ihrer Formenbildung und werden hier gesondert behandelt (§ 2.13).

Die Terminalformen werden je nach Aussagegehalt des Prädikats an die Verbalbasen oder die erweiterten Stämme gehängt. Die Terminalformen qualitativer Verba weichen zum Teil von denen prozessiver Verba ab oder sind in einigen Bezugspunkten nicht existent (Imperativ, Propositiv).

2. 11. 1 Die Terminalformen der ersten Soziativstufe (I, panmal)

	Assertiv	Retrospektiv	Dubitativ/Intentionalis
Deklarativ	아 / 어 1-a/ŏ [1] (= Konverbalform)	더라 1-tŏra	마 2-ma
Interrogativ	dto.	더냐 디 1-tŏnya 1-ti	랴 2-rya
Imperativ	dto.		
Propositiv	dto.		

Beispiele: 해 hae, 하더라 hadŏra, 하마 hama, 하랴 harya; 받아 pada (받어 padŏ),받더라 pattŏra받으마 padŭma, 받으랴 padŭrya.

2. 11. 11 Die Assertivformen der 1. Soziativstufe entsprechen der Konverbalform (vgl. §§ 1.32 ff.). Sie werden in ihrer Funktion als Terminalformen durch die Intonation unterschieden: Deklarativ - leicht fallend, Interrogativ - steigend, Imperativ - fallend mit dynamischer Verstärkung, Propositiv - fallend mit dynamischer Verstärkung.

2. 11. 12 In der Panmal (1. Soziativstufe) werden Retrospektiv- und Dub./Int.-Formen der 2. Soziativstufe (§ 2.11.2) angewendet.

1. Die Ziffern bezeichnen den Anschlußtyp: 1 athematischer Anschluß, 2 thematischer Anschluß, 3 konverbaler Anschluß, 4 Anschluß an Temporalstämme.

2. 11. 13 Die Panmal-Form der Kopula 이다ida lautet (이) 야 (i)ya.

2. 11. 14 Der ersten Soziativstufe etwa gleichzustellen ist die assertive Terminalform 지1-chi (하지, 받지, 높지 usw.), die in der U als Deklarativ, Interrogativ, Imperativ und Propositiv fungieren kann (unterschieden durch die Intonation (vgl. § 2.11.11). Sie drückt jedoch im Gegensatz zu den obigen Formen eine gewisse Intensität aus (siehe auch § 2.11.41).

2. 11. 2 Die Terminalformen der zweiten Soziativstufe (II, haera)

	Assertiv	Retrospektiv	Dubitativ/Intentionalis
Deklarativ	ㄴ다 는다 2-nda/1-nŭnda(1-ta)[1]	더라 1,4-tŏra	마 련다 2-ma 2-ryŏnda
Interrogativ	느냐 니 냐 1-nŭnya 1-ni(2-nya)	더냐 1,4-tŏnya 1-ti	랴 려느냐 련 2-rya 2-ryŏnŭnya 2-ryŏn
Imperativ	라 거라 너라 3,2-ra/1-kŏra/1-nŏra		
Propositiv	자 1-cha		

Beispiele: 한다 handa, 하느냐 hanŭnya, 하니 hani, 해라 haera, 하자 haja, 하더라 hadŏra, 하마 hama, 하랴 harya; 받는다 pannŭnda, 받느냐 pannŭnya, 받니 panni, 받아라 padara, 받자 patcha, 받더라 pattŏra, 받으마 padŭma, 받으랴 padŭrya; 좋다 chot'a, 좋으냐 chohŭnya, 좋더라 chot'ŏra.

2. 11. 21 Die assertive Deklarativform 는다 1-nŭnda wird nach konsonantischen Anschlußbasen verwendet (n/nŭn sind ursprünglich Partizipialmorpheme, §§ 3.11, 3.12).

2. 11. 21. 1 Die assertive Deklarativform tritt in der modernen KH nur in temporal merkmallosen Formen prozessiver Verba auf (한다, 먹는다, 된다, 산다 usw.). In den übrigen Fällen steht in der Regel allein das Deklarativformans -ta (하였다, 먹겠다, 좋다, 이다, 있다).

2. 11. 21. 2 Das Deklarativformans -ta fungiert gleichzeitig als lexikalische Form.

2. 11. 22 In der älteren S treten als deklarative Terminalformen

1. In Klammern erscheinen die abweichenden Formen qualitativer Verben.

니 2-ni, 느니 1-nŭni und 나니 1-nani (beide < ᄂᆞ니) auf, letztere nur nach prozessiven Verba und solchen der Befindlichkeit, zuweilen auch in der Funktion des Interrogativs.

2. 11. 22. 1 Die Kopula (i)da hat neben der deklarativen Assertivform (이) 다 (i)da eine ältere S-Form (이)라 (i)ra. Man beachte auch die älteren apodiktischen Aussageformen 니라 2-nira, 느니라 1-nŭnira und 나니라 1-nanira (beide < 는이라).

2. 11. 23 Die assertive Interrogativform 니 1-ni ist eine gleichwertige Variante von 느냐 1-nŭnya.

2. 11. 23. 1 Als veraltete Interrogativendungen der 2. Soziativstufe treten auf: 느뇨 1-nŭnyo, 나뇨 1-nanyo, 뇨 2-nyo (nur nach Qualitativa und der Kopula: 이뇨 inyo), 거뇨 1-kŏnyo und 소냐7(1- Partizip)-sonya (Nebenform 소뇨 7-sonyo). Die beiden letzten sind kompositionelle Bildungen: 거뇨 < 것인요 kos-in-yo, 소냐 < 손야 so-n-ya (§ 4.31.5). Siehe § 2.11.31.

2. 11. 24 Die Varianten der Imperativform 라 -ra treten bei folgenden Verben (und deren Komposita) auf:

a) 거라 1-kŏra: 가다 kada (gehen), 타다 t'ada (fahren), 나다 nada (erscheinen), 자다 chada (schlafen), 앉다 antta (sich setzen), 있다 itta (dasein), 크다 k'ŭda (groß sein), 눕다 nupta (liegen); bei letzterem regelmäßiges 누어라 nuŏra neben 눕거라 nupkŏra.

b) 너라 1-nŏra: 오다 oda (kommen).

2. 11. 24. 1 Das Imperativsuffix -ra steht im Anschlußtyp 2 als indirekter Imperativ in abhängigen Sätzen, z.B. in Verbindung mit folgendem 고하다 > 하다 > 다 (2-rago-hada > 2-ra-hada > 2-rada): 먹으랍니까 mŏgŭramnikka? "heißt es, daß ich essen soll?" (-mnikka: § 2.11.5).

2. 11. 24. 2 Die Imperativform 3-ra wird nach Verben, die keine Tätigkeit bezeichnen, insb. nach qualitativen Verben, auch interjektional gebraucht: 좋아라 chohara! "wie gut!"

2. 11. 25 Die Propositivform 자 1-cha kann auch als erstes Kompositionsglied nichtterminaler Verbalformen auftreten (attributiv und konjunktional) und bezeichnet dann den Optativ in einer untergeordneten Aussage (indirekter Optativ). Es handelt sich dabei um Kontraktionsformen des quotativen 자고하다 -chago-hada "sagen, daß man will" (< "sagen: laßt uns..."): 자는 -chanŭn (< chago-hanŭn), 자면 -chamyŏn (< cha-

go-hamyŏn), 자 는 데 -chanŭnde (< chago-hanŭnde), 자 니 -chani (<chago-hani).

2. 11. 26 Die Retrospektivformen haben die Varianten 드 라 1,4-tŭra und 드 냐 1,4-tŭnya (vgl. § 1.33.11). Als phonetische Variante des Morphems 더 -tŏ kann in allen Retrospektivformen das Morphem 드 -tŭ auftreten.

2. 11. 26. 1 Nach der Kopula lauten die Retrospektivformen in der älteren S auf 러 1-rŏ an: 이 러 라 irŏra, 이 러 냐 irŏnya (vgl. § 1.33.11.1).

2. 11. 27 Die mit 려 -ryŏ anlautenden Terminalformen (2. - 5. Soziativstufe) haben nur intentionale Geltung und keinen Bezug zur grammatischen Person. Sie können als Kontraktionsformen kompositioneller Verbalendungen vom Typ 려 고 하 다 -ryŏgo-hada (§ 4.12) aufgefaßt werden, die morphologisch als erweiterte Verbalformen zu gelten haben (§ 2.12.1).

2. 11. 3 <u>Die Terminalformen der dritten Soziativstufe</u> (III, hage)

	Assertiv	Retrospektiv	Dubitativ/Intentionalis
Deklarativ	네 이 1-ne (2-i)	데 1-te	ㅁ세 려네 2-mse 2-ryŏne
Interrogativ	나 는가 ㄴ가 1-na 1-nŭn'ga(2-n'ga)	던가 데 1-tŏn'ga(1-te)	ㄹ가 려는가 려나 2-lkka 2-ryŏnŭn'ga 2-ryŏna
Imperativ	게 1-ke		
Propositiv	세 1-se		

Beispiele: 하 네 hane, 하 나 hana, 하 는 가 hanŭn'ga, 하 데 hade, 함 세 hamse, 할 가 halkka; 받 네 panne, 받 게 pakke, 받 세 passe, 받 던 가 pattŏn'ga, 받 음 세 padŭmse, 받 을 가 padŭlkka; 좋 아 이 chohai, 좋은가 chohŭn'ga.

2. 11. 31 Die auf 가-ka endenden Interrogativformen der 3. Soziativstufe sind mit Partizipialmorphemen gebildet: -nŭn, -n, -tŏn, -l (§§ 3. 11. - 3.14). Nach l wird das k gespannt ausgesprochen und oft auch entsprechend geschrieben: ㄹ까 -lkka.

2. 11. 32 Die Interrogativsuffixe 나 -na und 가 -ka haben in der älteren S die Nebenformen 노 -no und 고 -ko (꼬 -kko); siehe Teil II 5,6-ko, 7-ko.

2\. 11. 33 Eine assertive Interrogativform der älteren S kompositioneller Struktur ist 손가 -son'ga (Nebenform 손고 -son'go, vgl. § 2.11.32) in der Stellung nach dem Futurpartizip (ㄹ 손가, auch phonetisch ㄹ 쏜가 -lssonka geschrieben). Vgl. §§ 2.11.23.1, 4.31.5.

2\. 11. 34 Neben der retrospektiven Interrogativform auf 던가-tŏn'ga gibt es die Variante 든가 -tŭn'ga (vgl. § 1.33.11).

2\. 11. 35 Die Kopula ida bildet die Assertivformen 일세 ilsse, 이로세 irose (Deklarativ) und 인가 in'ga (Interrogativ) sowie in der älteren S die retrospektive Interrogativform 이런가 irŏn'ga (vgl. § 2.11.26.1).

2\. 11. 4 <u>Die Terminalformen der vierten Soziativstufe</u> (IV, hao)

	Assertiv	Retrospektiv	Dubitativ/Intentionalis
Deklarativ	오 소 2-o/ 1-so	ㅂ디다 2-ptida	리다 리요 려오 2-rida 2-riyo 2-ryŏo
Interrogativ	오 소 2-o/ 1-so	ㅂ디까 2-ptikka	리까 리요 려오 2-rikka 2-riyo 2-ryŏo
Imperativ	오 소 2-o/ 1-so		
Propositiv	ㅂ시다 2-psida		

Beispiele: 하오 hao, 합시다 hapsida, 합디다 haptida, 하리다 harida; 받으오 padŭo, 받읍시다 padŭpsida, 받읍디다 padŭptida, 받으리요 padŭriyo, 받으려오 padŭryŏo.

2\. 11. 40. 1 Die o-(so-) Formen werden durch die Intonation in ihren Funktionen unterschieden: Deklarativ - leicht fallend, Interrogativ - steigend, Imperativ - fallend mit dynamischer Verstärkung.

2\. 11. 40. 2 Vor den o-Formen wird in der KH bei konsonantischen Anschlußbasen in der Regel ein ㅅ s infigiert; z.B. 받소 passo, 먹소 mŏkso, 많소 mansso, 보았소 poasso.

2\. 11. 40. 3 Die o-Form hat eine umgangssprachliche Variante auf u neben sich, welche nur im Präsens gebraucht wird; z.B. 보우 pou, 받으우 padŭu.

2\. 11. 40. 4 Die Form auf 리요-riyo wird häufig in rhetorischen Fragen gebraucht; z.B. 누가 능히 서리요 nuga nŭnghi sŏriyo? "Wer könnte denn stehen?"

2. 11. 41 Neben der Assertivform auf -o/-so gibt es eine Reihe von Terminalformen, die als Ausdruck einer höflichen Sprechweise der dritten Soziativstufe gleichgestellt werden können, sämtlich zusammengesetzt sind und auf die o-Form der Kopula enden (요 yo). Sie können als Deklarativ, Interrogativ, Imperativ und Propositiv fungieren, durch die Intonation unterschieden (vgl. §§ 2.11.11, 2.11.40.1).

요	에요	고요	지요	
3-yo	1-eyo	1-koyo	1-chiyo	(vgl. § 2.11.14)

Beispiele: 해요 haeyo, 하고요 hagoyo, 하지요 hajiyo, 한데요 handeyo; 받아요 padayo, 받고요 pakkoyo, 받지요 patchiyo, 받는데요 pannŭndeyo; 이어요 iŏyo (Kopula, meist > 여요 yŏyo).

2. 11. 41. 1 1-eyo (U, < ŏyo = 3-yo) kann bei der Kopula ida, den Verben itta (dasein), ŏpta (nicht dasein) sowie nach den Temporalmorphemen -ss, -kess sowie dem Honorativmorphem -si auftreten: 이에요 ieyo, 있에요 isseyo, 없에요 ŏpseyo, 갔에요 kasseyo, 가세요 kaseyo.

2. 11. 41. 2 Es können auch Interrogativformen der 3. Soziativstufe (§ 2.11.3) durch Anschluß von -yo in die höfliche Sprechweise überführt werden: 나요 1-nayo, ㄹ까요 2-lkkayo.

2. 11. 5 <u>Die Terminalformen der fünften Soziativstufe</u> (V, hapsyo)

	Assertiv	Retrospektiv	Dub./Intentionalis
Deklarativ	ㅂ니다 습니다 2-mnida/1-sŭmnida	ㅂ디다 습디다 2-ptida/1-sŭptida	오리다 렵니다 2-orida 2-ryŏmnida
Interrogativ	ㅂ니까 습니까 2-mnikka/1-sŭmnikka	ㅂ디까 습디까 2-ptikka/1-sŭptikka	오리까 렵니까 2-orikka 2-ryŏm-nikka
Imperativ	ㅂ시오 습시오 2-psio/1-sŭpsio		
Propositiv	ㅂ시다 습시다 2-psida/1-sŭpsida		

Beispiele: 합니다 hamnida, 합니까 hamnikka, 합시다 hapsida, 합디다 haptida, 하오리다 haorida; 받읍니다 padŭmnida/받습니다 passŭmnida, 받읍디다 padŭptida, 받으렵니까 padŭryŏmnikka.

2. 11. 51 p (sŭp nach konsonantischen Anschlußbasen, in der Regel in der KH) und o gehören eigentlich zum Stamm des objektbezogenen Honorativs (vgl. § 1.31.2). Die exakte Endungsanalyse ergibt also kapsida (갑시다), mŏksŭp-tida (먹습디다), chabŭo-rikka (잡으오리까).

2. 11. 52 Imperativ- und Propositivendungen werden gern an den Stamm des subjektbezogenen Honorativs (-si, § 1.31.1) gehängt; z.B. 보십시오 posipsio (po-si-p-sio), 잡으십시다 chabŭsipsida (chap-ŭ-si-p-sita).

2. 11. 53 Die Propositivendung -(sŭ)psida hat die älteren Nebenformen (사)옵세다 -(sa)opseda, 읍/ㅂ세다 -(sŭ)pseda.

2. 11. 54 Neben dem Retrospektivmorphem 디-ti gibt es die älteren Varianten 듸-tŭi und 데-te (<더이 tŏi bzw. 드이 tŭi, vgl. § 1.33.11); z. B. ㅂ듸다 -ptŭida, ㅂ데다-pteda.

2. 11. 6 <u>Die Terminalformen der sechsten Soziativstufe</u> (VI, hasosŏ)

	Assertiv	Retrospektiv	Dubitativ/Intentionalis
Deklarativ	나이다 오이다 1-naida (2,4-oida)	더이다 1-tŏida	오리이다 2-oriida
Interrogativ	나이까 오니까 1-naikka (2-onikka)	더이까 1-tŏikka	오리이까 2-oriikka
Imperativ	소서 2-sosŏ		
Propositiv	사이다 1-saida		

Beispiele: 하나이다 hanaida, 하나이까 hanaikka, 하소서 hasosŏ, 하사이다 hasaida, 하더이다 hadŏida, 하오리이다 haoriida; 받나이다 pannaida, 받으소서 padŭsosŏ, 받사이다 passaida, 받더이다 pattŏida, 받으오리이다 padŭoriida; 좋으오이다 chohŭoida.

2. 11. 61 Sämtliche Terminalformen der 6. Soziativstufe sind veraltet und gehören zur älteren S.

2. 11. 62 Mit dem honorativen Stammbildungsmorphem (사)옵-(sa)op (§ 1.31.2) kann die ehrerbietige Ausdrucksweise verstärkt werden (z.B. 옵소서 -opsosŏ, 사옵소서 -saopsosŏ). Die nai- und tŏi-Morpheme können dabei zu 옵내-omnae, 옵니-omni bzw. 옵데-opte, 옵디-opti kontrahiert werden; z.B. 옵나이다-omnaida > 옵내다 -omnaeda > 옵니다 -omnida, 옵더이다 optŏida > 옵데다-opteda > 옵디다-optida.

2. 11. 63 Das o der Endungstypen -oida und oriida ist Stammorphem des objektbezogenen Honorativs (= op, § 1.31.2), das wegen seines regelmäßigen Auftretens in diesen Formen der hasosŏ-Stufe bei den Endungen aufgeführt wird (vgl. § 2.11.51).

2. 11. 64 Das Morphem -ri in den Int.-Dub.-Formen ist ein futurisches Formans und den Stammbildungsmorphemen zuzuordnen (vgl. § 1.33.31).

2. 11. 65 Die Endung 이(다), 이(까) -i(da/kka) in den Terminalformen ist nicht der Kopula gleichzusetzen sondern sprachgeschichtlich als honoratives Hilfsverb zur Ehrung des personalen Aussageobjektes, dann auch des personalen Gesprächspartners anzusehen.

2. 11. 66 -naida und -naikka haben die phonetischen Varianten 느이다-nŭida und 느이까-nŭikka (<ᄂᆞ이다).

2. 11. 67 -tŏida und -tŏikka haben die Nebenformen 더니이다 1-tŏni=ida und 더니이까 1-tŏniikka. Eine ältere Form lautet 도소이다-tosoida.

2. 11. 68 Von der Kopula ida gibt es die speziellen deklarativen Assertivformen 이올시다 iolsida und 이로소이다 irosoida neben der regelmäßigen Form 이옵나이다 iomnaida.

2. 12 <u>Erweiterte Terminalformen</u> sind solche, die durch Zweiergruppen von Endungsmorphemen ein terminales Prädikat bezeichnen. Auf diese Weise wird eine Modalkategorie Quotativ gebildet. Der Quotativ bringt das Hörensagen zum Ausdruck ("es heißt", "es soll") und wird durch die Verbindung einer Terminalform auf -ta (§ 2.11.21.1) oder, nach der Kopula, auf -ra mit einer Deklarativ- oder Interrogativendung des Assertivs oder Retrospektivs verbunden.

	Assertiv		Retrospektiv	
	Deklarativ	Interrogativ	Deklarativ	Interrogativ
I panmal	다지 대 -taji, -tae	다지 -taji	다더라 -tadŏra	다더냐 -tadŏnya
II haera	단다 -tanda	단가 -tan'ga	다더라 -tadŏra	다더냐 -tadŏnya
III hage	답네 -tamne	다가 -tan'ga	다데 -tade	다더가 -tadŏn'ga
IV hao	다오 대요 -tao, -taeyo	다오 -tao	답디다 답데 -taptida, -tapte	답디까 답데 -taptikka, -tapte
V hapsyo	답니다 -tamnida	답니까 -tamnikka	답디다 -taptida	답디까 -taptikka
VI hasosŏ	다(하)옵나이다 -ta(ha)omnaida	다(하)옵나이까 -ta(ha)omnaikka	다(하)옵더이다 -ta(ha)optŏida	다(하)옵더이다 -ta(ha)optŏikka

Beispiele: 간다 하옵나이다 kandahaomnaida, 간다오 kandao, 간단다 kandanda; 받는대(요) pannŭndae(yo), 받는답디까 pannŭndaptikka, 받는다(하)옵더이까 pannŭndahaoptŏikka; 좋다하옵더이다 chot'aha=optŏida, 좋답디다 chot'aptida, 좋단가 chot'an'ga, 좋다더냐 chot'adŏnya, 좋다지 chot'aji.

2. 12. 1 Auch der Intentionalis vom Typ 려다 -ryŏ-ta (§ 2.11.27) gehört morphologisch in diese Gruppe.

2. 12. 2 Die Quotativendung ist durch Elision und Kontraktion von 다고하(다) -tago-ha(da) "sagen, daß" entstanden (§ 4.13). In manchen Quotativformen, insb. der höchsten Soziativstufe (VI), tritt der Hilfsverbstamm 하 ha- noch in Erscheinung; z.B. 간다하옵나이다 kandahaomnaida, 간다하옵더이다 kandahaoptŏida.

2. 12. 3 Die assertive Quotativform auf 대(요)-tae(yo) ist aus 다고해 -tago-hae entstanden und der 1. Soziativstufe (hae = panmal-Form von hada, § 2.11.1) bzw. der 4. Soziativstufe (haeyo, § 2.11.41) zuzuordnen.

2. 12. 4 Als Quotativform ist auch die konjunktionale oder emphatische Verbalendung 다니 -tani (<다고하니 -tago-hani) anzusehen (vgl. § 2.13.10): "zu sagen/denken, daß".

2. 12. 5 Bei der Kopula 이다 ida muß das Quotativformans 다 -ta durch 라 -ra ersetzt werden: 이랍니다 iramnida, 이라데 irade usw. Als besondere Frageform der 4. Soziativstufe tritt hier (이)라니요 (i)raniyo auf.

2. 12. 6 Statt einer Verbindung der Endung -ta mit dem Futurstamm (겠다 ket-ta) kann in quotativer Funktion die Morphemverbindung 리라 rira eintreten; z.B. 가리라(하)더라 karira(ha)dŏra "wie es heißt (ich habe es gehört), wird er gehen". -ri ist Futurmorphem (§ 1.33.31), -ra ist dem Quotativformans der Kopula gleichzusetzen (vgl. § 2.12.5).

2. 12. 7 In der Stellung zwischen Temporalstämmen der Vergangenheit (Prät., Plusquamperf.) und Prädikatsendungen fungiert das Formans 더라 -tŏra, gekennzeichnet durch das Retrospektivmorphem -tŏ (§ 1.33.11) und das Quotativformans -ra der Kopula (§ 2.12.5), als Bestandteil einer Quotativform: 갔더라오 kattŏrao (< kattŏrago-hao) " er soll gegangen sein (wie es heißt)".

2. 13 Emphatische Terminalformen geben einer Äußerung, die als Feststellung, Frage oder Aufforderung intendiert ist, zusätzlich zum Informationsgehalt eine emphatische Verstärkung. Auf diese Weise wird eine funktionale Kategorie Affektiv gebildet (vgl. § 2.10.1). Auch hier lassen sich für Deklarativ und Interrogativ je eine assertive und retrospektive Subklasse unterscheiden. Daneben gibt es eine Subklasse mit Appellcharakter (emphatische Aufforderung), welche dem Imperativ nahesteht. Die Affektivformantien werden entweder an die Primärbasen, die Temporalstämme oder an komplette Terminalformen gehängt. Die Formantien der beiden ersten Soziativstufen haben neben der Vollform eine verkürzte Form der lässigen Sprechweise (U).

A f f e k t i v

	emph. Assertiv	emph. Retrospektiv	emph. Aufforderung
I panmal	구면 군 -kumyŏn, -kun	더구면 더군 1-tŏgumyŏn, 1-tŏgun	
II haera	구나 군 거든 -kuna, -kun/1-kŏdŭn	더구나 더군 1-tŏguna, 1-tŏgun	렴 려무나 2-ryŏm, 2-ryŏmuna
III hage	(네) 그려 1-(ne)kŭryŏ		게나 1-kena
IV hao	구료 구면요 1,4,5-kuryo, 1-kumyŏnyo	더구료 1-tŏguryo	구료 1,4,5-kuryo
V hapsyo	(ㅂ니다) 그려 2-(mnida)kŭryŏ	(ㅂ디다)그려 2-(ptida)kŭryŏ	(소) 그려 1-(so)kŭryŏ
VI hasosŏ	고녀 1-konyŏ		진저 7-tchinjŏ

Beispiele: 보고녀 pogonyŏ, 읽을진저 ilgŭltchinjŏ, 갑니다그려 kamnida-kŭryŏ, 합디다 그려 haptida-kŭryŏ, 듣소 그려 tŭsso-kŭryŏ, 좋구료 chok'uryo, 묻더구료 muttŏkuryo, 가네그려 kane-kŭryŏ, 가게나 kagena, 오는구나 onŭn'guna, 붉구면 pukkumyŏn, 읽었군 ilgŏkkun, 받으렴 padŭryŏm.

2. 13. 1 Als dialektal gefärbt und inkorrekt in der KH gelten -kona (neben -kuna) und 구려 -kuryŏ (neben -kuryo).

2. 13. 2 그려 -kŭryŏ ist eine Postposition, die nur nach Terminalformen verwendet werden kann; z.B. 읽네 그려 ingne-kŭryŏ, 오소그려 oso-kŭryŏ (seltener 옵쇼그려 opsyo-kŭryŏ, < Imper.F. ㅂ시오-psio).

2. 13. 3 Die Endung 군-kun ist eine gekürzte Form der lässigen Sprechweise (U).

2. 13. 4 Die Endungen 구나(군) -kuna (-kun) und 구면(군) -kumyŏn (-kun) werden an die Basis qualitativer Verba und an das Partizip präsentis oder an Temporalstämme prozessiver Verba gehängt (곱구나 kopkuna, 오는구나 onŭn'guna, 먹었군 mŏgŏkkun usw.). Die Form 는구나 -nŭn'guna kann zu 누나-nuna gekürzt werden.

2. 13. 5 In derselben Funktion wie -kuna kann 거든-kŏdŭn gebraucht werden: 없거든 ŏpkŏdŭn, 되었거든 toeŏkkŏdŭn usw.

2. 13. 6 Die Affektivendungen - kumyŏn, -kun und -kŏdŭn (1. und 2. Soziativstufe) können durch Anschluß der höflichen Kopulaform yo (vgl. § 2.11.41) auf die 4. Soziativstufe gehoben werden: 구면요1-kumyŏnyo, 군요1-kunyo, 거든요 1-kŏdŭnyo.

2. 13. 7 Neben 려무나 -ryŏmuna (emphatische Aufforderung) kommt auch das ältere 려므나 (<렴으나) -ryŏmŭna vor.

2. 13. 8 Nach der Kopula wird den auf ku- anlautenden emphatischen Endungen das Morphem 로-ro vorangestellt: 이로구나 iroguna, 이로구면 irogumyŏn, 이로구료 iroguryo, 이로군irogun; dgl. auch die Dialektform 이로고나 irogona (aber: 이고녀 igonyŏ).

2. 13. 9 Als familiäre emphatische Terminalform fungiert auch das Formalnomen 데 te ("Ort") nach dem Präsenspartizip (5-de, vgl. § 2.24.6 als Konjunktionalform, § 4.31 als Nominalisator), höflicher in der Verbindung mit der Kopulaform yo: 데요 5-deyo.

2. 13. 10 Als spezielle emphatische Interrogativform zur Bildung rhetorischer Fragen ist die Endung 다니 1-tani (< 다고 하니 tago-hani, vgl. § 2.12.4) zu merken ("ist es denn möglich, daß").

2. 13. 11 In den Bereich des Affektivs gehören folgende Terminalformen der älteren S: 노라 1-nora, 노매라 1-nomaera, 놋다 1-notta, 노니 1-noni, 고야 1,5-goya, 도다 1,4-doda, 스라 1-sŭra, 사 1-sa; 로다 1-roda, 로세 1-rose (beide nur nach der Kopula, vgl. § 2.13.8).
-no ist ein altes Morphem des objektbezogenen Honorativs (vgl. § 1.31.22) und häufig, honorativ-bescheiden, auf eine Handlung der 1. Person bezogen (만드노니 mandŭnoni "ich fertige an").

2. 2 <u>Die Konjunktionalformen</u> bezeichnen das Prädikat eines Nebensatzes, der einem anderen Satz nebengeordnet und in der Regel vorangestellt ist. Mehrere Nebensätze können ein Satzgefüge bilden, an dessen Ende ein Hauptsatz mit terminalem Prädikat steht (§ 2.1). Die Konjunktionalformen geben das Abhängigkeitsverhältnis des Nebensatzes zu seinem Folgesatz an. Sie können koordinative, temporale, konditionale, kausale, konzessive, adversative, distributive, alternative, finale, resultative, gradative, mutative oder stative Nebensätze bilden.

Neben postverbalen Konjunktionalformen, die ihrerseits aus mehreren Endungsmorphemen zusammengesetzt sein können, gibt es nominalwertige, deren Kern ein Nomen oder nominalwertiges Wort ist. Nominalwertige Konjunktionalformen, die mit prädikatsbezogenen Postpositionen verbunden sind (-e: lokativ, -(ŭ)ro: instrumental-direktional), werden auch adverbial verwendet.

2. 21 Die Konjunktionalformen werden an die Verbalbasen, erweiterten Stämme (temporale, modale oder honorative Bestimmungen) oder Partizipialformen gehängt. Die nominalwertigen Konjunktionalformen stehen nach Partizipialformen, soweit sie nicht selbst mit einem Verbalnomen zusammengesetzt sind.

2. 22 Folgende Formen können als <u>Anschlußbasen für konjunktionale Endungen</u> dienen:

1. Athematische Verbalbasen (Anschlußtyp 1)
2. Thematische Verbalbasen (Anschlußtyp 2)
3. Konverbalstamm (Anschlußtyp 3)
4. Temporalstämme (Anschlußtyp 4)
5. Präsenspartizip (Anschlußtyp 5)
6. Präteritalpartizip (Anschlußtyp 6)
7. Futurpartizip (Anschlußtyp 7)

2. 22. 1 Manche Konjunktionalformen treten an Morpheme von Terminalformen an (z.B. tŏra, rira, nŭnya, cha). Nur die wichtigsten dieser Verbindungen werden hier aufgeführt und im alphabetischen Teil analysiert.

2. 23 Die postverbalen Konjunktionalformen weisen neben einfunktionalen einige mehrfunktionale Morpheme auf. Die mehrfunktionalen liegen vor allem im temporal-kausal-konditionalen sowie im konzessiv-adversativen Bereich, beziehen sich also auf eine einheitliche Grundvorstellung der Unterordnung und Abhängigkeit.

2. 24 Semantisch lassen sich die Endungen der Konjunktionalformen folgendermaßen klassifizieren.

2. 24. 1 <u>Koordinative Konjunktionalformen</u>

postverbal	nominalwertig
고 1-ko "und"	데 5,6-te "und"
며 2-myŏ "und"	
더니 1,4-tŏni "und"(retrosp.)	
요 1-yo "und"(bei Kopula)	

2. 24. 2 <u>Temporale Konjunktionalformen</u>

postverbal	nominalwertig
Vorzeitigkeit (der Nebensatzhandlung)	
아/어 (=Konverbalstamm) "nachdem"	뒤에 6-tuie "nachdem"
서 3-sŏ "nachdem"	후(에) 6-hu(e) "nachdem"
서야 3-sŏya "erst wenn "	사이(에) 6-sai(e) "nachdem"
고서 1-kosŏ "als", "nachdem"	다음에 6-taŭme "nachdem"
고는 1-konŭn "als", "nachdem"	지 6-ji "nachdem", "seitdem"
고야 1-koya "nachdem"	이래 (로) 6-irae(ro) "seitdem"
면서부터 2-myŏnsŏ-but'ŏ "seitdem"	
Gleichzeitigkeit	
매 2-mae "als"	때 7-ttae "als", "wenn"
면서 2-myŏnsŏ "während"	무렵 (에) 7-muryŏp(e) "während"
니 (까) 2-ni(kka) "als"	동안 (에) 5-tongan(e) "während"
더니 1,4-tŏni "als"(retrosp.)	사이 (에) 5-sai(e) "während"
	중에 5-chunge "während
	결 (에) 5-kyŏl(e) "während"
	적 (에) 7-chŏk(e) "wenn", "gelegentlich"
	제 7-che "wenn", "gelegentlich"
	족족 5-chokchok "jedesmal wenn"
Nachzeitigkeit	
	기 (도) 전에 1-ki(do)jŏne "bevor"
Abruptheit	
자 1-cha "kaum"	즈음 7-chŭŭm "gerade als"
자마자 1-chamaja "kaum"	차 6-ch'a "gerade als"
자말자 1-chamalja "kaum"	참에 5-ch'ame "gerade als"
다 (가) 1-ta(ga) "kaum"	대로 5-taero "sobald als"
	기가 바쁘게 1-ki-ga pappŭge "kaum"

2. 24. 3 <u>Konditionale Konjunktionalformen</u>

postverbal

면 2-myŏn "wenn"
다 면 1-tamyŏn "wenn" (Quot.)
자 면 1-chamyŏn "wenn"(Opt.)
느 라 면 1-nŭramyŏn "wenn"
느 라 니까 1-nŭranikka "wenn"
느 니 1-nŭni (S) "wenn"
거든/어든 1-(k)ŏdŭn "wenn"
건대/언대 1-(k)ŏndae (S) "wenn"
고 는 1-konŭn "wenn"
고 서 는 1-kosŏnŭn "wenn"
고 야 1-koya "wenn"
서 야 3-sŏya "wenn"
야 3-ya "nur wenn"
던 들 1-tŏndŭl (S) "gesetzt den Fall"

nominalwertıg

들 6-tŭl "wenn"
진 대 7-chindae "gesetzt den Fall"

2. 24. 4 <u>Kausale Konjunktionalformen</u>

postverbal

니 (까) 2-ni(kka) "weil"
느 니 1-nŭni (S) "weil"
나 니 1-nani (S) "weil"
거 니 1-kŏni (S) "weil"
더 니 1-tŏni "weil" (retrosp.)
거 늘 1-kŏnŭl (S) "weil"
매 2-mae "weil"
서 3-sŏ "weil"
느 라 고 1-nŭrago "da gerade"
관대 1-kwandae (S) "etwa wegen"

nominalwertig

므로 7-mŭro "dadurch daß"
고로 5,6-koro "weil"
기로 1-kiro "in Anbetracht von"
기에 1-kie "dadurch daß"
길래 1-killae "dadurch daß"
기때문(에) 1-ki-ttaemun(e) "weil"
까닭(에) 5,6,7-kkadalk(e) "aus dem Grunde daß"
바 람 에 5-parame "infolge"
결 6-kyŏl "infolge"
나 머지(에) 5,6-namŏji(e) "bedingt durch"
사이(에) 7-sai(e) "weil"
대 로 5,6,7-taero "entsprechend"
지 라 5,6-chira "weil"
지 니 7-chini "weil"
즉 6-chŭk "weil"

2. 24. 5 <u>Konzessive Konjunktionalformen</u>

postverbal

도 3-to "obgleich", "selbst wenn"
고 도 1-kodo "wenn auch"

nominalwertig

기 로 1-kiro "trotz"
기 로 서니 1-kirosŏni "selbst wenn"

postverbal

서 도 3-sŏdo "wenn auch"
면 서 도 2-myŏnsŏdo "obgleich"
라 도 1-rado "selbst wenn"(bei Kop.)
더 라 도 1-tŏrado "selbst wenn" (retrosp.)
(거)어니 와 1-(k)ŏniwa "doch (mehr noch)"
거늘/어늘 1-(k)ŏnŭl (S) "obgleich"
려 니 와 2-ryŏniwa "mag zwar"
되 1,2,4-toe "obgleich"
나 2-na "wenn auch"
나 마 2-nama "wenn auch"
든 지 1,4-tŭnji "wenn auch"

nominalwertig

들 6-tŭl "obgleich", "selbst wenn"
망 정 7-mangjŏng "obgleich"
지 언 정 7-chiŏnjŏng "wenn auch"
지 라 도 7-chirado "selbst wenn"

2. 24. 6 Adversative Konjunktionalformen

postverbal

마는(만) -manŭn(-man)"zwar-aber"
다마는(만) -tamanŭn(-man)"zwar-aber"
지마는(만) 1-chimanŭn(-man) "zwar-aber"
건마는/언마는 (만) 1-(k)ŏnmanŭn(-man) "zwar-aber"
련마는(만) 2-ryŏnmanŭn(-man)"zwar-aber"
나 2-na "zwar-aber"
나마 2-nama "zwar-aber"
더니 1-tŏni "zwar-aber"
다(가) 1-ta(ga) "zwar-aber"

nominalwertig

데 5,6-te "doch"
커녕 5-k'ŏnyŏng "im Gegenteil"

2. 24. 7 Distributive Konjunktionalformen

postverbal

나... 나 2-na...-na "ob/entweder... oder"
거나/건... 거나/건(간에) 1-kŏn(a)... -kŏn(a)(-gane)(gleichgültig) ob/ entweder...oder"
거니... 거니(어니 ... 어니) 1,4-(k)ŏni... -(k)ŏni "ob/entweder...oder"
든지... 든지(간에) 1-tŭnji...-tŭnji (-gane)"(mag auch) ob...oder"
까 말 까 7-kka malkka "ob...oder nicht"

nominalwertig

지... 지 5,6,7-chi...-chi "ob/entweder...oder"
등 ... 등 5,6,7-tung...-tung "ob ... oder (nicht)"
숭... 숭 5,6-sung...-sung "ob... oder (nicht)"

2. 24. 8 <u>Alternativ-iterative Konjunktionalformen</u>

postverbal	nominalwertig
락 ... 락 2-rak...-rak "mal...mal"	족 족 5-chokchok "jedesmal wenn"
다 (가)... 다(가) 1-ta(ga)...-ta(ga) "mal...mal", "immer wieder"	
고 ... 고 1-ko...-ko "mal...mal", "immer wieder"	

2. 24. 9 <u>Finale Konjunktionalformen</u>

postverbal	nominalwertig
게 1-ke "damit", "um zu"	데 5-te "um zu"
고 자 1-koja "um zu"	기 위 하 여 1-ki-wihayŏ "um zu"
고 저 1-kojŏ (S) "um zu"	
느 라 고 1-nŭrago "damit"	
러 2-rŏ "um zu"(vor Verba motionis)	
려 2-ryŏ (S) "um zu"	

2. 24. 10 <u>Resultative Konjunktionalformen</u>

postverbal	nominalwertig
도 록 1-torok "bis daß"	한(에) 5,6-han(e) "soviel","soweit"
게 1-ke "so daß"	이 상 5,6-isang "insoweit"

2. 24. 11 <u>Gradativ-additive Konjunktionalformen</u>

postverbal	nominalwertig
	만 큼 5,6,7-mank'ŭm "in dem Maß", "so sehr"
	수 록 7-surok "in dem Maß"
	뿐 더 러 7-ppundŏrŏ "nicht nur"
	뿐 아 니 라 7-ppun-anira "nicht nur"
	겸 7-kyŏm " um gleichzeitig zu"

2. 24. 12 <u>Mutative Konjunktionalformen</u>

postverbal	nominalwertig
느 니 보 다 1-nŭni-boda "anstatt daß"	대신 (에) 5,6-taesin(e) "anstatt daß"
라기보다(도) -ragi-boda(do)(nach Kop.)"statt zu sagen daß"	

2. 24. 13 <u>Stative Konjunktionalformen</u>

postverbal	nominalwertig
	채 5,6-ch'ae "in dem Zustand wie"

N i c h t p r ä d i k a t i v e   V e r b a l f o r m e n

3. <u>Nichtprädikative Verbalformen</u> können in der Regel nicht Prädikat eines Satzes sein. Sie werden meist als attributive oder adverbiale Satzglieder verwendet, treten als Verbalnomina auf oder fungieren in kompositionellen Verbalformen (Zusammensetzungen mit Hilfsverba); zudem können die Partizipialendungen Bestandteile von Prädikatsformen sein.

Es gibt Fälle von Prädikatisierung nichtprädikativer Verbalformen (siehe § 3.22).

3. 1 <u>Die Partizipialformen</u> bilden Attribute zu nominalen Satzgliedern. Sie können auch als Attributivformen bezeichnet werden. Ihre satzförmige Erweiterung entspricht funktionell indogermanischen Relativsätzen. Außerdem treten sie als Bestandteile (Anschlußbasen) von einigen Terminalformen (§ 2.11.2-3) und Konjunktionalformen (§ 2.22) sowie vor Nominalisatoren (§ 4.3) auf. Die Partizipialendungen schliessen an die Verbalbasen, auch an Temporal- oder Honorativstämme an. Prozessive Verba haben je eine Partizipialform des Präsens, Präteritums und Futurums; qualitative Verba haben ein extratemporales Partizip - formal dem Partizip präteriti der prozessiven Verba gleich - und ein Futurpartizip. Schließlich können sämtliche Verba ein retrospektives Partizip bilden.

3. 11 <u>Das Partizip präsentis</u> prozessiver Verba wird mit der Endung 는 -nŭn gebildet, die den (konsonantischen) Verbalbasen athematisch folgt (Anschlußtyp 1).

Beispiele: 가 (gehen): 가 는 kanŭn, 하 시 (tun, honor.): 하 시 는 hasinŭn, 살 (leben): 사 는 sanŭn, 먹 (essen): 먹 는 mŏngnŭn, 듣 (hören): 듣 는 tŭnnŭn, 없 (nicht dasein): 없 는 ŏmnŭn, 돕 (helfen): 돕 는 tomnŭn, 낫 (sich erholen): 낫 는 nannŭn.

3. 11. 1 Als Anschlußbasis einiger prädikativer Formen prozessiver Verba (Anschlußtyp 5) kann -nŭn als extratemporales Formbildungselement auch an Präterital- und Futurstämme anschließen (4). Als Endungen kommen in Betracht: 데 -te (koordinativ), 지 -chi (distributiv), 걸 -kŏl (dubitativ), 가 -ka (interrogativ), 야 -ya (interrogativ); z.B. 갔 는 데 kannŭnde, 가 겠 는 데 kagennŭnde, 하 였 는 지 hayŏnnŭnji, 하 겠 는 지

hagennŭnji, 먹었는가 mŏgŏnnŭn'ga, 듣겠는가 tŭkkennŭn'ga.

3. 11. 2 In Verbindung mit einer voraufgehenden ta-Form bildet das nŭn-Partizip die Partizipialform des Quotativs: 다는 -tanŭn (vgl. § 2.12).

3. 12 Das Partizip präteriti prozessiver Verba und das extratemporale Partizip qualitativer Verba hat die Endung ㄴ -n, die den (konsonantischen) Verbalbasen thematisch angehängt wird (Anschlußtyp 2).
Beispiele: 가 (gehen): 간 kan, 하시(vgl. Beispiele § 3.11): 하신 hasin, 살 : 산 san, 먹 : 먹은mŏgŭn, 듣 : 들은 tŭrŭn, 없 :(없은) ŏpsŭn, 돕 : 도운 toun, 낫 : 나은 naŭn; 기 (lang sein): 긴 kin, 멀 (fern sein): 먼 mŏn, 좋 (gut sein): 좋은 chohŭn, 곱 (schön sein): 고운 koun, 높 (hoch sein): 높은 nop'ŭn.

3. 12. 1 Auch die Kopula (이다ida) bildet ebenso wie qualitative Verba kein Präsenspartizip sondern nur das extratemporale Partizip 인 in.

3. 13 Das retrospektive Partizip hat die Endung 던-tŏn (Nebenform 든 -tŭn), die den (konsonantischen) Verbalbasen, Temporalstämmen oder Intentionalformen athematisch folgt (Anschlußtyp 1). Merkmal dieser Partizipialendung, die mit sämtlichen Verben verbunden werden kann, ist das retrospektive Morphem 더/드 tŏ/tŭ (§ 1.33.11), welches hier die Vorzeitigkeit des im Partizip gegebenen Sachverhaltes bezeichnet.
Beispiele: 가 (vgl. Beispiele §§ 3.11, 3.12): 가던kadŏn, 갔던 kattŏn, 가겠던 kagettŏn, 가려던 karyŏdŏn, 멀 : 멀던 mŏldŏn, 멀었던 mŏrŏttŏn, 멀겠던 mŏlgettŏn, 좋 : 좋던 chot'ŏn, 좋았던 chohattŏn, 좋겠던chok'ettŏn, 듣 : 듣던 tŭttŏn, 들었던 tŭrŏttŏn, 듣겠던 tŭkkettŏn, 들으려던 tŭrŭryŏdŏn.

3. 13. 1 Die Partizipialendung -tŏn bezeichnet regelmäßig das Präteritum bei qualitativen Verba, da in dieser Gruppe das n-Partizip (§ 3.12) extratemporale und präsentische Geltung hat.

3. 14 Das Partizip futuri sämtlicher Verba hat die Endung ㄹ -l, welche die Zukunft, Absicht oder Ungewißheit bezeichnen kann. Sie wird den (konsonantischen) Verbalbasen thematisch angehängt (Anschlußtyp 2).
Beispiele: 가 : 갈 kal, 먹: 먹을mŏgŭl, 듣 : 들을 tŭrŭl, 돕 : 도울 toul, 낫 : 나을 naŭl.

3. 14. 1 Als Anschlußbasis (Anschlußtyp 7) einiger prädikativer Formen (-chi, -ka, -ya, vgl. § 3.11.1) oder vor Formalnomina (것 kŏt) kanṇ das Morphem -l des Futurpartizips auch an Präteritalstämme anschließen. In diesen Fällen fungiert -l als extratemporales Formbildungsmorphem; z.B. 갔 을 지kassŭltchi, 하 였 을 지 hayŏssŭltchi, 먹 었 을 지 mŏgŏs=sŭltchi, 좋 았 을 지 chohassŭltchi.

3. 2 Die Nominalformen treten als nominale Bestimmungen im Satz (Subj., Obj., Adv.), als Bestandteile kompositioneller Prädikatsformen, als Prädikatsnomen oder auch als Konjunktional- und Terminalformen auf. Es gibt Nominalformen auf -m, -ki, -i und -chi. Sie unterscheiden sich in ihren Funktionen.

Die Nominalendungen werden an Verbalbasen angehängt; einige können sogar Temporalstämmen folgen.

3. 21 Die Nominalform auf 기 -ki bezeichnet einen Vorgang oder eine Eigenschaft in der zugrundeliegenden verbalen Bedeutung. Zudem tritt sie in folgenden speziellen Funktionen auf: a) zur analytischen Bildung von Verba intensiva (Typ: 작기는 작 다 chakki-nŭn chakta "(zwar) klein sein"), b) zur analytischen Modifizierung von Verba (Typ: 놀 기 만/도 하 다 nolgi-man/-do hada "nur/auch spielen"), c) zur Bildung emphatischer Alternativformen (Typ: 오기도 하고 가기도 하다 ogi-do hago kagi-do hada "kommen und gehen"), d) mit den Postpositionen 에-e oder 로-ro als nominale Konjunktionalform zur Bezeichnung eines kausalen oder konzessiven Nebensatzes: "in Anbetracht von", "trotz" (§§ 2.24.4-5), e) zur Bildung kompositioneller Prädikatsformen mit bestimmten Verben und Hilfsverben (z.B. 기(가)좋 다 -ki(-ga) chot'a "gern haben", 기 (가)싫 다 -ki(-ga) silt'a "verabscheuen", 기(를)바 라 다-ki(-rŭl) parada "hoffen", 기(를)시 작 하 다-ki(-rŭl) sijak-hada "beginnen", 기 쉽 다/어 렵 다-ki suipta/ŏryŏpta "leicht/schwer sein"), f) zur Bildung nominalwertiger Konjunktionalformen in der Zusammensetzung mit Formalnomen oder Adverbien (z.B. 기 (도)전에 -ki(-do)jŏn-e "bevor", 기때 문 에 -ki-ttaemun-e "weil", 기위하여/위 해 서-ki-wihayŏ/-wihaesŏ "um zu").

Die Nominalform auf -ki wird athematisch an (konsonantische) Verbalbasen oder Temporalstämme gehängt (Anschlußtyp 1).

Beispiele: 하 : 하 기 (selten > 키 k'i) hagi (das Machen), 살 : 살 기 salgi (das Leben), 좋 : 좋기 chok'i (das Gutsein), 쓰 : 쓰 기 ssŭgi (das Schreiben), 듣 : 듣 기 tŭkki (das Hören), 돕 : 돕 기 topki (das Helfen).

3. 22 Die Nominalform auf ㅁ -m bezeichnet eine versachlichende Abstraktion von Vorgangs- oder Eigenschaftsverben. Sie hat die speziellen Funktionen, a) ein pleonastisches Objekt zu bilden (Typ: 잠 (을) 자다 cham(-ŭl)chada "einen Schlaf schlafen"), b) mit der instrumentalen Postposition 으로-ŭro einen kausalen Nebensatz zu bezeichnen (§ 2.24.4), c) im Kanzleistil (und der älteren S) für die terminale Aussageform zu stehen (auch in Verbindung mit folgender Kopula).

Die Nominalform auf -m wird thematisch an (konsonantische) Verbalbasen oder Temporalstämme gehängt (Anschlußtyp 2).

Beispiele: 하 : 함 ham (Tun), 얼 (frieren) :얼음 ŏrŭm (Eis), 죽 (sterben): 죽음 chugŭm (Tod), 묻 (fragen): 물음 murŭm (Frage), 어렵 (schwierig sein): 어려움 ŏryŏum (Schwierigkeit), 돕 (helfen): 도움 toum (Hilfe).

3. 22. 1 Die l/Null-Basen haben neben der Nominalform mit thematischem Anschluß an die l-Basis auch eine unregelmäßige Form mit athematischem Anschluß. Diese Form kann nur als Substantiv ohne grammatische Funktion auftreten; z.B. 얼 (frieren): 얾 ŏlm Frieren, 알 (wissen): 앎 alm Wissen, 살 (leben): 삶 salm Leben (aber 사람 < 살음 Mensch), 놀 (spielen): 놂 nolm Spielen.

3. 22. 2 Einige p/w-Stämme bilden verkürzte Varianten der Nominalform auf -m, z.B. 무섭 (fürchterlich sein): 무서움/ 무섬 musŏum/musŏm (Furcht), 어둡 (dunkel sein): 어두움/ 어둠 ŏduum/ŏdum (Dunkelheit), 부럽 (eifersüchtig sein): 부러움/ 부럼 purŏum/purŏm (Eifersucht).

3. 22. 3 Die Nominalform 담 -tam geht auf den Quotativ zurück (< tago-ham, § 2.12) und hat die Bedeutung des exklamatorischen Interrogativs angenommen ("heißt das etwa, daß?").

3. 22. 4 Eine Reihe prädikativer Verbalformen läßt sich auf die Nominalform -m zurückführen: 마 -ma, 매 -mae, ㅁ세 -mse, 므로 -mŭro, 며 -myŏ, 면 -myŏn (siehe alphabetischen Teil).

3. 23 Die Nominalform auf 이 -i bezeichnet eine versachlichende Abstraktion von Vorgangs- oder Eigenschaftsverben. Sie tritt nur als Vollnomen auf und ist im Neukoreanischen lexikalisiert und unproduktiv. Sie folgt athematisch (konsonantischen) Verbalbasen (Anschlußtyp 1).

Beispiele: 걷 (zu Fuß gehen) : 거리 kŏri (Weg), 잡 (fangen): 잡이 chabi (Fang), 높 (hoch sein): 높이 nop'i (Höhe), 무겁 (schwer sein): 무게 muge (<mugŏwi, Gewicht), 길 (lang sein): 길이 kiri (Länge), 덥 (warm sein): 더위 tŏwi (Wärme).

3. 24 Die Nominalform auf 지-chi tritt nicht als Verbalnomen zur Sachbezeichnung, sondern nur in grammatischen Funktionen auf: a) bei der Bildung der analytischen Negationsform (Typ: 가지 아니 하 다-kaji-ani-hada "nicht gehen", § 4.21), b) als Terminalform, alleinstehend oder mit der Kopulaform 요 yo, der 1. bzw. 4. Soziativstufe in der U(§§ 2.11.14, 2.11.41), c) als adversative Konjunktionalform in Verbindung mit der Postposition 만-man (§ 2.24.6).

Die Nominalform auf -chi wird athematisch an (konsonantische) Verbalbasen oder Temporalstämme (nur in den Funktionen b und c) gehängt (Anschlußtyp 1 und 4).

Beispiele: 하(machen): 하 지 haji, 하 였 지 hayŏtchi, 하 겠 지 hagetchi; 살(leben): 살 지 salji, 좋 (gut sein): 좋 지 choch'i, 쓰 (schreiben): 쓰 지 ssŭji, 듣(hören): 듣 지 tŭtchi, 돕 (helfen): 돕지 topchi.

3. 24. 1 Identisch mit der Nominalform auf -chi ist der gleichlautende Nominalisator nach Partizipialformen, der auch Bestandteil älterer Prädikatsformen geworden ist: 지 니(라) 7-tchini(ra), 지 라(도) 7-tchira (do), 진 대 7-tchindae u.a.

3. 25 Eine Reihe von Formalnomina (Nominalisatoren) nach Partizipialformen bildet Verbalnomen, die selbständig oder in kompositionellen Verbalformen und zur Nominalisierung von Nebensätzen auftreten. Dazu gehören u.a. die Nominalisatoren 것 kŏt, 바 pa, 수 su, 줄 chul, 듯 tŭt, 터 t'ŏ, 모 양 moyang, 일 il (siehe § 4.3).

3. 3 Die Adverbialformen, zur näheren Bestimmung eines verbalen Satzteiles gebraucht, lassen sich in eine produktive und eine unproduktive Gruppe teilen. Unproduktiv und lexikalisiert sind die mit den Endungsmorphemen -i oder -o/u gebildeten Adverbialformen, da es sich um geschichtliche Formen handelt, die nicht von jedem Verb paradigmatisch gebildet werden können. Produktiv sind die Adverbialformen auf -ke und -ya, die auch im Neukoreanischen prinzipiell jedes Verb haben kann. Als produktive Adverbialformen können auch die Konverbalform (-a/ŏ, § 1.32 ff.) und die koordinative Konjunktionalform -ko (§ 2.24.1) fungieren. Die produktiven Adverbialformen stehen den Konjunktionalformen sehr nahe, da sie auch als Nebensatzprädikate auftreten können.

3. 31 Die Adverbialform auf 이 -i wird von zahlreichen qualitativen Verba gebildet. Sie ist morphologisch mit der gleichlautenden Nominal-

form identisch (§ 3.23), und mehrere dieser Formen können sowohl nominal als auch adverbial gebraucht werden. Die Endung wird athematisch den (konsonantischen) Verbalbasen angeschlossen (Anschlußtyp 1); einige Unregelmäßigkeiten sind dabei zu beachten.

Beispiele: 높(hoch sein): 높이 nop'i (Höhe, hoch), 깊(tief sein): 깊이 kip'i (Tiefe, tief), 같(gleich sein): 같이kat'i (gleichsam), 없 (nicht dasein): 없이 ǒpsi (ohne), 많(viel sein): 많이 man(h)i (viel), 싶 (scheinen): 싶이 sip'i (postverbal: gemäß).

3. 31. 1 Manche p/w-Basen elidieren den Schlußkonsonanten vor der Adverbialendung -i; z.B. 가깝 (nahe sein): 가까이kakkai (< kakkawi), 곱 (schön sein): 고이 koi (< kowi).

3. 31. 2 Manche Verbalbasen auf u (ŭ) oder i elidieren den Schlußvokal vor der Adverbialendung; z.B. 바쁘 (beschäftigt sein): 바삐 pappi (emsig), 부므(sperrig sein): 부미 pup'i (Masse, groß).

3. 31. 3 l/Null-Basen und rŭ-Basen reduplizieren die auslautende Liquide vor der Adverbialendung; z.B. 멀 (fern sein): 멀리 mǒlli, 빠르 (schnell sein): 빨리 ppalli, 다르 (verschieden sein): 달리 talli.

3. 31. 4 Die Adverbialform des Hilfsverbs 하다hada "machen" lautet 히 hi, wobei häufig Elision des h eintritt; z.B. 가하다(angemessen sein): 가히 kahi (gut), 부지런하다 (fleißig sein): 부지런히 pujirǒnhi, 가만하다 (still sein): 가만히 / 가만이 kaman(h)i, 이렇다(< 이러하다) (sosein): 이리 iri (< 이러히) (so).

3. 32 <u>Die Adverbialform auf 오/우 -o/u</u> wird von einigen Verben gebildet und hat teilweise auch nominale Geltung. Die Endung lautet 오 -o (fakultativ) nach den Stammvokalen a oder o, 우 -u in den übrigen Fällen. Sie wird athematisch den (konsonantischen) Verbalbasen angeschlossen (Anschlußtyp 1), wobei einige Unregelmäßigkeiten ähnlich wie bei den i-Formen auftreten.

Beispiele: 잦 (unablässig sein): 자조 (자주) chajo (chaju) (oft), 돌 (sich drehen): 도로toro (wiederum), 몯 (sammeln): 모도 (모두) modo (modu)(alle), 고르 (eben sein): 고로 (고루) koro (koru)(gleichermaßen), 바르 (gerade, richtig sein): 바로 (바루) paro (paru)(gerade, richtig), 넘 (übersteigen): 너무 nǒmu (zu viel), 맵 (scharf sein): 매우 (sehr), 겹 (Kräfte übersteigen): 겨우 kyǒu (kaum, mit Mühe), 늘 (sich hinziehen): 느루 nŭru (dauernd), 두르 (umgeben): 두루 turu (rings-um).

3. 33 <u>Die Adverbialform auf 게 -ke</u> ist mit dem konjunktionalen -ke zur Bezeichnung des Zweckes (§ 2.24.9) identisch. Adverbial tritt die Form häufig zur Bildung von Genera verbi auf (§ 4.15). Sie wird athematisch an (konsonantische) Verbalbasen gehängt (Anschlußtyp 1).

Beispiele: 하 (machen): 하게 hage (machend), 높 (hoch sein): 높게 nopke (hoch), 모르 (nicht wissen): 모르게 morŭge (unwissentlich), 어떻 (wie sein): 어떻게 ŏttŏk'e (wie), 늦 (spät sein): 늦게 nŭkke (spät).

3. 34 <u>Die Adverbialform auf 야 -ya</u> ist mit dem konjunktionalen -ya zur Bezeichnung der ausschließlichen Bedingung ("nur wenn") (§ 2.24.3) identisch. Als Adverbialform tritt sie nur vor den Hilfsverben 하다 hada und 되다 toeda (§ 4.11) sowie in einigen sinokor. Adverbialbildungen auf. Die Adverbialendung wird an den Konverbalstamm gehängt (Anschlußtyp 3).

Beispiele: 하 (machen): 해야 haeya, 먹 (essen): 먹어야 mŏgŏya, 쓰 (schreiben): 써야 ssŏya, 돕 (helfen): 도와야 towaya, 놀 (spielen): 놀아야 noraya.

3. 34. 1 Sinokoreanische Adverbialbildungen mit der Hilfsverbform 하야 haya, z.B. 인하야 in-haya "wegen" (in-hada beruhen auf), 위하야 wi-haya "wegen" (wi-hada folgen aus), 대하야 tae-haya "entgegen" (tae-hada entgegenstehen), sind als ältere Nebenformen (S) von in-hayŏ, wi-hayŏ, tae-hayŏ usw. anzusehen: 하야 haya =하여 hayŏ ist hier Konverbalform (§ 1.32.24.2).

3. 35 <u>Die Adverbialform auf 고 -ko</u> ist mit der koordinativen Konjunktionalform (§ 2.24.1) identisch. Die ko-Form fungiert adverbial vor Verben des Sagens und Denkens (Typ: 김이라고하다 Kim-irago-hada "Kim heißen") und vor Hilfsverba der Befindlichkeit (Typ: 먹고있다 mŏkko-itta "beim Essen sein", durative Aktionsart, siehe § 4.16).

3. 36 <u>Die Adverbialform auf 아/어 -a/ŏ</u> ist mit der Konverbalform (§ 1.32 ff.) identisch. Die Konverbalform fungiert adverbial als erstes Glied von Verbalkomposita bei Gleichwertigkeit der Glieder (Typ: 받아쓰다 pada-ssŭda "nehmen und schreiben" =Diktat aufnehmen) oder Ungleichwertigkeit der Glieder, dh. in Hilfsverbkonstruktionen (Typ: 해보다 haeboda "tun und sehen" = versuchen, tentative Aktionsart, siehe § 4.16).

K o m p o s i t i o n e l l e   V e r b a l f o r m e n

4. <u>Kompositionelle Verbalformen</u> sind durch das Zusammentreten von Haupt- und Hilfsverb in einer Aussageform gekennzeichnet. Sie sind in ihrer Gesamtheit nur morphologisch definierbar und können prädikativ oder nichtprädikativ verwendet werden. Ihr Aussagegehalt betrifft die Modi, Genera verbi und Aktionsarten.

4. 01 Formal lassen sich drei Typen unterscheiden: a) Konjunktionalform (-a/ŏ, -ko, -sŏ, -ya, -ke, -to, -myŏn, -ryŏ) + Hilfsverb, b) Nominalform (-ki, -chi) + Hilfsverb, c) Nominalisator (kŏt, su, t'ŏ usw.) + Hilfsverb.

4. 1 Kompositionelle Verbalformen vom <u>Typ Konjunktionalform + Hilfsverb</u> bezeichnen die Modi (analytischer Bildungsweise) Necessativ, Optativ, Intentionalis, Quotativ und Präsumptiv, die Genera verbi (analytischer Bildungsweise) sowie sämtliche Aktionsarten. Da die Konjunktionalform des Hauptverbs unmittelbar vor der Aussageform des Hilfsverbs zu stehen kommt, ist sie in diesen Formenkomposita der Adverbialform grammatisch gleichzusetzen (vgl. §§ 3.33 ff.).

4. 11 In den Bereich des <u>Necessativs</u> als Ausdruck der Notwendigkeit oder Ratsamkeit gehören Zusammensetzungen mit den Konjunktionalformen 야 -ya, 도 -to, 면 -myŏn und 서 -sŏ:

야하다	3-ya-hada "müssen"
야된다	3-ya-doeda "müssen"
고야말다	1-koya-malda "unbedingt vollenden (müssen)"
면되다	2-myŏn-doeda "(nur) brauchen"
면좋다	2-myŏn-jot'a "dürfen"
면아니되다	2-myŏn-anidoeda "nicht dürfen", "sollen" (nach Neg.)
도좋다	3-do-jot'a "dürfen"
서는아니되다	3-sŏ-nŭn anidoeda "nicht dürfen"
서좋다	3-sŏ-jot'a "gut (erfreulich) sein"

4. 11. 1 Wenn in der necessativen Aussageweise 3-ya-hada das Hilfsverb mit dem dubitativen Futurmorphem 겠 kess (§ 1.33.3) oder der Terminalform 지(요) -chi(yo) (§§ 2.11.14, 2.11.41) verbunden ist, wird die Basis des Hilfsverbs meist elidiert: 야겠 3-yagess- (< ya-hagess-), 야지(요) 3-yaji(yo) (< ya-haji(yo))(U).

4. 12 In den Bereich des <u>Optativs</u> und <u>Intentionalis</u> als Ausdruck von Wunsch und Absicht gehören folgende kompositionelle Verbalformen dieses Typs:

고 싶 다	1-ko-sipta "wollen"
고 지 다	1-ko-jida (S) "wollen"
고 자 하 다	1-koja-hada "wollen"
고 저 하 다	1-kojŏ-hada (S) "wollen"
려(고)하 다	2-ryŏ(go)-hada "beabsichtigen"

4. 12. 1 Im intentionalen Kompositum 려 고 하 다 -ryŏgo-hada kann neben -ko auch die Wurzel des Hilfsverbs ha- elidiert werden, so daß die kompositionelle zu einer erweiterten Verbalform kontrahiert wird (-ryŏ-ta): 련 다 -ryŏnda (vgl. § 2.11.2). In der Form 려 니 -ryŏni vor Verba des Sagens und Denkens hat die Endung dubitative Bedeutung.

4. 12. 2 Von 1-ko-sipta und 1-ko-jida sind die kontrahierten Konverbalformen 고파 1-kop'a (S) und 고 저 1-kojŏ (S) abgeleitet ("wollend", auch final im Nebensatz: "um zu", vgl. § 2.24.9), die meist einen emphatischen Desiderativ ausdrücken.

4. 12. 3 Verwandt mit der Wunschform 1-ko-jida ist die ältere Form 지 이 다 3-jiida gleicher Bedeutung.

4. 13 In den Bereich des <u>Quotativs</u>, als Ausdruck des Sagens und Hörensagens, gehören kompositionelle Aussageweisen vom Typ 1-ko-hada (sagen):

다 고 하 다	4,5-tago-hada "heißen, daß", "sollen"
라 고 하 다	1-rago-hada (nach Kopula) "heißen, daß", "sollen"

4. 13. 1 Das Kompositum des Quotativs kann durch Elision von -ko und ha- zu einer erweiterten Verbalform kontrahiert werden: 단 다 -tanda, 란 다-randa usw., in der Panmal-Form zu 대 -tae bzw. 래 -rae verkürzt (§ 2.12).

4. 13. 2 Ohne Hilfsverb wird 다 고 -tago als Terminalform in interrogativer Funktion benutzt ("sagt man, daß?").

4. 13. 3 Zusammengesetzte Konjunktionalformen der Art 자 면 -chamyŏn und 다 면 -tamyŏn sind als Kontraktionen von -chago-hamyŏn bzw. -tagohamyŏn anzusehen (§ 2.24.3) und gehören morphologisch zum quotativen Typ (dgl. 자 는 -chanŭn > 잔 chan, 자 는 데 chanŭnde, 자 고 -chago; § 2.11.25).

4. 13. 4 Kompositionelle Verbalformen vom Typ -ra(go ha)da nach einem prozessiven Verb mit thematischem Anschluß (2) enthalten die indirekte Imperativform 2-ra (§ 2.11.24.1) und bezeichnen den indirekten Imperativ in Verbindung mit dem Quotativ: "besagen, daß ...soll" (vgl. 2-raji, 2-ranŭn, 2-ramnikka, Teil II).

4. 13. 5 Statt 하다 hada "sagen" können nach -tago, -rago auch andere Verba des Sagens und Denkens gebraucht werden.

4. 14 Dem Quotativ stehen strukturell die modalen Bezeichnungen des Anscheins als <u>Präsumptiv</u> nahe, die aus der Verbindung der Interrogativform mit dem als Hilfsverb verwendeten 보다 poda "sehen" gebildet werden:

가 보 다 -ka-boda "den Anschein haben, daß", "anscheinend"
나 보 다 -na-boda dto.

4. 15 In den Bereich des <u>Faktitivs</u> und <u>Passivs</u> als Ausdruck der Veranlassung und des Werdens gehören kompositionelle Verbalformen mit dem konjunktionalen Adverbialsuffix 게-ke (§ 3.33):

게 하 다 1-ke-hada "lassen", "machen zu" (bei Verba qualitativa)
게만들다 1-ke-mandŭlda "lassen", "machen zu"
게 되 다 1-ke-doeda "dazu kommen, daß", "werden zu" (bei Verba qual.)

4. 15. 1 Der Faktitiv prozessiver Verba wird auch mit dem Hilfsverb 시 키다 sik'ida "veranlassen" bei sinokoreanischen Semantemen oder nach der Konverbalform (3) gebildet.

4. 15. 2 Dem Faktitiv nahe steht als resultativer Faktitiv die Verbindung 도 록 하 다 1-torok-hada "es so machen, daß".

4. 16 Die Verbindung der Konverbalform -a/ŏ (3) oder der koordinativen Konjunktionalform -ko mit Verben abgeschwächten Bedeutungsgehaltes in der Funktion von Hilfsverben bezeichnet die <u>Aktionsarten</u>:

아/어 있 다	3-itta	durativ (Zustand)
고 있 다	1-ko-itta	durativ (Handlung)
아/어쌓 다	3-ssat'a	durativ (intensiver Vorgang)
아/어 대 다	3-daeda	durativ (iterativer Vorgang)
아/어 가 다	3-gada	durativ (zukunftsgerichtet)
아/어 오 다	3-oda	durativ (gegenwartsgerichtet)
고 (는)하 다	1-ko(-nŭn)hada	habituell
아/어 들 다	3-dŭlda	progressiv

아/어 지 다	3-jida	progressiv, terminativ
아/어 나 다	3-nada	progressiv
고 나 다	1-ko-nada	terminativ
아/어 내 다	3-naeda	terminativ
아/어 말 다	3-malda	terminativ
고 말 다	1-ko-malda	terminativ
아/어 버 리 다	3-bŏrida	perfektiv
아/어 놓 다	3-not'a	resultativ
아/어 두 다	3-duda	resultativ
아/어 가 지 다	3-gajida	resultativ
아/어 넣 다	3-nŏt'a	introvertiv
아/어 주 다	3-juda	destinativ
아/어 드 리 다	3-dŭrida	destinativ
아/어 보 다	3-boda	tentativ
아/어 뜨 리 다	3-ttŭrida	intensiv (transitiv)
아/어 치 다	3-ch'ida	intensiv
아/어 달 다	3-dalda	imperativ (defektiv)

4. 16. 1 Statt des durativen Hilfsverbs 있 다 itta steht in der honorativen Aussageweise (subjektbezogener Honorativ) 계 시 다 kyesida.

4. 16. 2 Nach Onomatopoetica steht für den Iterativ resp. Durativ 거 리 다 kŏrida: 번 들 거 리 다 pŏndŭl-gŏrida "glitzern", 중 얼 거 리 다 chung=ŏl-gŏrida "murmeln".

4. 16. 3 Das resultative Hilfsverb 가 지 다 kajida (nehmen) tritt nur in der koordinativen Konjunktionalform 가 지 고 kajigo auf.

4. 16. 4 달 다 talda "geben" ist defektives Hilfsverb, das nur in der quasi-Konjunktionalform 다 고 -dago und in den Imperativformen 다 오 -dao, 달 라 -dalla ("gib") vorkommt. Es bildet zusammengesetzte Imperative des Typs 도 와 다 오 /다 고/달 라 towa-dao/dago/dalla "hilf (mir)" (jap. tasukete-kudasai).

4. 16. 5 Zum obigen Bildungstyp gehört die Verbindung 아/어 죽 겠 다 3-jukketta "kaum zu ertragen sein", die meist nach qualitativen Verba steht, sowie 아/어 달 라 다 3-dallada "um etw. bitten".

4. 16. 6 3-malda tritt nur in Negationsformen auf: 아/어 마 지 않 다 3-ma=ji-ant'a "nicht umhin können zu (tun)". Vgl. 마 지 못 하 다 maji-mot-hada "nicht umhin können".

4. 2 Kompositionelle Verbalformen vom *Typ Nominalform + Hilfsverb* dienen im Zusammenhang mit der Nominalform auf 지-chi (§ 3.24) zur Bezeichnung der Negation und des Prohibitivs, im Zusammenhang mit der Nominalform auf 기-ki (§ 3.21) zu Prädikatsaussagen disparaten Inhalts. Die Nominalformen haben in diesen Fällen adverbiale Stellung.

4. 21 Die Verbindung der Nominalform auf 지-chi mit 아니하다 ani-hada oder 못하다 mot-hada bezeichnet die *Negation*, wobei mot-hada häufig die Vorstellung des Nichtkönnens impliziert.

4. 21. 01 Die Kompositionsform 지 아니하다-chi-ani-hada kann zu 잖다 chant'a kontrahiert werden.

4. 21. 02 Die Verbindung 아/어 서가아니다 ǝ-sŏ-ga anida, häufig als Nebensatzprädikat in der Form 아니라-anira, hat die Bedeutung "nicht so sein, daß".

4. 21. 03 In der U wird die Negation oft einfach durch 아니/안 an(i) oder 못 mot in der Stellung vor dem zu negierenden Verb bezeichnet: 가지아니하다 kaji-ani-hada = 아니가다 ani-gada, 가지못하다 kaji-mot-hada = 못가다 mot-kada.

4. 21. 04 못 mot in der Stellung zwischen dem Objekt und dem Hilfsverb hada bezeichnet das Nichtkönnen bei den aus Nominalobjekt und hada bestehenden Prädikaten: 말(을)하다 mar(-ŭl) hada "sprechen" - 말을 못하다 mar-ŭl mot-hada "nicht sprechen können".

4. 21. 1 Die Verbindung der Nominalform auf 지 -chi mit dem Hilfsverb 말다 malda bezeichnet den *Prohibitiv*.

4. 22 *Die Nominalform auf 기-ki* tritt in verschiedenen Verbindungen *mit Postpositionen und dem Hilfsverb 하다 hada* (tun) auf:

기로하다 — -ki-ro hada "so einrichten, daß","sich entschließen zu"

기만하다 — -ki-man hada "nur (tun)", insb. in der Konditionalf.:

  기만하면 — -ki-man hamyŏn "wenn nur"

기도하다 — -ki-do hada "auch (tun)", insb. als Alternativform:

  기도하고기도하다 — -ki-do hago...-ki-do hada Bezeichnung simultaner oder alternativer Sachverhalte

기는하다 — -ki-nŭn hada Ausdruck der Intensität

4. 22. 1 Zum selben Formentyp gehören die Verbindungen
기가 바쁘게 -ki-ga pappŭge "kaum (daß)"
기가 무섭게 -ki-ga musŏpke "kaum (daß)"

4. 3 Kompositionelle Verbalformen, die einen Nominalisator mit Hilfsverb enthalten, bezeichnen verschiedene Modi. Die Nominalisatoren werden in der Regel an Partizipialformen angeschlossen.

4. 31 Als Nominalisatoren fungieren 것 kŏt, 바 pa, 일 il, 듯 tŭt, 성 sŏng, 모양 moyang, 셈 sem, 수 su, 만 man, 마련 maryŏn, 터 t'ŏ, 줄 chul, 체 ch'e, 척 ch'ŏk, 데 te, 따름 ttarŭm, 지경 chigyŏng, 말 mal, 뜻 ttŭt, 중 chung:

것이다	5,6-kŏs-ida	Bezeichnung der Tatsächlichkeit
것이다	7-kŏs-ida	Wahrscheinlichkeit
(>게다)	(< keda)	
것같다	5,6,7-kŏt-katta	Anschein
것다	1-kŏtta	Tatsächlichkeit
바이다	5,6-pa-ida	Tatsächlichkeit
일이다	5,6-ir-ida	Tatsächlichkeit
일이다	7-ir-ida	Wahrscheinlichkeit, Notwendigkeit
듯하다	5,6,7-tŭt-hada	Anschein
듯싶다	5,6,7-tŭt-sipta	Anschein
성(상)싶다	5,6,7-sŏng(sang)-sipta	Anschein
모양이다	5,6,7-moyang-ida	Anschein
셈이다	5,6,7-sem-ida	Annahme
수있다	7-su-itta	Möglichkeit
수없다	7-su-ŏpta	Unmöglichkeit
수밖에없다	5,7-su-bakke-ŏpta	Notwendigkeit
만하다	7-man-hada	Möglichkeit, Angemessenheit
(게/기/도록)	1-(ke/ki/torok)-	
마련이다	maryŏn-ida	Notwendigkeit
터이다	7-t'ŏ-ida	Absicht, Wahrscheinlichkeit
(>테다)	(< t'eda)	
줄(로)알다	5,6,7-chul(-lo) alda	Fähigkeit, Annahme
체하다	5,6-ch'e-hada	falscher Anschein
척하다	5,6-ch'ŏk-hada	falscher Anschein
데있다	5-te-itta	Inhaltlichkeit
따름이다	7-ttarŭm-ida	Ausschließlichkeit
지경이다	5,7-chigyŏng-ida	Bevorstehen
말이다	5,6-mar-ida	Meinung
뜻이다	5-ttŭs-ida	Bedeutung
중이다	5-chung-ida	Ablauf

4. 31. 1 Im Kanzleistil wird die Verbindung 7-kŏs-ida zur Bezeichnung der Notwendigkeit unter Ausschaltung der Kopula als nominales Prädikat verwendet: 할 것 hal-kkŏt "man hat zu tun" (vgl. § 3.22).

4. 31. 2 Historisch und semantisch ist den kŏt-Formen das Verbalsuffix 걸 kŏl (< kŏs-ŭl) zuzuordnen, das eine Vermutung oder Wahrscheinlichkeit emphatisch zum Ausdruck bringt und nach futurischen Partizipialformen steht (vgl. 7-kŏs-ida, § 4.31).

4. 31. 3 Die Panmal-Form 것 이 야 kŏs-iya von kŏs-ida wird in U häufig zu 거 야 kŏya gekürzt, dgl. 것 이 요 kŏs-iyo > 거 요 kŏyo, 것 이 어 요 kŏs-iŏyo > 거 여 요 kŏyŏyo, 것 이 지 (요) kŏs-iji(yo) > 게 지 (요) keji(yo) und die Konverbalform 것 이 어 kŏs-iŏ > 께 kke.

4. 31. 4 Pränominales 바 -pa dient zur Bezeichnung verbaler Attribute im Passiv: 맡 은 바 임 무 mat'ŭn-ba immu "überantwortete Aufgabe".

4. 31. 5 Zum obigen Strukturtyp gehört als Form der rhetorischen Frage in der älteren S 손 (쏜) 가 7-(s)son'ga oder 손 (쏜) 야 7-(s)sonya, bestehend aus dem Nominalisator 손 < 슨 sŭn (?) und der verkürzten Frageform der Kopula ida (vgl. §§ 2.11.23.1, 2.11.33).

4. 31. 6 Zum obigen Strukturtyp gehört die necessative Form der älteren S 지 니라 7-chini(ra) < 지 이 니 라 7-chi-inira.

4. 31. 7 듯 하 다 tŭt-hada "Anschein haben" bildet die Adverbialform 듯히 > 듯 이 tŭthi > tŭsi, häufig zur Form des Nominalisators 듯 tŭs verkürzt ("als ob").

4. 32 Einige <u>sinokoreanische Nominalisatoren</u> in Verbindung mit den Hilfsverben 하 다 hada, 있 다 itta und 이 다 ida sind in dieser Gruppe einzuordnen:

양 하 다	5,6 -yang-hada Bezeichnung des falschen Anscheins
법 하 다	5,6,7-pŏp-hada Wahrscheinlichkeit
법(이)있 다 (없 다)	7-pŏb-(i) itta (ŏpta) Möglichkeit (Unmöglichkeit)
법 이 다	5,6-pŏb-ida Regelhaftigkeit, Berechtigung
번 하 다	7-pŏn-hada unmittelbares Bevorstehen
번 이 다	7-pŏn-ida dto. ("nahe daran sein zu")

4. 32. 1 Den Nominalisatoren in kompositionellen Verbalformen stehen 일 il, 리 ri, 직 chik und 당 tang in speziellen prädikativen Konstruktionen nahe:

일이 있다 5,6-ir-i itta "vorkommen"
리가 있다 7-ri-ga itta "wohl sein können"
리가 없다 7-ri-ga ŏpta "nicht sein können"
직하다 -chik-hada (nach der Nominalform auf -m) "passend sein", "können", "möglich sein"
당하다 -tang-hada Bezeichnung des Passivs (nach nominalem Obj.)

5. KONSONANTENASSIMILATION BEI DER VERBALEN FORMBILDUNG

	Anlaut	-k ㄱ	-t ㄷ	-p ㅂ	-s ㅅ	-ch ㅈ	-n ㄴ	-m ㅁ	-l ㄹ
Auslaut	Beispiele	고-ko	다-ta		소-so	지-chi	네 -ne		
k- ㄱ	먹 mŏk-	-kk- mŏkko	-kt- mŏkta	(-kp-)	-ks- mŏkso	-kch- mŏkchi	-ngn- mŏngne	(-ngm-)	(-ngn-)
kk- ㄲ	닦 takk-	-kk- takko	-kt- takta	(-kp-)	-ks- takso	-kch- takchi	-ngn- tangne	(-ngm-)	(-ngn-)
lk- ㄺ	읽 ilk-	-kk- ikko	-kt- ikta	(-kp-)	-ks- ikso	-kch- ikchi	-ngn- ingne	(-ngm-)	(-ngn-)
t- ㄷ	받 pat	-kk- pakko	-tt- patta	(-pp-)	-ss- passo	-tch- patchi	-nn- panne	(-mm-)	(-nn-)
t'- ㅌ	붙 put'-	-kk- pukko	-tt- putta	(-pp-)	-ss- pusso	-tch- putchi	-nn- punne	(-mm-)	(-nn-)
lt'- ㄾ	핥 halt'-	-lkk- halkko	-ltt- haltta	(-lpp-)	-lss- halsso	-ltch- haltchi	-ll- halle	(-lm-)	(-ll-)
s- ㅅ	웃 us-	-kk- ukko	-tt- utta	(-pp-)	-ss- usso	-tch- utchi	-nn- unne	(-mm-)	(-nn-)
ss- ㅆ	있 iss-	-kk- ikko	-tt- itta	(-pp-)	-ss- isso	-tch- itchi	-nn- inne	(-mm-)	(-nn-)
ch- ㅈ	맞 mach-	-kk- makko	-tt- matta	(-pp-)	-ss- masso	-tch- matchi	-nn- manne	(-mm-)	(-nn-)
ch'- ㅊ	맟 mach'-	-kk- makko	-tt- matta	(-pp-)	-ss- masso	-tch- matchi	-nn- manne	(-mm-)	(-nn-)
p- ㅂ	입 ip-	-pk- ipko	-pt- ipta	(-pp-)	-ps- ipso	-pch- ipchi	-mn- imne	(-mm-)	(-mn-)
ps- ㅄ	없 ŏps	-pk- ŏpko	-pt- ŏpta	(-pp-)	-ps- ŏpso	-pch- ŏpchi	-mn- ŏmne	(-mm-)	(-mn-)
lp- ㄼ	넓 nŏlp	-lkk- nŏlkko	-ltt- nŏltta	(-lpp-)	-lss- nŏlsso	-ltch- nŏltchi	-ll- nŏlle	(-lm-)	(-ll-)
p'- ㅍ	덮 tŏp'	-pk- tŏpko	-pt- tŏpta	(-pp-)	-ps- tŏpso	-pch- tŏpchi	-mn- tŏmne	(-mm-)	(-mn-)
lp'- ㄿ	읊 ŭlp'-	-lkk- ŭlkko	-ltt- ŭltta	(-lpp-)	-lss- ŭlsso	-ltch- ŭltchi	-ll- ŭlle	(-lm-)	(-ll-)
n- ㄴ	안 an-	-nkk- ankko	-ntt- antta	(-mb-)	-nss- ansso	-ntch- antchi	-nn- anne	(-mm-)	(-ll-)
nch- ㄵ	앉 anch-	-nkk- ankko	-ntt- antta	(-mb-)	-nss- ansso	-ntch- antchi	-nn- anne	(-mm-)	(-ll-)
nh- ㄶ	않 anh-	-nk'- ank'o	-nt'- ant'a	(-mp'-)	-nss- ansso	-nch'- anch'i	-nn- anne	(-mm-)	(-ll-)
m- ㅁ	검 kŏm-	-mkk- kŏmkko	-mtt- kŏmtta	(-mb)	-mss- kŏmsso	-mtch- kŏmtchi	-mn- kŏmne	(-mm-)	(-mn-)
lm- ㄻ	옮 olm-	-mkk- omkko	-mtt- omtta	(-mb-)	-mss- omsso	-mtch- omtchi	-mn- omne	(-lm-)	(-ll-)
l- ㄹ	살 sal-	-lg- salgo	-ld- salda	(-lb-)	-ls- (salso)	-lj- salji	-ll- (salle)	(-lm-)	(-ll-)
lh- ㅀ	잃 ilh-	-lk'- ilk'o	-lt'- ilt'a	(-lp'-)	-lss- ilsso	-lch'- ilch'i	-ll- ille	(-lm-)	(-ll-)
h- ㅎ	좋 choh-	-k'- chok'o	-t'- chot'a	(-p'-)	-ss- chosso	-ch'- choch'i	-nn- chonne	(-hm-)	(-hr-)

5. 1 In der verbalen Formbildung gibt es in der Regel keine auf p-, m-, l- anlautenden Formantien, die unmittelbar (athematisch) an Verbalbasen angeschlossen werden. Die entsprechenden Rubriken der Tabelle enthalten in Klammern diejenigen Assimilationsformen, die allgemein bei der Verbindung von p, m, l mit vorangehenden Konsonanten entstehen.

5. 2 Auf -lp und -lp' auslautende Verbalbasen bilden in der KH die angegebenen Assimilationsformen. Bei langsamer Sprechgeschwindigkeit tritt statt der Verbindung von l mit gespanntem Endungskonsonanten (nŏltta usw.) auch lp mit einfachem Endungskonsonanten auf, z.B. nŏlpta, nŏlpko, nŏlpso, nŏlpchi. - Die Formen mit der Reduktion lp > p, lp' > p statt > l gelten in der KH als veraltet oder als Dialektformen.

5. 3 Nach verbalen Formantien, die auf -n auslauten, haben konsonantisch anlautende Verbalendungen einen Media-Anlaut (nach Verbalbasen: gespannten Anlaut), z.B. 웃는가 unnŭn'ga, 온다 onda, 한지 hanji.

5. 4 Nach verbalen Formantien, die auf -l auslauten, haben konsonantisch anlautende Verbalendungen einen gespannten Anlaut (nach Verbalbasen: Media-Anlaut), z.B. 부를가 purŭlkka, 갈대로 kalttaero, 없을소냐 ŏpsŭlssonya, 했을지 haessŭltchi.

5. 5 Die in der Tabelle in Klammern gegebenen Formen salso und salle sind Dialektformen gegenüber regelmäßigem saso und sane (vgl. § 1.12.22. 1/11).

T E I L II

D I E V E R B A L F O R M E N

V o r b e m e r k u n g e n

1. Die in Teil II gegebene Zusammenstellung der verbalen Formantien enthält die in Teil I behandelten Formantien der Verbalstämme (§ 1.3 ff.), der prädikativen Verbalformen (§ 2 ff.), der nichtprädikativen Verbalformen (§ 3 ff.) und der kompositionellen Verbalformen (§ 4 ff.).
2. Die Formantien werden in alphabetischer Folge gegeben und in silbenmäßiger Transliteration der Hangŭl-Orthographie in den Kopfzeilen eingeführt. Für die Transkription wurde das System von Reischauer-McCune verwendet (vgl.S. 3), wobei alphabetisch o (ㅗ) vor ŏ (ㅓ) und u (ㅜ) vor ŭ (ㅡ) gestellt sind. Bei den Konsonanten folgen die aspirierten den nicht aspirierten Konsonanten: ch (ㅈ) vor ch' (ㅊ), k (ㄱ) vor k' (ㅋ), p (ㅂ) vor p' (ㅍ), t (ㄷ) vor t' (ㅌ).
3. Die Paragraphen am Ende der Kopfzeilen verweisen auf die Abschnitte des Teiles I, in denen die betreffenden Formen systematisch behandelt oder genannt werden.
4. Die Ziffern vor den aussprachemäßig transkribierten Formantien in der Kopfzeile bezeichnen die Anschlußbasen:
   1 = Athematische Verbalbasis
   2 = Thematische Verbalbasis
   3 = Konverbalstamm
   4 = Temporalstamm
   5 = Präsenspartizip
   6 = Präteritalpartizip
   7 = Futurpartizip
5. Formen des älteren Neukoreanischen, denen man in der Schriftsprache und Literatur begegnet, sind mit (S) bezeichnet; Formen der modernen Umgangssprache tragen den Zusatz (U). Diese stilistischen Hinweise haben jedoch nur einen Orientierungswert, da genaue Zuordnungen individuell variieren (Unterschiede nach Altersgruppen, Geschlecht, Stand, Dialekt u.a.).
6. Die Beispielsätze zur Illustration des Gebrauchs der Formantien entstammen großtenteils Textquellen. In erster Linie wurden dafür Schullesebücher aus Südkorea herangezogen, da sie als Lehrmittel der Hochsprache einen gewissen Standard repräsentieren (ediert vom

Erziehungsministerium unter Mitwirkung namhafter Gelehrter) und für jeden relativ leicht zugänglich sind. In diesen Lehrbüchern sind auch literarische Quellen verarbeitet, auf deren Nachweis jedoch hier verzichtet wurde. Für den Beleg mancher Formantien mußten andere Textquellen benutzt werden, wobei insbesondere auf literarische Sammelwerke zurückgegriffen wurde.

7. Einige Beispielsätze mußten ad hoc gebildet werden, da literarische Belege für die betreffenden Formantien nicht gefunden wurden. Diese Beispielsätze sind als solche gekennzeichnet und von Dr. phil. Hyogmyon Kwon (Seoul, z. Zt. Bochum) gebildet worden.
8. Die Übersetzung der Beispielsätze folgt möglichst genau dem Original, um Satzbau und Wortgebung der koreanischen Vorlage leichter identifizieren zu können, da aus Raummangel von einer Kommentierung Abstand genommen wurde. Unebenheiten der deutschen Version sind bei einer solchen Übersetzung in Kauf zu nehmen.
9. Am Schluß der transkribierten Fassung der Beispielsätze ist in Klammern die Textquelle angegeben. Ziffern vor dem Komma bezeichnen die Bandzahl, Ziffern nach dem Komma die Seitenzahl. Bei Angabe der Textquellen wurden die nachstehenden Abkürzungen verwendet.

A b k ü r z u n g s v e r z e i c h n i s

ChK	Chunghak-kugŏ. Hrsg.v. Mungyobu. Bd. I-I - III-II. 6 Bde. Seoul: Taehan-kyogwasŏ-chusik-hoesa 1961.
ChTK	Ch'oesin Taehak-kugŏ. Komp. v. Taehak-kyojae-yŏn'guhoe. Seoul: Chŏngŭmsa 1965.
HKMT	Hanguk-kojŏn-munhak-taegye. Bd. 14, 17. Seoul: Minjung-sŏgwan 1961.
HMCh	Hanguk-munhak-chŏnjip. 36 Bde. Seoul: Minjung-sŏgwan 1959-1960.
HS	Hyŏndae-sijo. Komp. v. Yi Pyŏnggi und Yi T'aeguk. Seoul: Saegŭlsa 1959 (Sijo-munhak-chŏnjip 1).
HSiMCh	Hanguk-sinjak-munhak-chŏnjip. 10 Bde. Seoul: Ŭryu-munhwasa 1962-1963.
HSuMCh	Hanguk-sup'il-munhak-chŏnjip. 5 Bde. Seoul: Kukche-munhwasa 1965.
HTMCh	Hanguk-tamp'yŏn-munhak-chŏnjip. 5 Bde. Seoul: Paeksusa ^{4}1965.
HYSCh	Hanguk-yŏksa-sosŏl-chŏnjip. 12 Bde. Seoul: Ŭryu-munhwasa 1961.
K	Kugŏ. Hrsg. v. Mungyobu. Bd. 1-1 - 6-2. 12 Bde. Seoul: Taehan-mungyosŏjŏk-chusik-hoesa 1960-1961.
KJT	Kojŏn-tokpon. Bearb. v. Yŏng Chudong. Seoul: T'anggudang 1965.
KK	Kodŭng-kugŏ. Hrsg. v. Mungyobu. Bd. I-III. 3 Bde. Seoul: Taehan-kyogwasŏ-chusik-hoesa 1959-1960.
KLR	Korean Literacy Reader (Hangŭl-tokpon). 6 Bde. Seoul: Taehan-kidokkyo-kyemyŏng-hyŏphoe 1958-1963.
KMK	Komun-kyobon. Komp. v. Yim Hŏndo. Seoul: Chŏngyŏnsa 1961.
KS	K'ŭn Sajŏn. Hrsg. v. Hangŭl-hakhoe. 6 Bde. Seoul: Ŭryu-munhwasa 1961-1962 (2.-4. Aufl.).
KT	Komun-tokpon. Komp. v. Kim Hyŏnggyu. Seoul: Pagyŏnsa 1965.

PY Parŭn-yekkŭl. Komp. v. Ŏmun-hakhoe.
Seoul: Ch'ŏngunsa 1965.

P'Y P'yojun-yekkŭl. Bearb. v. Yi Pyŏnggi und Chŏng Yinsŭng.
Seoul: Sin'gu-munhwasa 1965.

SCh Sŏnggyŏng-chŏnsŏ.
Seoul: Taehan-sŏngsŏ-konghoe 1962.

SMS Sijo-munhak-sajŏn. Komp. v. Chŏng Pyŏnguk.
Seoul: Sin'gu-munhwasa 1966.

SS Sahoe-saenghwal. Hrsg. v. Mungyobu. Bd. 1-1 - 6-1. 6 Bde.
Seoul: Kukchŏng-kyogwasŏ-chusik-hoesa 1962.

Uri malbon Uri malbon. Verf. v. Ch'oe Hyŏnbae.
Seoul: Chŏngŭmsa [3]1961.

UY Uri-yekkŭl. Komp. v. Kugŏ-kyoyuk-yŏn'guhoe.
Seoul: Hanguk-kyogwasŏ-chusik-hoesa 1965.

Ye Yekkŭl. Bearb. v. Ku Chagyun und Kim Sayŏp.
Seoul: Sajosa 1964.

a / ŏ 아/어 1-a/ŏ (§§ 1.32, 2.11.1, 2.24.2, 3.36)

Konverbalform, fungiert als a) Konjunktionalform zur Bezeichnung der Vorzeitigkeit oder Abfolge: "nachdem", "als", "dann" (§ 2.24.2), b) assertive Terminalform der 1. Soziativstufe (Panmal: "formlose Redeweise"), in Abhängigkeit von der Intonation als Deklarativ (fallend), Interrogativ (steigend), Imperativ (fallend mit dynamischer Verstärkung), Propositiv (fallend mit dynamischer Verstärkung), c) (adverbiale) Anschlußbasis in der verbalen Formbildung. - Zur Funktion (c) siehe § 1.32, zur Formbildung §§ 1.32.1-25.

이 때 방자 도령님 뜻을 받아 사방 경개 말씀하되.	I-ttae pangja Toryŏngnim ttŭs-ŭl pada sabang-kyŏnggae malssam-hadoe (Kyoju Ch'unhyangjŏn, 22).	Als nun der Diener Toryŏngs Wünsche begriffen hatte, sprach er über die Sehenswürdigkeiten aller Gegenden.
신들이 저렇게 놓여 있어.	Sindŭr-i chŏrŏk'e nohyŏ-issŏ (K 1-2, 25).	Die Schuhe liegen so.
뭐, 방정환 선생을 몰라.	Muŏ, Pang-Chŏnghwan-sŏnsaeng-ŭl molla? (K 4-1, 120).	Was, du kennst Herrn Pang Chŏnghwan nicht?
가만 있어, 이리 와.	Kaman issŏ! Iri wa! (K 1-2, 19).	Sei still! Komm her!
오빠, 집으로 가아.	Oppa, chib-ŭro ka-a! (K 1-2, 58).	Bruder, laß uns nach Haus gehen!

a ni 아니 ani- (§ 4.21)

Adverb zur Bezeichnung der Negation, häufig zu 안 an- gekürzt (U); steht unmittelbar vor dem zu negierenden Verb oder in der kombinierten Form chi a ni ha ta (s.d.). Die Negationsform der Kopula heißt 아니다 anida (< ani-ida).

발이 넷입니까. 아닙니다. 둘밖에 없읍니다.	Par-i nes-imnikka? Anim-nida. Tul-ppakke ŏpsŭm-nida (K 3-1, 41).	Hat es vier Beine? - Nein, es hat nur zwei.
오셔요, 예. -안 간다.	Osyŏyo, ye? - An'ganda (K 6-2, 65).	Sie kommen, ja? - Ich gehe nicht.
만약 비가 안오거든 괭이나 호미를 한자루	Manyak pi-ga an-ogŏdŭn kwaengi-na homi-rŭl han-	Falls es nicht regnet, bringt eine Picke oder

씩 가지고 오너라.	jaru-ssik kajigo onŏra! (K 3-1, 12).	Hacke mit!
왜 대답 않으냐.	Wae taedap anhŭnya? (< ani-hanŭnya) (ChK I-II, 112).	Warum antwortest du nicht?

ap s. op

cha 자 1,4-cha (§§ 2.11.2, 2.11.25)

Terminalform der 2. Soziativstufe; bezeichnet den Propositiv. Die Form wird auch in abhängigen Sätzen verwendet. Siehe cha (§ 2.24.2), cha ko, cha myŏn, cha ni, cha nŭn.

꽃씨를 모으자.	Kkotssi-rŭl moŭja! (K 5-1, 13).	Laßt uns Blumensamen sammeln!
싸움은 그만두자.	Ssaum-ŭn kŭman-duja! (K 3-1, 27).	Laßt uns den Streit abbrechen!
우리 한글로만 쓰자는 의견이 나왔다.	Uri han'gŭl-lo-man ssŭjanŭn (< -chago-hanŭn) ŭigyŏn-i nawatta (ChK I-I, 11).	Es entstand die Meinung, man solle nur mit unserem koreanischen Alphabet schreiben.
밤낮 이렇게 집에 있어 보았자 뭘 합니까.	Pamnat irŏk'e chib-e issŏ-poatcha muŏl (< muŏs-ŭl) hamnikka? (K 4-1, 129)	Wenn ich Tag und Nacht so zu Haus bleiben sollte, was (kann) ich tun?

cha 자 1-cha (§ 2.24.2)

Temporale Konjunktionalform; bezeichnet den plötzlichen Vorgangswechsel: "kaum" (Einsetzen eines Vorganges unmittelbar nach Beginn oder Abschluß eines anderen). Die Form entspricht der gleichlautenden Terminalform cha (s.o.).

선생님은 이렇게 생각*하자, 곧 그 연구를 하*기로 하였읍니다.	Sŏnsaengnim-ŭn irŏk'e *saenggak-haja, kot kŭ*-yŏn'gu-rŭl hagiro-hayŏssŭmnida (K 5-1, 47).	Kaum hatte er so ge*dacht, machte er sich* sofort an dieses Studium.
바짝 마른 말이었다는 것을 알자, 어이가 없었다.	Patchak marŭn mar-iŏttanŭn kŏs-ŭl alja, ŏi-ga ŏpsŏtta (K 4-2, 53).	Sobald sie erfuhren, daß es ein ganz abgemagertes Pferd war, waren sie sprachlos.

cha ko　　자고　.　1-chago　　(§§ 2.11.25, 4.13.3)

Quotative Konjunktionalform, kontrahiert aus 자하고 -cha-hago. Das Morphem -cha (Propositiv, § 2.11.2) bezeichnet im Verband mit einer nichtterminalen Verbalform den indirekten Optativ. Die Form -chago steht in Verbindung mit Verben des Sagens (und Denkens): "(sagen) laßt uns", "(sagen) daß man will".

청년 한사람이 와서 영감을 뵈옵자고 하다가...	Ch'ŏngnyŏn han-saram-i wasŏ yŏnggam-ŭl poeopcha=go-hada-ga...(HYSCh 7, 147).	Ein junger Mann kam und sagte, er wolle den hohen Herrn sehen...
동무들과 병원놀이를 하자고 의논 하였읍니다.	Tongmudŭl-gwa pyŏngwŏnnori-rŭl hajago ŭinonhayŏssŭmnida (K 2-2, 27).	Er beriet mit den Kameraden, daß sie das Krankenhausspiel spielen wollten.
다 같이 깨끗하게 쓰자고 약속 하였읍니다.	Ta kat'i kkaekkŭt-hage ssŭjago yaksok-hayŏssŭmnida (K 3-1, 95).	Alle zusammen versprachen, daß sie ihn reinlich benutzen wollten.

cha ma cha　　자마자　　1-cha-maja　　(§ 2.24.2)

Intensivum der temporalen Konjunktionalform 1-cha (s.d., § 2.24.2), gebildet durch Reduplizierung der cha-Form am terminativen Hilfsverb malda (§ 4.16). Bezeichnung des plötzlichen Vorgangswechsels unter Betonung des Abschlusses einer Handlung bei Beginn einer neuen: "kaum".

말이 끝나자마자, 훌쩍 그 자취를 감춰 버렸읍니다.	Mar-i kkŭnnaja-maja, hultchŏk kŭ-jach'ui-rŭl kamch'uŏ-pŏryŏssŭmnida (K 4-1, 143).	Kaum war die Rede beendet, verschwand er plötzlich spurlos.
할아버지가 대문에 들어서자마자, 할머니는 큰소리로...	Harabŏji-ga taemun-e tŭrŏsŏja-maja, halmŏninŭn k'ŭn sori-ro... (K 3-1, 56).	Kaum trat der Alte in das große Tor, da (sagte) die Alte mit lauter Stimme...

cha mal cha　　자말자　　1-cha-malja　　(§ 2.24.2)

Variante zu 1-cha-maja (s.o.). Bei l/Null-Basen (§ 1.12.22.1) wird vor der Konjunktionalform 1-cha häufiger die l-Basis verwendet: salja, milja, pulja usw. Bei dem Hilfsverb malda hingegen überwiegt der Gebrauch der Null-Basis: maja.

<u>cha myŏn</u> 자면 1-chamyŏn (§§ 2.11.25, 2.24.3, 4.13.3)

Konditionale Konjunktionalform, kontrahiert aus 자고하면 -chago-hamyŏn ("wenn man sagt: laßt uns"). Das Morphem -cha (Propositiv, § 2.11.2) bezeichnet hier den indirekten Optativ (vgl. cha ko): "gesetzt den Fall, man will", "wenn man will". Siehe cha ni.

말하자면, 마음이 흘러나온 것이 글인것이다.	Mar-ha<u>jamyŏn</u>, maŭm-i hŭllŏ-naon-gŏs-i kŭr-in-gŏs-ida (ChK I-I, 82).	Wenn man (so) sagen will (=sozusagen), ist das, was aus der Seele geflossen kommt, Literatur.
잡지를 잘 만들자면, 종이와 함께 인쇄가 좋아야 한다.	Chapchi-rŭl chal <u>mandŭl=tchamyŏn</u>, chongi-wa hamkke inswae-ga chohaya-handa (ChK II-I, 167).	Wenn man eine Zeitschrift gut machen will, müssen Papier und Druck gut sein.
사람 없는 추운 얼음벌판을 여러 사람이 몇 주일씩 돌아다니자면,무엇보다 큰 문제가 식량이었다.	Saram ŏmnŭn ch'uun ŏrŭm-pŏlp'an-ŭl yŏrŏ-saram-i myŏt-ch'uil-ssik torada=ni<u>jamyŏn</u>, muŏt-poda k'ŭn munje-ga singnyang-iŏt=ta (ChK I-I, 102).	Wenn mehrere Männer Wochen lang auf einer menschenleeren kalten Eisfläche umherziehen wollten, war das größte Problem der Proviant.

<u>chan</u> 잔 1-chan (§ 4.13.3)

Gleichbedeutende Kontraktionsform von 자는 1-chanŭn. Siehe cha nŭn.

<u>chanh ta</u> s. <u>chi a ni ha ta</u>

<u>cha ni</u> 자니 1-chani (§§ 2.11.25, 2.24.4)

Konjunktionalform, kontrahiert aus 자고하니 -chago-hani, auch in der Form 자하니 -cha-hani auftretend. Analysierbar als Kompositum aus a) dem Morphem -cha (Propositiv und indirekter Optativ, § 2.11.25) und der temporal-kausalen Konjunktionalendung -ni (s.d., § 2.24.4): "jedesmal wenn / da man sagt: laßt uns", "wenn / da man will" (vgl. cha ko, cha myŏn); b) dem Morphem -cha (s.o.) und der nominalisierten Verbalform -n-i < -(go)han-i (S): "das Sagen: laßt uns", "was das Wollen anbetrifft".

밤낮 이렇게 외로이 세월을 보내자니 얼마	Pamnat irŏk'e oeroi se=wŏl-ŭl ponae<u>jani</u> ŏlmana	Tag und Nacht so allein die Zeit verbringen zu

나 갑갑할가.	kapkap-halkka! (KK II, 39).	wollen, wie trostlos wird es sein!
시민들은 몸을 피하지 않으면 불에 타서 죽겠고, 피하자니 포탄과 공산군의 눈초리가 무서워서 갈팡질팡 하였다.	Simindŭr-ŭn mom-ŭl p'i-haji-anhŭmyŏn pur-e t'asŏ chukkekko, p'i-hajani p'ot'an-gwa kongsan'gun-ŭi nunch'ori-ga musŏwŏ=sŏ kalp'angjilp'ang-hayŏtta (K 6-1, 129).	Wenn die Stadtbewohner sich nicht in Sicherheit bringen würden, würden sie verbrennen und sterben; doch immer wenn sie fliehen wollten, setzten sie die Geschosse und die feindseligen Blicke der kommunistischen Truppen in Schrekken und Verwirrung.
살자하니 고생이요, 죽자하니 청춘이라.	Salja-hani kosaeng-iyo, chukcha-hani ch'ŏng=ch'un-ira (Sprichwort).	Um leben zu wollen, ist es ein (zu) bitteres Leben, um sterben zu wollen, ist es ein (zu) junges Leben.

cha nŭn   자는   1-chanŭn   (§§ 2.11.25, 4.13.3)

Präsenspartizip (§ 3.11) des Quotativs, kontrahiert aus 자고 하는 -chago-hanŭn. Das Propositiv-Morphem -cha (s.d., § 2.11.2) bezeichnet hier den indirekten Optativ: "sagend: laßt uns" > "wollend". Die Form -chanŭn kann weiter zu -chan gekürzt werden.

자기 혼자의 힘으로 판목을 새겨보자는 것이었다.	Chagi honja-ŭi him-ŭro p'anmog-ŭl saegyŏ-poja=nŭn-gŏs-iŏtta (K 5-1, 123).	Es war so, daß er mit seiner eigenen Kraft den Druckblock zu gravieren versuchte.
이 정부를 정식으로 승인 하자는 것이 었읍니다.	I-jŏngbu-rŭl chŏngsig-ŭro sŭngin-hajanŭn-gŏs-iŏssŭmnida (K 6-1, 121).	Es war so, daß sie diese Regierung offiziell anerkennen wollten.
자기 나라 글을 만들어 쓰자는데, 얼마나 어리석은 생각입니까.	Chagi-nara-gŭr-ŭl man=dŭrŏ-ssŭjanŭnde, ŏlmana ŏrisŏgŭn saenggag-imnikka? (K 4-2, 97).	Daß er eine eigene Landesschrift machen und schreiben wollte (wrtl.: "zu sagen, lasst uns machen und schreiben"), ein wie törichter Gedanke ist das?

cha o s. cha op

cha op 자옵 1-chaop- (§ 1.31.2)

Stammbildungsmorphem der älteren S zur Bezeichnung des objektbezogenen oder partnerbezogenen Honorativs (6. Soziativstufe); Variante von -saop- nach Konsonantenbasen auf -t, -ch, -ch'. Nebenformen 잡 -chap- und 자오 -chao- (unter denselben Bedingungen wie -sao-, siehe sa op).

매화꽃 졌다하신 편지를 받자옵고, 개나리 한창이란 대답을 보내었소.	Maehwa-kkot chŏtta-ha=sin p'yŏnji-rŭl patcha=opko, kaenari hanch'ang-iran taedap-ŭl ponaeŏsso (HS, 173).	Den Brief, in dem Sie sagen, daß die Pflaumenblüten abgeblüht sind, habe ich erhalten, und ich habe eine Antwort geschickt, die besagt, daß die Forsythie in voller Blüte steht.
자네는 사랑하는 며느리기 그 말씀을 다 곧이 듣잡는가.	Chane-nŭn sarang-hanŭn myŏnŭri-gi kŭ-malssŭm-ŭl ta kodi tŭtchamnŭn'ga? (HMKT 14, 197).	Nimmst du diese Worte, weil es die Schwiegertochter ist, die du gern hast, alle richtig ernst?
만일 알고 뵈옵는 날, 부친 소식 묻자오면, 무슨 말로 대답할고.	Man'il algo poeomnŭn nal, puch'in-sosik mutchao-myŏn, musŭn mal-lo tae=dap-halkko? (ChK III-II, 108).	Wenn sie sich an dem Tag, da sie es erfährt und mich sieht, nach dem Befinden des Vaters erkundigt, mit welchen Worten soll ich antworten?

chap s. cha op

che 제 7-tche (§ 2.24.2)

Nominalwertiges Endungsmorphem (SK 際 Zeit, Gelegenheit) einer temporalen Konjunktionalform; bezeichnet die Gleichzeitigkeit eines Vorganges: "(immer) wenn", "gelegentlich". Siehe chŏk.

남촌서 남풍 불제 나는 좋데나.	Namch'on-sŏ namp'ung pultche na-nŭn chot'ena (ChK II-I, 5).	Immer wenn vom Süddorf her der Südwind wehte, ging es mir gut.
나무에 몸을 지혀	Namu-e mom-ŭl chihyŏ nun	Wenn ich, den Körper an

눈 감고 섰노랄제, 뒤에서 나는 소리 행여나 그대신가.	kamgo sŏnnoraltche, tui-esŏ nanŭn sori hacngyŏna kŭdae-sin'ga? (KK I, 70).	den Baum gelehnt, die Augen geschlossen dastehe, bist vielleicht du es, die hinter mir zu hören ist?

chi　　　　지　　　　1,4-chi　　　　(§§ 2.11.14, 3.24)

Assertive Terminalform der U vom Aussageniveau der 1. Soziativstufe, jedoch intensiver als die einfache Panmal-Form (§ 2.11.1). Identisch mit der Nominalform auf -chi (§ 3.24). Bezeichnet den Deklarativ (fallende Intonation) und Interrogativ (steigende Intonation), seltener den Imperativ (fallend mit dynamischer Verstärkung) und Propositiv (stark fallend).

그까짓 것쯤이야 어렵지 않지.	Kŭ-kkajit kŏt-tchŭm-iya ŏryŏpchi-anch'i (K 2-2, 85).	Wenn es nur diese Kleinigkeit ist, ist es nicht schwer.
이것이 네 도끼지.	I-gŏs-i ne-tokki-ji? (K 2-1, 71).	Ist dies deine Axt?
내가 만들었지.	Nae-ga mandŭrŏtchi (K 4-1, 107).	Ich habe es gemacht.

chi　　　　지　　　　5,6,7-chi　　　　(§§ 2.24.7, 3.24.1)

Die Verbindung von Partizipien mit dem Nominalisator -chi fungiert als Konjunktionalform zur Bezeichnung indirekter Fragen ("ob", jap. -yara, -ka), meist mit Fragewörtern verbunden und mit einem nachfolgenden Verb des Wissens als Hauptprädikat. 5-ji (는 지) steht bei prozessiven Verba und Verba der Befindlichkeit, 6-ji (ㄴ 지) bei qualitativen Verba und der Kopula. 7-tchi (ㄹ 지) und 던 지 1-tŏnji können bei Verben aller Klassen stehen. - Bei paariger Setzung fungiert die Verbindung als distributive Konjunktionalform: "ob... oder". Siehe ka (5,6-ga), tŭn chi.

나는 언제부터 우리들이 이런 하늘에 훨훨 떠다니게 되였는지 모른다. 내 고향이 어딘지도 모른다.	Na-nŭn ŏnje-but'ŏ uri=dŭr-i irŏn hanŭr-e hwŏl=hwŏl ttŏdanige-doeŏnnŭn=ji morŭnda. Nae kohyang-i ŏdinji-do morŭnda (K 3-1, 63).	Ich weiß nicht, seit wann es dazu kam, daß wir hier flatternd am Himmel umherfliegen. Ich weiß auch nicht, wo meine Heimat ist.

누가 아나요, 죽은 뒤야 무엇이 있는지 없는지, 염불이나 모시면 좋다니 그러지.	Nu-ga anayo, chugŭn-dui-eya muŏs-i innŭn<u>ji</u> ŏmnŭn<u>ji</u>, yŏmbur-ina mo=simyŏn chot'ani (< -tago-hani) kŭrŏji. (ChTK, 218).	Wer weiß, ob nach dem Tode irgendetwas da ist oder nicht da ist, (aber) da es heißt, daß es gut sei, wenn man zu Buddha betet, wollen wir es tun.

<u>chi</u> 지 6-ji (§§ 2.24.2, 3.24.1)

Der Nominalisator -chi bildet in Verbindung mit dem Partizip präteriti eine temporale Konjunktionalform zur Bezeichnung des zeitlichen Abstandes, wenn der Nachsatz eine Zeitangabe enthält: "(die Zeit) seit (dem)", "nachdem".

수남의 아내는 결혼한지 일년만에 아기를 낳았읍니다.	Sunam-ŭi anae-nŭn kyŏr=hon-han<u>ji</u> illyŏn-man-e agi-rŭl nahassŭmnida (KLR I, 16).	Nur ein Jahr, nachdem sie geheiratet hatten, gebar Sunam's Frau ein Kind.
일본이 처음 처들어온지 일곱해만에, 적군은 제나라로 도망을 하게되였읍니다.	Ilbon-i ch'ŏŭm ch'ŏdŭrŏ-on<u>ji</u> ilgop-hae-man-e, chŏkkun-ŭn che-nara-ro tomang-ŭl hage-doeŏssŭm-nida (K 3-1, 123).	Nur sieben Jahre, nachdem Japan zum ersten Male eingefallen war, kam es dazu, daß das Heer des Feindes in sein Land flüchtete.
나간지 오래니.	Nagan<u>ji</u> oraenni? (ChTK, 216).	Ist es lange her, seitdem sie hinausgegangen ist?

<u>chi a ni ha ta</u> 지아니하다 1-chi-ani-hada (§§ 3.24, 4.21)

Negationsform des Verbs, bestehend aus dem Verbalnomen auf -chi (§ 3.24), dem adverbialen Negationsformans ani (s.d.) und dem Hilfsverb hada. Die Negation kann durch Einschaltung der Postposition -nŭn oder -to nach dem nominalisierten Hauptverb emphatisch verstärkt werden. ani-hada wird oft zu 않다 ant'a (Konsonantenstamm!) verkürzt; in der U wird weiterhin -chi-ant'a zu 잖다 chant'a (찮다 ch'ant'a) kontrahiert. - Die Negation der Kopula (ida) lautet 아니다 anida.

나는 개가 아닙니다.	Na-nŭn kae-ga <u>animnida</u> (K 1-2, 67).	Ich bin kein Hund.
너의 아버지께서 늘	Nŏ-ŭi abŏji-kkesŏ nŭl	Hat (es) dein Vater

말씀하지 아니하셨느냐.	malssŭm-haji-ani-hasyŏn-nŭnya? (ChK I-I, 142).	nicht immer gesagt?
산에는 살지않읍니다.	San-enŭn salji-anhŭmnida (K 3-1, 40).	Es lebt nicht in den Bergen.
그건 너무 어렵지 않아. 괜찮아.	Kŭgŏn (< kŭ-gŏs-ŭn) nŏ=mu ŏryŏpchi-anha (< ani-hae)? Kwaen-ch'anha (K 3-1, 31).	Ist das nicht zu schwer? Es ist nicht so schlimm.

chi i ta 지이다 3-jiida (§ 4.12.3)

Das qualitative Hilfsverb chiida, wahrscheinlich eine Ableitung von chida (wollen), bezeichnet nach der Konverbalform den Optativ (ältere S). Siehe ko chi ta.

알알에 부픈 정열이사 마냥 누려지이다.	Arar-e pup'ŭn chŏngyŏr-isa manyang nuryŏ-jiida (HS, 188).	In jeder Beere mag die ungeduldige Leidenschaft sich voll und ganz (des Sonnenscheins) erfreun.

chik s. m chik ha ta

chi kyŏng i ta 지경이다 5,7-chigyŏng-ida (§ 4.31)

Kompositionelle Verbalform, bestehend aus dem Nominalisator chi=gyŏng (SK 地境 Grenze) nach Partizipien sowie der Kopula ida; bezeichnet das unmittelbare Bevorstehen eines Sachverhaltes: "nahe daran sein".

얼굴, 허리, 무릎, 손목을 털옷으로 감고 자는 지경이 었다.	Ŏlgul, hŏri, murŭp, son=mog-ŭl t'ŏrosŭro kamgo chanŭn-jigyŏng-iŏtta (ChK I-I, 111).	Er hüllte Gesicht, Hüften, Knie und Handgelenke in ein Fellgewand und war nahe daran zu schlafen.
젊은이는 어떻게나 걱정이 되었는지 그만 얼굴이 파랗게 질리고 병이 날 지경이었읍니다.	Chŏlmŭni-nŭn ŏttŏk'ena kŏkchŏng-i toeŏnnŭnji kŭman ŏlgur-i p'arak'e chilligo pyŏng-i nal-tchigyŏng-iŏssŭmnida (ChK I-II, 56).	Ob der Jüngling so sehr in Sorge geriet, jedenfalls wurde sein Gesicht ganz fahl, und er war nahe daran zu erkranken.

chi mal ta 지말자 1-chi-malda (§ 4.21.1)

Kompositionelle Verbalform, bestehend aus dem Verbalnomen auf -chi (§ 3.24) und dem Hilfsverb malda (aufhören). Bezeichnet in Verbindung mit Imperativ-, auch Propositivformen den Prohibitiv.

너무 빨리 하지마라.	Nŏmu ppalli haji-mara! (K 3-1, 31).	Mach nicht zu schnell!
애상의 눈물방울 흘릴줄 알지마오.	Aesang-ŭi nunmul-bang=ul hŭlliltchul alji-mao! (HS, 182).	Glaube nicht, daß ich Tränen der Trauer vergießen werde!
그런 말씀을 하시지 마옵소서.	Kŭrŏn malssŭm-ŭl hasiji-maopsosŏ! (Ye, 9).	Sagen Sie solche Worte nicht!
우리를 그곳으로 소풍 오라고 하지 마시고, 선생님이 학생들을 데리고 이리로 소풍 좀 오셔요.	Uri-rŭl kŭ-gos-ŭro sop'ung orago-haji-masigo, sŏnsaengnim-i haksaeng=dŭr-ŭl terigo iri-ro so=p'ung chom osyŏyo! (K 4-1, 26).	Sagen Sie uns nicht, wir sollen dorthin auf einen Ausflug kommen; kommen Sie mal, Herr Lehrer, in Begleitung der Schüler hierher auf einen Ausflug!

chi man 지만 1-chiman (§ 2.24.6)

Die Postposition -man (nur, aber), auch in der erweiterten Form 마는 (< 만은) -manŭn auftretend, bildet im Anschluß an das Verbalnomen auf -chi (§ 3.24), hier als prädikative Form fungierend, adversative Nebensätze.

사람은 몸은 작고 힘도 적지마는, 맞편을 쳐 이겨낼수가 있었다.	Saram-ŭn mom-ŭn chakko him-do chŏkchimanŭn, matp'yŏn-ŭl ch'ŏ igyŏ-nael-ssu-ga issŏtta (ChK I-I, 4).	Der Mensch war von kleiner Statur und von geringer Kraft, aber er konnte (seine) Feinde besiegen.
죽기는 싫지만, 이젠 별 수가 없소.	Chukki-nŭn silch'iman, ijen pyŏlsu-ga ŏpso (K 5-2, 90).	Ich hasse es zu sterben, aber jetzt bleibt mir kein Ausweg.
좀 고생은 되겠지만, 밤낮 이렇게 집에 있어 보았자 뭘 합니까.	Chom kosaeng-ŭn toeget=chiman, pamnat irŏk'e chib-e issŏ-poatcha muŏl hamnikka? (K 4-1, 129).	Es wird ein etwas hartes Leben werden, doch wenn ich so Tag und Nacht zu Haus bleiben sollte, was (kann) ich tun?

chi mot ha ta 지못하다 1-chi-mot-hada (§§ 3.24, 4.21)

Negationsform des Verbs, bestehend aus dem Verbalnomen auf -chi und dem Hilfsverb mot-hada "außerstande sein". Die Negationsform mit mot-hada impliziert häufig den Potentialis (nicht können). Die Negation kann durch Einschaltung der Postposition -nŭn oder -to nach dem nominalisierten Hauptverb emphatisch verstärkt werden. Vgl. chi a ni ha ta.

아직 다 읽지 못 했어.	Ajik ta ikchi-mot-haessŏ (K 4-1, 20).	Ich habe noch nicht alles gelesen (lesen können).
나는 움직이지는 못 하나,죽은 것은 아닙니다.	Na-nŭn umjig-iji-nŭn mot-hana, chugŭn-gŏs-ŭn animnida (K 3-1, 38).	Ich bewege mich nicht (kann mich nicht bewegen), bin aber nicht tot.

chin chŏ 진저 7-tchinjŏ (§ 2.13)

Terminalform, der 6. Soziativstufe gleichzustellen (S), bezeichnet den emphatischen Necessativ im Sinne einer Aufforderung ("man sollte") oder der Gewißheit ("es ist gewiß"). Vgl. jap. -beshi.

반ᄃᆞ시 (>반드시) 명을 정홀띤뎌(>할진저).	Pandăsi myŏng-ŭl chŏng-holtchinjŏ (Non'ŏ-ŏn=hae).	Man muß unbedingt die Namen richtig machen.
병을 고치고자 하는 자는 모름지기 약을 먹을진저.	Pyŏng-ŭl koch'igoja-hanŭn cha-nŭn morŭmji=gi yag-ŭl mŏgŭltchinjŏ (KS 4, 2395).	Wer eine Krankheit ausheilen möchte, der sollte auf jeden Fall Medizin nehmen.
부귀를 싫다할 사람은 적을진저.	Pugui-rŭl silt'a-hal saram-ŭn chŏgŭltchinjŏ (a.a.O.).	Leute, die Reichtum und Rang verachten, sind gewiß selten.

chi ni 지니 7-tchini (§§ 2.24.4, 3.24.1, 4.31.6)

Kompositionelle Konjunktionalform der älteren S, bestehend aus dem Nominalisator -chi nach dem l-Partizip (§ 3.14) und der Deklarativform 2-ni (s.d.) (hier < ini: -chi-ini; -chi-ida). Wie meist wird auch hier die ni-Form konjunktional verwendet. 7-tchini bezeichnet den Necessativ in einem kausalen Nebensatz. Siehe chi ni ra.

그 낱말의 자모순을 잘못 생각한	Kŭ-nanmar-ŭi chamosun-ŭl chalmot saenggak-han-	Da man die alphabetische Reihenfolge dieser

것일지니, 자모순을 고쳐 생각해 가지고 다시 찾을것이다.	gŏs—iltchini, chamosun-ŭl koch'ŏ-saenggak-hae-gajigo tasi ch'ajŭl-kkŏs-ida (ChK I-I, 129).	Vokabel fehlerhaft bedacht haben muß, wird man, nachdem man sie korrigierend überdacht hat, sie (die Vokabel) wiederum aufsuchen müssen.
신라 사람의 피는 정녕코 오늘날 우리들의 혈관 속에 흐르고 있을지니, 대신라의 문화를 우리와 우리의 자손의 손으로 다시 세울수 있을것이 또한 명백한 사실이다.	Silla-saram-ŭi p'i-nŭn chŏngnyŏngk'o onŭllal uridŭr-ŭi hyŏlgwan-soge hŭrŭgo-issŭltchini, Tae-Silla-ŭi munhwa-rŭl uri-wa uri-ŭi chason-ŭi son-ŭro tasi seul-ssu-issŭl-kkŏs-i ttohan myŏngbaek-han sasir-ida (ChK II-I, 42).	Da das Blut der Menschen von Silla zweifellos heute in unseren Adern fließen muß, ist es auch eine offenbare Tatsache, daß wir durch unsere und unserer Nachkommen Hände die Kultur des großen Silla wiederum errichten könnten.

chi ni ra　　지니라　　7-tchinira　　(§§ 3.241, 4.31.6)

Kompositionelle Terminalform der älteren S, bestehend aus dem Nominalisator -chi nach dem l-Partizip (§ 3.14) und der deklarativen Terminalform 2-nira (s.d.), hier aus der entsprechenden Kopulaform hervorgegangen (< -chi-inira). Die Form bezeichnet einen abgeschwächten Necessativ: "(eigentlich) müssen", "(eigentlich) nicht dürfen" (Neg.).

천하 하물이든지 차를 저지 억제하지 못할지니라.	Ch'ŏnha hamur-idŭnji ch'a-rŭl chŏji-ŏkche-ch'i-mot-haltchinira (KK III, 19).	Welches Wesen unter dem Himmel es auch immer sei, man darf es nicht behindern und nicht unterdrücken.

chin tae　　진대　　7-tchindae　　(§§ 2.24.3, 3.24.1)

Nominalwertige Konjunktionalform, bestehend aus dem Nominalisator -chi nach dem l-Partizip (§ 3.14), der Kopulaform in und dem Formalnomen tae (Zustand); bildet hypothetische Konditionalsätze: "gesetzt den Fall".

나도 나도 소리 소리 너 같을진대... 말 못하는	Na-do na-do sori sori nŏ kat'ŭltchindae... mal mot-hanŭn ŏmŏni-ŭi	Wenn auch ich eine Stimme wie du hätte, würde sie dem Ohr der Mutter,

어머니의 쥐나 울릴 걸.	kui-na ullilkkŏl (K 6-1, 51).	die nicht sprechen kann, vernehmbar sein.
그러나, 고려나 근세조선이 모두 우리의 조상 일진대, 신라도 틀림없는 우리의 조상이며...	Kŭrŏna, Koryŏ-na kŭnse-Chosŏn-i modu uri-ŭi chosang il<u>tchindae</u>, Silla-do t'ŭllim-ŏmnŭn uri-ŭi chosang-imyŏ... (ChK II-I, 12).	Wenn aber Koryŏ und das Korea der neueren Zeit alle unsere Vorfahren sind, dann ist auch Silla ein unbezweifelbarer Vorfahr von uns...

<u>chi ŏn chŏng</u> 지언정 7-tchiŏnjŏng (§§ 2.24.5, 3.24.1)

Nominalwertige Konjunktionalform, bestehend aus dem Nominalisator -chi nach dem l-Partizip und der Endung -ŏnjŏng (< sinokor. Binomen?). Bezeichnet konzessive Nebensätze: "obgleich", "wenn auch". Siehe mang chŏng.

일은 시원찮은 일일지언정, 안 가볼 수가 있느냐.	Ir-ŭn siwŏn-ch'anhŭn ir-il<u>tchiŏnjŏng</u>, an-ga-bol-ssu-ga innŭnya? (Uri-malbon, 546).	Wenn die Sache auch eine unbefriedigende Sache ist, kannst du nicht versuchsweise hingehen?
새기고 그리는 방법은 다를지언정, 인공을 뛰어넘어 신공에 가까운 예술이다.	Saegigo kŭrinŭn pangbŏb-ŭn tarŭl<u>tchiŏnjŏng</u>, in-gong-ŭl ttuiŏ-nŏmŏ sin-gong-e kakkaun yesur-ida (ChK II-I, 55).	Wenn auch das Verfahren zu gravieren und zu malen anders ist, ist es doch eine Kunst, die Menschenwerk übersteigt und göttlichem Werk nahe ist.

<u>chira</u> 지라 5,6-jira (§§ 2.24.4, 3.24.1)

Nominalwertige Konjunktionalform, bestehend aus dem Nominalisator -chi nach nicht futurischen Partizipialformen und der Kopulaform (i)ra. Bezeichnet kausale Nebensätze. Siehe chi ra to.

차마 볼수없는 참경인지라, 장군은 홍산에 진을 치고 드디어 진격을 시작하였다.	Ch'ama pol-ssu-ŏmnŭn ch'amgyŏng-in<u>jira</u>, chang-gun-ŭn Hongsan-e chin-ŭl ch'igo tŭdiŏ chin'gyŏg-ŭl sijak-hayŏtta (K 3-1, 128).	Da es ein zu trauriger Anblick war, als daß man hinsehen konnte, bezog der General am Hongsan Stellung und begann schließlich den Angriff.

나는 상구의 성격을 아는지라, 굳이 건하지 않고...	Na-nŭn Sanggu-ŭi sŏng=gyŏg-ŭl anŭnjira, kudi kwŏn-haji-ank'o... (ChK I-I, 136).	Da ich den Charakter des Sanggu kenne, rede ich nicht hart auf ihn ein...

chi ra to 지라도 7-tchirado (§§ 2.24.5, 3.24.1)

Nominalwertige Konjunktionalform, bestehend aus dem Nominalisator -chi nach dem l-Partizip und der konzessiven Kopulaform (i)rado (siehe ra to). Bezeichnet konzessive Nebensätze. Vgl. chi ra.

비록 흙그릇 일지라도, 그러한 보배를 제속에 품게되었기 때문이었읍니다.	Pirok hŭkkŭrŭs-iltchira=do, kŭrŏhan pobae-rŭl che sog-e p'umge-doeŏk=ki-ttaemun-iŏssŭmnida (K 4-2, 63).	Mag es auch ein irdenes Gefäß sein: es ist nämlich dazu gekommen, daß ich ein solches Kleinod in meinem Innern halte.
만약에 어찌할 수 없이 이러난 전쟁일지라도, ...부상을 당한 군인들을 도와주어야 하지 않겠읍니까.	Manyag-e ŏtchi-hal-ssu-ŏpsi irŏnan chŏnjaeng-iltchirado, ...pusang-ŭl tang-han gunindŭr-ŭl towa-juŏya-haji-ank'es=sŭmnikka? (K 5-2, 95).	Wenn es auch ein Krieg ist, der unvermeidlich ausbrach, ...muß man nicht den verwundeten Soldaten helfen?

chi ta 지다 3-jida (§ 4.16)

chida "werden" (jap. -ni naru) steht als Hilfsverb nach der Konverbalform zur Bezeichnung a) einer progressiven Aktionsart (bei Verba qualitativa oder intransitiva), b) einer terminativen Aktionsart (bei Verba transitiva, die gleichzeitig intransiviert werden).

식구들 얼굴이 환해집니다.	Sikkudŭr-ŏlgur-i hwanhae-jimnida (K 5-1, 37).	Die Gesichter der Familienmitglieder werden hell.
학교가 요새 아주 깨끗해 졌읍니다.	Hakkyo-ga yosae aju kkaekkŭt-hae-jŏssŭmnida (K 5-1, 25).	Die Schule ist in letzter Zeit sehr sauber geworden.
고치는 제법 히옇게 만들어 졌읍니다.	Koch'i-nŭn chebŏp hŏyŏ=k'e mandŭrŏ-jŏssŭmnida (K 4-1, 47).	Die Kokons sind ziemlich weiß geworden.

저녁기도의 종소리가 막 들려오는것 처럼 느껴 졌읍니다.	Chŏnyŏk-kido-ŭi chong=sori-ga mak tŭllyŏ-onŭn-gŏt-ch'ŏrŏm nŭkkyŏ-jŏssŭmnida (K 5-1, 73).	Er kam zu der Empfindung (wrtl. "es ergab sich die E."), als ob gerade jetzt der Klang der Glocken zum Abendgebet hörbar wurde (nŭkkida "fühlen").

chi yo   지요   1-chiyo   (§§ 2.11.41, 3.24)

Verbindung aus dem prädikativen Verbalnomen auf -chi mit der Terminalform der 4. Soziativstufe yo der Kopula ida. Terminalform höflicher Sprechweise auf dem Niveau der 4. Soziativstufe (U). Kann als Deklarativ, Interrogativ, Imperativ und Propositiv fungieren. Vgl. 1,4-chi.

병아리 아홉 마리를 깠겠지요.	Pyŏngari ahop-mari-rŭl kkakketchiyo (K 2-1, 18).	Sie hatte wohl fünf Küken ausgebrütet.
같이 노는 동무가 없었던 까닭이겠지요.	Kat'i nonŭn tongmu-ga ŏpsŏttŏn kkadalg-iget=chiyo (K 5-2, 25).	Der Grund ist wohl, daß sie keinen Kameraden hatte, der mit ihr spielte.

chok chok   족족   5-jokchok   (§ 2.24.2/8)

Der Nominalisator chokchok bildet nach Präsenspartizipien eine temporale Konjunktionalform zur Bezeichnung des wiederholten Vorganges: "jedesmal wenn".

아무래도 날아 떨어지는 족족 그뒤 시중을 해야된다.	Amuraedo nara-ttŏrŏji=nŭnjokchok kŭ-duit sijung-ŭl haeya-doenda (HSuMCh 2, 267).	Jedesmal wenn (das Laub) umherfliegt und niederfällt, muß ich mich dann (darum) kümmern.
그아이는 과일을 주는 족족 다 먹어 친다.	Kŭ-ai-nŭn kwair-ŭl chu=nŭnjokchok ta mŏgŏ-ch'inda (ad hoc).	Jedesmal wenn dies Kind Obst bekommt, ißt es alles auf.

chŏk (e)   적(에)   5,7-chŏk(e)   (§ 2.24.2)

Formalnomen (Zeit, Gelegenheit), bildet als nominalwertige Konjunktionalform nach Partizipien (nach dem Präsenspartizip S) temporale Nebensätze zur Bezeichnung der Gleichzeitigkeit: "gelegentlich", "wenn", "während". Vgl. che.

윷이 한번 올라갔다 가 떨어질 적마다 모 두 웃음꽃이 핍니다.	Yuch'i han-bŏn olla-gat= taga ttŏrŏjiltchŏng(< chŏk)-mada modu usŭm- kkoch'i p'imnida (K 2-2, 67).	Immer wenn die Yut- Stäbchen einmal hoch- gingen und dann herun- terfielen, lachten alle über das ganze Gesicht.
큰 칼 옆에차고 깊은 시름 하는적에,어디 서 일성 호가는 나의 애를 끊나니.	K'ŭn k'al yŏp'e ch'ago kip'ŭn sirŭm hanŭnjŏge, ŏdi-sŏ ilsŏng-hoga-nŭn na-ŭi ae-rŭl kkŭnnani? (ChK III-II, 138).	Während ich in tiefer Sorge bin, das große Schwert an der Seite ge- gürtet, (erklingt) von irgendwoher eine Weise auf der Barbaren Flöte: zerbricht sie mir das Herz?

chŏn e s. ki (to) chŏn e

chuk kess ta 죽겠다 3-jukketta (§ 4.16.5)

Kompositionelle Verbalform, bestehend aus der Futurform des Verbs 죽다 chukta "sterben" im Anschluß an die Konverbalform meist qualitativer Verben. Bezeichnet die kaum erträgliche Intensität eines Sachverhaltes: "kaum zu ertragen sein", "sterben vor" (jap. -te tamaranai).

나는 도로 힘 없이 앉았다. 「에, 더워 죽겠다」.	Na-nŭn toro him ŏpsi anjatta. 'E, tŏwŏ-juget= ta'(HTMCh 1, 79).	Wiederum setzte ich mich kraftlos.- "Ach, ich sterbe vor Hitze."
서울에서 공부하는 자식을 보고싶어 죽겠소.	Sŏur-esŏ kongbu-hanŭn chasig-ŭl pogo-sip'ŏ- jukkesso (ad hoc).	Ich sterbe vor Sehn- sucht, meinen Sohn zu sehen, der in Seoul studiert.

chul 줄 5,6,7-chul (§ 4.31)

Der Nominalisator chul (Methode, Annahme), fakultativ mit den Postpositionen -ŭl oder -ro verbunden, bezeichnet Objektsätze vor Verben des Wissens und Glaubens. Mit folgendem 알다 alda "wissen" (Neg.: 모르다 morŭda) ergibt sich häufig die Bedeutung des Fähigseins (savoir) oder der Annahme: 돈을 쓸줄 알다 ton-ŭl ssŭltchul alda "Geld zu nutzen wissen", 네가 올줄 알았다 ne-ga oltchul aratta "ich glaubte, du würdest kommen".

이책의 내용을 여러 분은 짐작 하실 줄 믿읍니다.	I-ch'aeg-ŭi naeyong-ŭl yŏrŏbun-ŭn chimjak-ha= siltchul midŭmnida (K 5-1, 101).	Ich glaube, daß ihr alle den Inhalt dieses Buches erraten werdet.
그밖에 재미있는 문답을 실리도록 하면, 아주 훌륭한 신문이 될줄 안다.	Kŭ-bakke chaemi-innŭn mundab-ŭl sillidorok-hamyŏn, aju hullyung-han sinmun-i toeltchul anda (K 5-1, 10).	Wenn wir außerdem auch noch ein interessantes Gespräch erscheinen lassen, meine ich, daß eine ganz prächtige Zeitung zustandekommt.
실상은 조금도 추운 줄 모르고 사는 게지요.	Silsang-ŭn chogŭm-do ch'uunjul morŭgo sanŭn-gejiyo (K 3-1, 77).	In Wahrheit ist es so, daß sie leben, ohne im geringsten zu merken, daß es kalt ist.

chung e   중에   5-junge   (§ 2.24.2)

Der Nominalisator chung (SK 中 Mitte) bildet im Lokativ nach dem nŭn- und tŏn-Partizip eine temporale Konjunktionalform zur Bezeichnung der Gleichzeitigkeit: "während". Selten statt tong an e (s.d.).

나이 지긋한 위인은 이야기를 듣는 중에 두번이나 돌아다 보았다.	Nai chigŭt-han ui'in-ŭn iyagi-rŭl tŭnnŭnjunge tubŏn-ina torada-boatta (HYSCh 4, 39).	Während der große Mann, vom Alter verdrossen, die Geschichte hörte, schaute er sich wohl zweimal um.
그러는 중에 날은 환히 밝아졌다.	Kŭrŏnŭnjunge nar-ŭn hwanhi palga-jŏtta (HYSCh 6, 414).	Währenddessen (wrtl. "während es so war") begann die Sonne hell zu scheinen.

chung i ta   중이다   5-jung-ida   (§ 4.31)

Kompositionelle Verbalform, bestehend aus dem Nominalisator chung (s.o.) nach dem Präsenspartizip, gefolgt von der Kopula ida. Bezeichnet das Im-Ablauf-Begriffen-sein einer Handlung (Durativ). Seltener als andere Durativ-Konstruktionen verwendet (Siehe § 4.16).

지금 막 해바라기 아가씨 이야기를 하는 중인데...	Chigŭm mak haebaragi-agassi-iyagi-rŭl hanŭn-jung-inde (K 5-1, 56).	Eben jetzt sind wir dabei, von Fräulein Sonnenblume zu sprechen...

chu ta   주다   3-juda   (§ 4.16)

chuda "geben" bezeichnet als Hilfsverb nach der Konverbalform die destinative Aktionsart, d.h. die Gezieltheit der Handlung auf personale Objekte (jap. -te kudasaru). Siehe tŭ ri ta.

어머니, 그림책을 읽어 주셔요.	Ŏmŏni, kŭrim-ch'aeg-ŭl ilgŏ-jusyŏyo (K 1-1, 108).	Mutter, lies mir das Bilderbuch vor!
영국사람은 이 큼직한 손님에게 큼직한 집을 지어 주었읍니다.	Yŏngguk-saram-ŭn i k'ŭm=jik-han sonnim-ege k'ŭm=jik-han chib-ŭl chiŏ-juŏssŭmnida (K 3-1, 87).	Der Engländer baute für den ausgewachsenen Gast ein ausgewachsenes Haus.
글자는 언제까지든지 남아서 그사람의 생각을 전해준다.	Kŭltcha-nŭn ŏnje-kkaji-dŭnji namasŏ kŭ-saram-ŭi saenggag-ŭl chŏn-hae-junda (K 4-2, 6).	Die Schrift bleibt bis wann auch immer erhalten und überliefert uns die Gedanken dieses Mannes.

chŭk   즉   6-jŭk   (§ 2.24.4)

Nominalwertiges Endungsmorphem (SK 則 Richtpunkt, Bedingung) nach dem Partizip präteriti, bildet eine kausale Konjunktionalform zur Bezeichnung eines begründenden Nebensatzes: "da", "dadurch daß", "infolge".

소식을 들은즉 국사범에 참여하여 피신한다는 풍설이 있기로 낙담하였도다.	Sosig-ŭl tŭrŭnjŭk kuksa=bŏm-e ch'amyŏ-hayŏ p'i=sin-handanŭn p'ungsŏr-i ikkiro naktam-hayŏttoda (Ye, 11).	Die Nachricht gehört habend, war ich entmutigt wegen des Bestehens des Gerüchtes, daß er an einem Staatsverbrechen teilgenommen habe und sich verborgen halte.
그사진이 십삼세 때에 박인것이라 하온즉 그동안 기골이 장대이여 설혹 만나보아도 자세히 아지 못할가 하나이다.	Kŭ-sajin-i sipsamse-ttae-e pagin-gŏs-ira-haonjŭk kŭ-dongan ki=gor-i changdae-iyŏ sŏr=hok manna-poado chasehi aji-mot-halkka-hanaida (Ye, 10).	Da diese Aufnahme in der Zeit seines 13. Lebensjahres gemacht worden sein soll, ist er inzwischen an Statur groß geworden, und selbst wenn ich ihn träfe, würde ich ihn wohl nicht genau erkennen können.

chŭ ŭm   즈음   7-tchŭŭm   (§ 2.24.2)

Das Formalnomen chŭŭm (rechte Zeit), verkürzt zu 즘 chŭm, 쯤 tchŭm, bildet als Konjunktionalform nach dem l-Partizip temporale Nebensätze bei Gleichzeitigkeit eines sich entwickelnden und eines beginnenden Vorganges: "gerade als ".

우리 군사들이 바야 흐로 급히 적을 쫓을 즈음, 적탄에 넘어 지면서 ㄴ니 죽었다 말고, 내어 무찌르 라!ˀ 하시던 데가 노 량이다.	Uri-gunsadŭr-i payahŭro kŭphi chŏg-ŭl tchoch'ŭl- tchŭŭm, chŏkt'an-e nŏmŏ- jimyŏnsŏ 'na chugŏtta- malgo (< -ta-haji-malgo), naeŏ-mutchirŭra!' hasi= dŏn te-ga Noryang-ida (ChK II-II, 146).	Gerade als unsere Krie- ger in vollem Schwung den Feind eilend verfolg- ten, fiel er im feindli- chen Feuer und sprach: "Sagt nicht, daß ich ge- storben bin, greift wei- ter an!"- Der Ort, wo er das sagte, ist Noryang.

ch'a   차   6-ch'a   (§ 2.24.2)

Das Formalnomen ch'a (SK 次 Folge) bildet in der Stellung nach dem retrospektiven Partizip -tŏn (§ 3.13) eine temporale Konjunktionalform, die einen Vorgang in dem Augenblick bezeichnet, da ein anderer eintritt: "gerade als".

노오벨은 어떻게 안 전한 화약을 만들수 있을까 고심 하던차, 우연히 큰 발견을 하게 되었던 것이다.	Noober-ŭn ŏttŏk'e anjŏn- han hwayag-ŭl mandŭl-ssu- issŭlkka kosim-hadŏnch'a, uyŏnhi k'ŭn palgyŏn-ŭl hage-doeŏttŏn-gŏs-ida (K 6-1, 145).	Es ist so, daß es gera- de, als Nobel sich sorg- te, wie er sicheres Pul- ver herstellen könne, zufällig zu der großen Erfindung kam.

ch'ae   채   5,6-ch'ae   (§ 2.24.13)

Das Formalnomen ch'ae (Zustand) bildet nach nicht futurischen Partizipien eine nominalwertige Konjunktionalform, die einem adverbialen Nebensatz zur Bezeichnung eines gleichbleibenden Sachverhaltes nahesteht: "in dem Zustand (wie)", "so wie".

원한을 품은채 세상 을 떠났다.	Wŏnhan-ŭl p'umŭnch'ae sesang-ŭl ttŏnatta (K 5-2, 40).	Groll im Herzen bergend, verließ er diese Welt.
이 아까운 생명의 보배를 내버려 돌아	I akkaun saengmyŏng-ŭi pobae-rŭl naebŏryŏ tora-	Diesen kostbaren Schatz des Lebens verwerfend

보지 아니한채 오백년이나 허송하였다.	boji-ani-hanch'ae obaeng=nyŏn-ina hŏsong-hayŏtta (ChK I-I, 7).	und ohne ihn zu berücksichtigen, ließ man an die 500 Jahre nutzlos verstreichen.

ch'am e 참에 5,6-ch'ame (§ 2.24.2/4)

Das Formalnomen ch'am (SK 站 Halt) im Lokativ und der Stellung nach nicht futurischen Partizipien bildet eine Konjunktionalform temporaler, seltener kausaler Geltung: Bezeichnung des temporalen oder kausalen Zusammenhanges zweier Vorgänge an dem Punkt, da der eine abläuft und der andere einsetzt: "gerade als", "gerade·da".

김군이 막 정거장 플렛폼에 들어서는 참에 기차는 떠나 버렸다.	Kim-gun-i mak chŏnggŏ=jang-p'ŭlletp'om-e tŭrŏsŏnŭnch'ame kich'a-nŭn ttŏna-bŏryŏtta (ad hoc).	Gerade als Herr Kim den Bahnsteig betrat, war der Zug abgefahren.
몹시 배가 고프던 참에 점심식사를 침 맛있게 먹었다.	Mopsi pae-ga kop'ŭdŏn=ch'ame chŏmsim-siksa-rŭl ch'am mas-ikke mŏg-ŏtta (ad hoc).	Gerade da ich sehr hungrig war, aß ich das Mittagessen wirklich mit Appetit.

ch'e ha ta 체하다 5,6-ch'e-hada (§ 4.31)

Verbalform einer kompositionellen Aussageweise, bestehend aus dem Nominalisator ch'e (SK 體 Aussehen, Schein; jap. tei) nach nicht futurischen Partizipien und dem Hilfsverb hada; bezeichnet den falschen Anschein: "sich den Anschein geben".

장군은 모르는체 하고 계속해서 북을 울리며 부하들의 기운을 북돋우었읍니다.	Changgun-ŭn morŭnŭnch'e-hago kyesŏk-haesŏ pug-ŭl ullimyŏ puhadŭr-ŭi kiun-ŭl puktoduŏssŭmnida (K 3-1, 121).	Der General gab sich den Anschein, nichts zu wissen, ließ unablässig die Trommeln ertönen und stärkte (so) den Mut seiner Leute.
저것은 책상이다, 저것은 꽃이다, 저것은 아무개다 하고, 우리는 쉽게 아는체 해버린다.	Chŏgŏs-ŭn ch'aeksang-ida, chŏgŏs-ŭn kkoch'i-ida, chŏgŏs-ŭn amugae-da-hago, uri-nŭn suipke anŭnch'e-hae-bŏrinda (ChK I-II, 8).	Wir sagen, daß das ein Schreibtisch, das eine Blume, das irgendjemand sei und geben uns ganz den Anschein, es leicht zu erkennen.

ch'i ta   치다   3-ch'ida   (§ 4.16)

ch'ida "schlagen" steht als Hilfsverb nach der Konverbalform zur Bezeichnung einer intensiven Aktionsart.

쓸모 없는 것은 모조리 내쳐라.	Ssŭlmo ŏmnŭn-gŏs-ŭn mo=jori nae-ch'ŏra! (Kodŭng-kugŏ-munbŏp, 105).	Schaff das ganze wertlose Zeug weg!
그 아이는 과일을 주는족족 다 먹어친다.	Kŭ-ai-nŭn kwair-ŭl chu=nŭnjokchok ta mŏgŏ-ch'in=da (ad hoc).	Jedesmal, wenn das Kind Obst bekommt, ißt es alles auf.

ch'ŏk ha ta   척하다   5,6-ch'ŏk-hada   (§ 4.31)

Identisch mit ch'e-hada (s.o.) "sich den Anschein geben".

알면서도 괜히 모른척하고...	Almyŏnsŏdo kwaenhi mo=rŭnch'ŏk-hago... (K 5-1, 56).	Obgleich du es weißt, gibst du dir vergeblich den Anschein, es nicht zu wissen...
꽃들아 웃지마라. 모른척 해라.	Kkottŭr-a utchi-mara! Morŭnch'ŏk-haera! (K 5-1, 61).	Ihr Blumen, lacnt nicht! Tut so, als wüßtet ihr es nicht!

e yo   에요   1,4-eyo   (§ 2.11.41.1)

Terminalform der höflichen Sprechweise auf dem Niveau der 4. Soziativstufe (U), vornehmlich in der Frauen- und Kindersprache zu hören. Entstanden aus der Verbindung der Konverbalform mit der Terminalform yo (siehe 3-yo): 어요 -ŏyo > 에요 -eyo. In der Regel nur bei der Kopula (ida), den Verben itta, ŏpta sowie nach Temporalstämmen (-ss, -kess) und dem Honorativstamm auf -si gebräuchlich.

어머님, 제가 안경을 갖다 드리겠에요.	Ŏmŏnim, che-ga an'gyŏng-ŭl katta-dŭrigesseyo (ad hoc).	Mutter, ich werde dir die Brille bringen.
바쁘신데 집에 계세요.	Pappŭsinde chib-e kye=seyo! (ad hoc).	Sie sind beschäftigt, bleiben Sie zu Hause!
저는 사내대장부니까 무서워하지않고 갈테에요.	Chŏ-nŭn sanae-daejangbu-nikka musŏwŏ-haji-ank'o kalt'e-eyo (< -t'ŏ-ieyo) (ad hoc).	Da ich ein richtiger Mann bin, will ich ohne Furcht gehen (Kinderworte).

han (e) 한 (에) 5,6-han(e) (§ 2.24.10)

Nominalwertige Konjunktionalform, bestehend aus dem Nominalisator han (SK 限 Grenze) in der Stellung nach nicht futurischen Partizipien. Bezeichnet einen resultativen Nebensatz: "soviel", "soweit" (jap. kagiri (-de-wa)). Bei negativem Prädikat kommt die Bedeutung einem Konditionalsatz nahe: "sofern".

가능한한 (에) 빌려 가신 책을 속히 돌려 주십시오.	Kanŭng-han-han(e) pil=lyŏ-gasin ch'aeg-ŭl sok=hi tollyŏ-jusipsio (ad hoc).	Soweit es möglich ist, geben Sie bitte rasch das Buch zurück, das Sie entliehen haben.
너는 오늘 숙제를 다 하지 못하는한 밖에 나가서 놀지 못한다.	Nŏ-nŭn onŭl-sukche-rŭl ta haji-mot-hanŭnhan pakk-e nagasŏ nolji-mot-handa (ad hoc).	Sofern du die heutigen Hausaufgaben nicht alle machst, kannst du nicht nach draußen gehen und spielen.

hu (e) 후 (에) 6-hu(e) (§ 2.24.2)

Das Formalnomen hu (SK 後 nach), meist im Lokativ, bildet in der Stellung nach dem Partizip präteriti eine nominalwertige Konjunktionalform zur Bezeichnung eines temporalen Nebensatzes der Vorzeitigkeit: "nachdem". Siehe tui (e).

삼일절은 대한민국이 다시 선후에, 우리 나라가 독립을 세계에 선언한 기념으로 정한 날입니다.	Sam'iljŏr-ŭn Taehan mingug-i tasi sŏnhue, uri-nara-ga tongnib-ŭl segye-e sŏnŏn-han ki=nyŏm-ŭro chŏng-han nar-imnida (K 3-2, 88).	Der 1. März ist der Tag, welcher, nachdem die Republik Korea wieder stand, zur Erinnerung (daran) bestimmt wurde, daß unser Land der Welt die Unabhängigkeit erklärte.
문병을 한후,「그렇게 걱정하실 것은 없읍니다」. 합니디.	Munbyŏng-ŭl hanhu, "kŭ=rŏk'e kŏkchŏng-hasil-kkŏs-ŭn ŏpsŭmnida", hamnida (K 3-2, 37).	Nachdem er sich nach dem Befinden des Kranken erkundigt hatte, sagte er: "Sie brauchen sich nicht solche Sorgen zumachen".

i 이 1-i (§§ 3.23, 3.31)

Das Endungsmorphem -i bildet (unproduktive) Adverbialformen von zahlreichen qualitativen Verba. Die gleichlautende Nominalform (lexikalisiert und unproduktiv) ist morphologisch mit der Adverbialform identisch. Besonderheiten der Formbildung sind zu beachten (siehe § 3.31).

나비같이 나라보자.	Nabi kat'i nara-boja (K 1-1, 90).	Laßt uns versuchen, wie ein Schmetterling zu fliegen (같다 katta gleichen).
달은 점점 더 높이 떠오릅니다.	Tar-ŭn chŏmjŏm tŏ nop'i ttŏ-orŭmnida (K 1-2, 6).	Der Mond steigt allmählich höher empor.
학교놀이 하자.	Hakkyo-nori haja! (K 1-2, 28).	Laßt uns Schule spielen! (wrtl. "das Schule-Spielen machen").

i   이   2-i   (§ 2.11.3)

Assertive Terminalform der 3. Soziativstufe im Deklarativ, veraltet (S); nur bei der Kopula und bei qualitativen Verba gebräuchlich.

요다지 덧 없을 양이면 아예 오들 말것이.	Yodaji tŏt ŏpsŭl-yang-imyŏn aye odŭl-mal-kkŏs-i (HS, 202).	Wenn (die Blüten) anscheinend so rasch vergehen werden, sollten sie überhaupt nicht erst kommen.
전원에 봄이 드니, 할일이 전혀 많의.	Chŏnwŏn-e pom-i tŭni, har ir-i chŏnhyŏ manhŭi (Uri malbon, 484).	Da der Frühling in Feld und Garten einzieht, ist die Arbeit, die zu tun ist, insgesamt viel.

il i iss ta   일이있다   5,6-ir-i itta   (§ 4.32.1)

Kompositionelle Prädikatskonstruktion, bestehend aus dem Nominalisator il (Sache, Ereignis) im Nominativ und nach nicht futurischen Partizipien sowie dem Befindlichkeitsverb itta (Neg. ŏpta). Bezeichnet das Vorkommen: "es kommt vor, daß" (jap. -koto-ga aru).

집잃은 어린애가 길에서 울며 헤매는 것을 본 일이 있읍니까.	Chip irhŭn ŏrin'ae-ga kir-esŏ ulmyŏ-hemaenŭn-gŏs-ŭl pon-ir-i issŭm=nikka? (K 6-1, 135).	Haben Sie schon mal gesehen, wie ein kleines Kind, das sich verirrt hat, weinend auf der Straße umherläuft?
배추나 무우 같은	Paech'u-na muu kat'ŭn	Es kam vor, daß er sag-

체소를 심어보자는 말씀을 하신 일이 있 었다.	ch'aeso-rŭl simŏ-poja= nŭn malssŭm-ŭl hasin- ir-i issŏtta (ChK I-I, 44).	te, wir sollten versu- chen, Gemüse wie China- kohl oder Rettich an- zubauen.

il i ta　　일이다　　5,6,7-ir-ida　　(§ 4.31)

Kompositionelle Verbalform, bestehend aus dem Nominalisator il (Sache, Ereignis) in der Stellung nach Partizipien und der Kopula ida. Funktionell der Konstruktion mit -kŏs-ida gleichzustellen (s.d., § 4.31), bezeichnet sie a) nach nicht futurischen Partizipien die Tatsächlichkeit, b) nach dem Partizip futuri die Wahrscheinlichkeit oder Notwendigkeit.

그것은 세익스피어 의 작품이 영어를 얼마나 훌륭하게 만 들었던가를 생각하 여보아도 알수있는 일이다.	Kŭgŏs-ŭn Seiksŭp'iŏ-ŭi chakp'um-i yŏng'ŏ-rŭl ŏlmana hullyung-hage mandŭrŏttŏn'ga-rŭl saeng= gak-hayŏ-poado al-ssu- innŭn-ir-ida (ChK III- II, 14).	Es ist so, daß man dies verstehen kann, selbst wenn man zu bedenken ver- sucht, wie sehr wohl die Werke Shakespeares die englische Sprache schön gemacht haben.
기남이는 이상한 할 아버지가 제생각을 어떻게 알까, 암단 생각해봐도 모를 일 입니다.	Kinami-nŭn isang-han harabŏji-ga che saeng= gag-ŭl ŏttŏk'e alkka, amman saenggak-hae- pwado morŭr-ir-imnida (K 4-1, 11).	Kinam wird, wie sehr er auch nachdenken mag, wahrscheinlich nicht verstehen, wie der selt- same Alte seine Gedan- ken kannte.

i rae (ro)　　이래(로)　　6-irae(ro)　　(§ 2.24.2)

Das Formalnomen irae (SK 以來 seit), mitunter in Verbindung mit der direktionalen Postposition -ro, bildet nach dem Partizip präteriti eine nominalwertige Konjunktionalform zur Bezeichnung eines temporalen Nebensatzes der Vorzeitigkeit: "seitdem".

명진섭이가 총살을 당한 전말을 들은 이래로 태공의 건 강은 눈에 보이게 나빠졌다.	Myŏng Chinsŏbi-ga ch'ongsar-ŭl tang-han chŏnmar-ŭl tŭrŭn-iraero t'aegong-ŭi kŏn'gang-ŭn nun-e poige nappa-jŏtta (HYSCh 2, 469).	Seitdem er die Umstände erfahren hatte, wie Myŏng Chinsŏp erschos- sen worden war, ver- schlechterte sich die Gesundheit des alten Fürsten zusehends.

i sang   이상   5,6-isang   (§ 2.24.10)

Nominalwertige Konjunktionalform, bestehend aus dem Nominalisator isang (SK 以上 darüberhinaus) in der Stellung nach nicht futurischen Partizipien. Bezeichnet einen resultativen Nebensatz: "insoweit", "da nun einmal".

한번 말을 꺼내논이상 사내대장부의 취할길이 아니라고 생각했다.	Hanbŏn mar-ŭl kkŏnae-non'*isang* sanae-daejang=bu-ŭi ch'ui-hal kir-i anirago saenggak-haetta (Pak Chŏnghwa: Samguk-p'ungnyu I, 45).	Da er nun einmal die Sprache darauf gebracht hatte, dachte er, es sei nicht der Weg, den ein richtiger Mann wählen sollte.

iss ta   있다   3-itta   (§ 4.16)

Die Konverbalform eines prozessiven Verbs in Verbindung mit dem Hilfsverb der Befindlichkeit itta bezeichnet die durative Aktionsart bei zuständlichen Sachverhalten.

극장앞에는 재미있는 그림이 많이 붙어 있읍니다.	Kŭkchang-ap'enŭn chae=mi-innŭn kŭrim-i manhi put'ŏ-*issŭmnida* (K 2-1, 45).	Vor dem Theater sind viele interessante Bilder angeschlagen.
하늘에는 뭉게뭉게 흰 구름이 떠있읍니다.	Hanŭr-enŭn mungge-mung=ge hŭin kurŭm-i ttŏ-*issŭmnida* (K 2-1, 57).	Dicht ziehen am Himmel weiße Wolken.

ka   가   5,6-ga   (§ 2.11.3)

Assertive Terminalform der 3. Soziativstufe im Interrogativ zur Bezeichnung direkter oder indirekter Fragen, gekennzeichnet durch das interrogative Verbalsuffix -ka. 5-ga (-nŭn'ga) steht nach prozessiven Verba und Verba der Befindlichkeit, 6-ga (-n'ga) nach qualitativen Verba und der Kopula. Eine ältere Nebenform lautet -ko (s.d., 5,6-go).

자네도 그리로 가는가.	Chane-do kŭri-ro ka*nŭn=ga*? (Uri malbon, 262).	Gehst du auch dorthin?
한사람 당대에 만들어진 글자가 또어디 있는가.	Han-saram-dangdae-e man=dŭrŏ-jin kŭltcha-ga tto ŏdi in*nŭn'ga*? (ChK II-II, 13).	Wo gibt es noch Schriftzeichen, die in eines Menschen Lebenszeit gemacht worden sind?

어디로 갈 것인가, 언제 갈 것인가에 대해서 이야기 하기로 합시다.	Ŏdiro kal-kkŏs-in'ga, ŏnje kal-kkŏs-in'ga-e tae-haesŏ iyagi-hagiro-hapsida (K 5-1, 17).	Laßt es uns so machen, daß wir uns darüber unterhalten, wohin wir gehen wollen und wann wir gehen wollen.
자네는 왜 모른 척 하고 그냥 지나가는건가.	Chane-nŭn wae morŭn-ch'ŏk-hago kŭnyang chi=na-ganŭn-gŏn'ga?(< kŏs-in-ka) (K 6-2, 81).	Warum gehst du so, als ob du mich nicht kennst, vorüber?

ka 가 7-kka (§§ 2.11.3, 2.24.7)

Terminalform des Dubitativs oder Intentionalis im Interrogativ, gekennzeichnet durch das l-Partizip (§ 3.14) und das interrogative Verbalsuffix -ka, in gespannter Artikulation nach der Liquide, häufig auch orthographisch fixiert (까 -kka). Eine ältere Nebenform lautet -ko (s.d., 7-kko). 7-kka kann, wie die meisten Frageformen, auch interjektional verwendet werden. In der indirekten Frage sowie bei distributiven Prädikaten folgt zumindest eine Form des Hilfsverbs hada als Ausdruck des Sagens oder Denkens.

나도 물을 좀 길어 줄까.	Na-do mur-ŭl chom kirŏ-julkka? (K 2-1, 54).	Soll ich auch für dich etwas Wasser schöpfen?
나하고 경주 할까.	Na-hago kyŏngju halkka? (K 1-2, 75).	Machst du einen Wettlauf mit mir?
먼저 어디로 갔으면 좋을까, 의견을 말씀해 주십시오.	Mŏnjŏ ŏdi-ro kassŭmyŏn chohŭlkka, ŭigyŏn-ŭl malssŭm-hae-jusipsio! (K 5-1, 22).	Sagt mir zuerst (eure) Meinung, wohin wir eigentlich gehen sollten!
명호는 손을 들까 말까 하고 망설이다가, 손을 번쩍 들었읍니다.	Myŏngho-nŭn son-ŭl tŭlkka malkka-hago mangsŏr-ida=ga, son-ŭl pŏntchŏk tŭr=ŏssŭmnida (K 4-2, 68).	Myŏngho war unschlüssig, ob er die Hand heben sollte oder nicht, doch (dann) hob er leicht die Hand.
밤낮 이렇게 외로이 세월을 보내자니. 얼마나 갑갑할까.	Pamnat irŏk'e oeroi se=wŏr-ŭl ponaejani, ŏlma-na kapkap-halkka! (KK II, 39).	Tag und Nacht so allein die Zeit verbringen zu wollen, wie trostlos wird es sein!

ka chi ta   가지다   3-gajida   (§ 4.16.3)

Kompositionelle Verbalform, bestehend aus der Konverbalform des Hauptverbs und dem Hilfsverb kajida (tragen); bezeichnet die resultative Aktionsart bei Eintritt eines neuen Vorganges und erscheint nur als Nebensatzprädikat in der Form 가지고-gajigo. In dieser Konstruktion haben Haupt- und Nebensatz dasselbe Subjekt.

얼른 받아 가지고 안으로 뛰어 들어 갔읍니다.	Ŏllŭn pada-gajigo an-ŭro ttuiŏ-dŭrŏ-gassŭmnida (K 2-2, 51).	Nachdem sie (den Brief) schnell ergriffen hatte, lief sie zurück ins Haus.
올챙이를 잡아서 병에 넣어 가지고 왔읍니다.	Olch'aengi-rŭl chabasŏ pyŏng-e nŏhŏ-gajigo wassŭmnida (K 2-1, 14).	Nachdem er die Kaulquappe gefangen hatte, legte er sie in die Flasche und kam.

kan e   간에   -gane   (§ 2.24.7)

Das Formalnomen kan (SK 間 Zwischenraum) im Lokativ steht nach den distributiven Verbalendungen -tŭnji oder -kŏna jeweils beim letzten Glied der disjunktiven Prädikate: 든지 간에 1-tŭnji-gane "gleichgültig ob", 거나간에 1-kŏna-gane "wenn auch", "mag auch".

앉아 있든지, 걸어 가든지 간에, 항상 제 마음대로 놀릴 수 있게 되었다.	Anja-ittŭnji, kŏrŏ-ga=dŭnji-gane, hangsang che maŭm-daero nollil-ssu-ikke-doeŏtta (ChK I-I, 4).	Es kam so, daß er, gleichgültig ob er saß oder ging, (sie) stets nach seinem Willen bewegen konnte.
그것은 비록 슬픈 일 이었거나 분한 일 이었거나 간에 변화 있는 자기의 생활의 역사가 되는 것이다.	Kŭgŏs-ŭn pirok sŭlp'ŭn ir-iŏkkŏna pun-han ir-iŏkkŏna-gane pyŏnhwa in=nŭn chagi-ŭi saenghwar-ŭi yŏksa-ga toenŭn-gŏs-ida (ChK I-I, 56).	Mag dies auch etwas Trauriges oder etwas Verdrießliches gewesen sein, es ist so, daß es die Geschichte des eigenen wechselvollen Lebens wird.

ka po ta   가보다   5,6,7-ka-boda   (§ 4.14)

Kompositionelle Verbalform, bestehend aus der Interrogativform auf -ka und dem Hilfsverb poda (sehen); bezeichnet den Anschein: "aussehen, als ob" (jap. -rashii). Siehe na po ta.

아마 저녁때 인가 봅니다.	Ama chŏnyŏk-ttae-in'ga-bomnida (K 4-1, 73).	Anscheinend ist Abendbrotzeit.
동무들은 제가 퍽 부러운가 봐요.	Tongmudŭr-ŭn che-ga p'ŏk purŏun'ga-bwayo (K 4-1, 28).	Die Kameraden scheinen sehr neidisch auf mich zu sein.
야단 맞을까보아 여간 겁이 나지 않았읍니다.	Yadan majŭlkka-boa yŏgan-gŏb-i naji-anhas=sŭmnida (ChK I-I, 14).	Es sah so aus, daß ich Schelte bekommen würde, und ich empfand (daher) nicht geringe Furcht.

ka ta 가다 3-gada (§ 4.16)

kada "gehen" steht als Hilfsverb nach der Konverbalform zur Bezeichnung einer durativen Aktionsart, welche einen auf die Zukunft oder Ferne gerichteten Vorgang betrifft.

마을에선 우리들이 모두 커 간다.	Maŭr-esŏn uridŭr-i modu k'ŏ-ganda (K 4-1, 2).	Im Dorfe werden wir alle groß.
검은 빛갈은 점점 갈색으로 변해 간다.	Kŏmŭn pitkar-ŭn chŏmjŏm kalsaeg-ŭro pyŏn-hae-ganda (K 4-1, 39).	Die schwarze Färbung ändert sich allmählich zu braun.

ka yo 가요 7-kkayo (§ 2.11.41.2)

Interrogative Terminalform der 4. Soziativstufe, entstanden aus der Verbindung des interrogativen 7-kka (s.d., 3. Soziativstufe, orthographisch auch 까) mit der Kopulaform yo der 4. Soziativstufe (§ 2.11.41) zur Bezeichnung der höflichen Sprechweise. Die Form hat interrogative oder interjektionale Funktion.

에스키모는 어떻게 집을 짓고 살까요.	Esŭk'imo-nŭn ŏttŏk'e chib-ŭl chikko salkkayo?(K 3-1, 76).	Wie baut der Eskimo ein Haus und (wie) lebt er (darin)?
우리는 그와 같은 이야기를 그대로 믿어야 할 것일까요.	Uri-nŭn kŭ-wa kat'ŭn iya=gi-rŭl kŭ-daero midŏya-hal-kkŏs-ilkkayo? (ChK I-I, 119).	Sollen wir also eine derartige Geschichte glauben?
그러면 인사 해볼가요.	Kŭrŏmyŏn insa-hae-bol=kkayo! (Ye, 57).	Dann wollen wir uns also begrüßen!

ke 게 1-ke (§ 2.11.3)

Terminalform der 3. Soziativstufe. Bezeichnet den Imperativ.

자 ,내 뒤를 따라 나서게.	Cha! Nae tui-rŭl ttara-nasŏge! (K 6-2, 71).	Nun, folge hinter mir nach!
이 사슬들이 무엇으로 되었나 자세히 보게.	I-sasŭldŭr-i muŏs-ŭro toeŏnna chasehi poge! (K 6-2, 68).	Sieh genau, woraus diese Ketten entstanden sind!

ke 게 1-ke (§§ 2.24.9/10, 3.33, 4.15)

Morphem zur Bezeichnung des Futurs oder der Nachzeitigkeit. Bildet a) Konjunktionalformen in Nebensätzen, die in einem futurischen, finalen oder resultativen Verhältnis zum übergeordneten Satz stehen, b) Adverbialformen, zumeist von qualitativen Verben, c) kompositionelle Passiv- und Faktitivformen (s. ke ha ta usw., § 4.15). Siehe kess.

코끼리는 땅위에 엉덩이가 깨어지게 쿵 나가 떨어졌읍니다.	K'okkiri-nŭn ttang-uie ŏngdŏngi-ga kkaeŏjige k'ung naga-ttŏrŏjŏssŭm=nida (K 2-2, 90).	Der Elephant stürzte mit einem Plumps nieder, daß er sich auf der Erde das Hinterteil zerschlug.
사이 좋게 학교로 갔읍니다.	Sai-jok'e hakkyo-ro kassŭmnida (K 1-2, 24).	In gutem Einvernehmen gingen sie zur Schule.

ke s. kke

ke chi / yo 게지/요 5,6,7-keji/yo (§ 4.31.3)

ke ist hier Kontraktionsform aus kŏs-i (게 < 것이). 1. Soziativstufe (-keji) oder 4. Soziativstufe (-kejiyo, -keyo) von -kŏs-ida (§ 4.31) in umgangssprachlicher Kürzung (U). Bezeichnet in Abhängigkeit vom vorausgehenden Partizip die Tatsächlichkeit, Wahrscheinlichkeit, Absicht oder Notwendigkeit eines Sachverhaltes. Siehe kŏs i ta.

뵈어 드릴게요.	Poeŏ-dŭrilkkeyo (ChK I-II, 118).	Ich will es Ihnen zeigen.
실상은 조금도 추운 줄 모르고 사는게지요.	Silsang-ŭn chogŭm-do ch'uunjul morŭgo sa=nŭn'gejiyo (K 3-1,77).	In Wahrheit ist es so, daß sie leben, ohne im geringsten zu merken, daß es kalt ist.

ke ha ta 게하다 1-ke-hada (§ 4.15)

Kompositionelle Verbalform, bestehend aus dem Prospektivmorphem -ke (s.o.) in adverbialer Stellung und dem Hilfsverb hada (machen). Bezeichnet den Faktitiv bei prozessiven Verba: "lassen"; bei qualitativen Verba bedeutet die Form "zu etwas machen".

흥부는 아내를 불러 약과 헝겊을 가져오게 하였읍니다.	Hŭngbu-nŭn anae-rŭl pullŏ yak-kwa hŏnggŏp'-ŭl kajŏ-oge-hayŏssŭm=nida (K 4-1, 88).	Hŭngbu rief sein Weib und ließ Arznei und einen Lappen bringen.
살림을 알뜰하게 하는 주부는 집을 부요하게 합니다.	Sallim-ŭl alttŭl-hage-hanŭn chubu-nŭn chib-ŭl puyo-hage-hamnida (KLR 1, 15).	Eine Hausfrau, die das Haushalten sparsam macht, macht das Haus reich.

ke man tŭl ta 게만들다 1-ke-mandŭlda (§ 4.15)

Kompositionelle Verbalform, bestehend aus dem Prospektivmorphem -ke (s. o.) in adverbialer Stellung und dem Verb mandŭlda (machen). Gleichbedeutend mit -ke-hada (s.o.).

우리들은 한 마음 한 뜻으로 서로 사랑하고 도와서, 우리나라를 훌륭하게 만듭니다.	Uridŭr-ŭn han-maŭm han-ttŭs-ŭro sŏro sa=rang-hago towasŏ, uri nara-rŭl hullyung-hage-mandŭmnida (K 3-1, 99).	Eines Geistes und eines Willens lieben und helfen wir einander und machen unser Land zu einem großartigen Land.
말과 글은 사람의 정신생활을 가장 보람 있고 가장 능률적으로 할 수 있게 만들었다.	Mal-gwa kŭr-ŭn saram-ŭi chŏngsin-saenghwar-ŭl kajang poram-ikko kajang nŭngnyuljŏg-ŭro hal-ssu-ikke-mandŭrŏtta (ChK I-I, 4).	Sprache und Schrift haben das geistige Leben des Menschen in höchstem Grade nützlich und wirksam werden lassen (wrtl. "so gemacht, daß nützlich und wirksam werden konnte.").

ke ma ryŏn i ta 게마련이다 1-ke-maryŏn-ida (§ 4.31)

Kompositionelle Verbalform, bestehend aus dem Prospektivmorphem -ke (s.o.), dem Nominalisator maryŏn (SK 磨鍊 Vorbedacht) und dem Hilfsverb ida. Bezeichnet einen mit Sicherheit zu erwartenden Vorgang und steht dem Necessativ nahe: "unausweichlich (tun werden)", "mit Vorbedacht (tun werden)". Für -ke kann auch die Nominalendung 기 -ki oder die Konjunktionalendung 도록 -torok eintreten.

도망가는 노예는 잡히기만 하면 사형을 받게 마련 이었던 것입니다.	Tomang-ganŭn noye-nŭn chaphigi-man-hamyŏn sa=hyŏng-ŭl pakke-maryŏn-iŏttŏn-gŏs-imnida (K 5-1, 98).	Es ist so, daß ein flüchtiger Sklave, kaum daß er gefangen wurde, unausweichlich die Todesstrafe erleiden mußte.

ke na　　게나　　1-kena　　(§ 2.13)

Terminalform der 3. Soziativstufe im Affektiv, bestehend aus der Imperativform -ke (s.d., § 2.11.3) und der interjektionalen Postposition -na; bezeichnet die emphatische Aufforderung.

내 괴로움을 아는 사람은 참아 보게나.	Nae koeroum-ŭl anŭn sa=ram-ŭn ch'ama-pogena! (ChK III-I, 108).	Bezwinge sich, wer meinen Schmerz gefühlt! (Wilhelm Tell III, 3).
여보게, 놀이아가씨, 자, 어서 술을 한번만 더 내오게나.	Yŏboge, nori-agassi, cha, ŏsŏ sur-ŭl hanbŏn-man tŏ naeogena (HYSCh 3, 192).	He, Fräulein Gespielin (Kisaeng), nun bringen Sie mal noch einen Reiswein heraus!

kess　　겠　　1-kess　　(§ 1.33.3)

Endung des Futurstammes, entstanden aus der Verbindung des Prospektivmorphems -ke (s.d.) mit dem Verbalstamm 있 iss des Hilfsverbs der Befindlichkeit itta. Kann ein zukünftiges Geschehen, aber auch Ungewißheit oder Absicht (bei 1.Pers. als Subj.) ausdrücken (Futur, Dubitativ, Intentionalis).

할머니는 바다의 왕까지 되어야 속이 시원하겠단다.	Halmŏni-nŭn pada-ŭi wang-kkaji toeŏya sog-i si=wŏn-hagettanda (K 3-1, 62).	Die Alte sagt, daß ihr Herz erst erleichtert sein wird, wenn sie auch noch Königin des Meeres wird.
한글뿐만이 아니라, 한 말로 뭉쳐야 하겠읍니다.	Han-gŭl-ppunman-i anira, han-mal-lo mungch'ŏya-hagessŭmnida (K 4-2, 17).	Es ist nicht nur die eine Schrift: durch eine Sprache werden wir uns vereinen müssen.

네 오빠도 지금 너처럼 노래를 부르고 있겠지.	Ne oppa-do chigŭm nŏ-ch'ŏrŏm norae-rŭl purŭ=go-ikketchi (K 4-2, 77).	Auch dein älterer Bruder singt wohl jetzt wie du ein Lied.
돌아 가겠소이다.	Tora-gagessoida (HTMCh III, 344).	Ich möchte zurückgehen.

ke ta 게다 5,6,7-keda (§ 4.31)

Umgangssprachliche Kürzung aus 것이다 kŏs-ida. Vor dem l-Partizip wird -ke auch aussprachegemäß 께 geschrieben. Zur Funktion s. kŏs i ta.

그 무덤가에 가면 쐐기풀이 많이 있을 게다.	Kŭ-mudŏmga-e kamyŏn sswaegip'ur-i manhi is=sŭlkkeda (K 3-2, 76).	Wenn du an den Rand des Grabes gehst, müssen dort viele Nesseln sein.
내 재미있는 사투리 한두가지 가르쳐 줄께.	Nae chaemi-innŭn sat'uri handu-gaji karŭch'ŏ-julkke (< kŏs-iŏ) (K 4-2, 10).	Ich will dir ein paar interessante Dialektwörter beibringen.
아저씨께도 좋은 것을 많이 보내 드릴께요.	Ajŏssi-kkedo chohŭn kŏs-ŭl manhi ponae-dŭrilkke=yo (< kŏs-iŏyo) (K 4-1, 30).	Ich möchte auch dem Onkel viele gute Dinge schicken.

ke toe ta 게되다 1-ke-doeda (§ 4.15)

Kompositionelle Verbalform, bestehend aus dem Prospektivmorphem -ke (s.d.) in adverbialer Stellung und dem Hilfsverb toeda (werden). Bezeichnet die Entwicklung eines Vorganges, bei prozessiven Verba im Sinne von "dazu kommen, daß", bei qualitativen Verba im Sinne von "zu etwas werden" (vgl. jap. -yô-ni-naru).

토끼와 거북이는 경주를 하게 되었읍니다.	T'okki-wa kŏbugi-nŭn kyŏngju-rŭl hage-doeŏs=sŭmnida (K 1-2, 75).	Es kam dazu, daß der Hase und die Schildkröte einen Wettlauf machten.

ki 기 1,4-ki (§ 3.21)

Suffix eines Verbalnomens, das einen Vorgang oder eine Eigenschaft in der zugrundeliegenden verbalen Bedeutung bezeichnet. Man beachte die Kontraktionsform 키 k'i < 하기 hagi. Zu den grammatischen Funktionen vgl. § 3.21.

내가 생각하기에는 . . .	Nae-ga saenggak-hagi-enŭn... (K 4-2, 4).	Nach meiner Meinung...
웃음을 모르고 지나기 몇해후 . . .	Usŭm-ŭl morŭgo chinagi myŏt-haehu... (K 4-1, 71).	Nach mehreren Jahren des Lebens (wrtl. Verlebens) ohne das Lachen zu kennen...
죽이기 전에 . . .	Chugigi-jŏne.... (K 5-2, 37).	Vor dem Töten...
오이가 땅에 닿아서 썩기 쉽다 .	Oi-ga ttang-e tahasŏ ssŏkki suipta (KLR I,9).	Die Gurken legen sich auf die Erde und faulen leicht.
갈수록 무거운 빚이 처지기만 하여라 .	Kalssurok mugŏun pij-i ch'ŏjigi-man hayŏra (HS, 150).	Mit der Zeit häuft sich nur die schwere Schuld.

ki e   기에   1-kie   (§ 2.24.4)

Nominalwertige Konjunktionalform, formal identisch mit der Nominalform auf -ki (s.o.) in adverbialer Stellung (lokative Postposition -e). Bezeichnet beim Nebensatzprädikat die kausale Unterordnung: "dadurch daß", "auf Grund von". Das Formans kann durch die Postposition -nŭn erweitert werden.

어머니는 새로 이사온 집을 치우기에 한참 바빴읍니다 .	Ŏmŏni-nŭn saero isa-on chib-ŭl ch'iugie han=ch'am pappassŭmnida (K 4-2, 85).	Dadurch, daß sie das neu bezogene Haus in Ordnung brachte, war die Mutter eine Weile beschäftigt.
네가 그런 말을 했기에 내 귀에까지 그런 말이 전해지지 않았나 하는 말이다.	Ne-ga kŭrŏn mar-ŭl haek=kie nae kui-e-kkaji kŭ=rŏn mar-i chŏn-haejiji anhanna-hanŭn mar-ida (K 4-2, 32).	Es ist ein Wort, das besagt: dadurch, daß du solche Worte gesagt hast, sollten diese Worte etwa nicht an mein Ohr gedrungen sein?
그러나, 병원이라기에는 너무나 원시적인 집이다 .	Kŭrŏna, pyŏngwŏn-iragie-nŭn nŏmu-na wŏnsijŏg-in chib-ida (K 5-2, 105).	Jedoch, da es Krankenhaus genannt wird, ist es ein zu primitives Haus.

<u>ki ka pa ppŭ ke</u> 기가바뻐게 1-ki-ga pappŭge (§§ 2.24.2, 4.22.1)

Kompositionelle Prädikatsform eines temporalen Nebensatzes, bestehend aus dem Verbalnomen auf -ki (s.d., § 3.21) im Nominativ und der Adverbialform auf -ke (s.d., § 3.33) des qualitativen Verbs pappŭda "emsig/eilig sein". Bezeichnet den hastigen Abschluß eines Vorganges vor Beginn eines neuen: "kaum".

그는 밥을 먹기가 바쁘게 밖으로 나가 버렸다.	Kŭ-nŭn pab-ŭl mŏk<u>ki-ga pappŭge</u> pakk-ŭro naga-bŏryŏtta (ad hoc).	Kaum hatte er gegessen, ging er hinaus.
복동이는 선생님께서 물으시기가 바쁘게 손을 번쩍 들었다.	Poktongi-nŭn sŏnsaengnim-kkesŏ murŭsi<u>gi-ga pappŭ=ge</u> son-ŭl pŏntchŏk tŭr=ŏtta (ad hoc).	Kaum hatte der Lehrer gefragt, gleich hob Poktong die Hand.

<u>kil lae</u> 길래 1-killae (§ 2.24.4)

Endung einer nominalwertigen Konjunktionalform zur Bezeichnung kausaler Nebensätze, häufig vor interrogativem Hauptsatz ("ist das der Grund, daß...?"). Nebenform von -kie (s.d.). Eine phonetische Variante lautet 길레 kille.

산넘어 남촌에는 누가 살길래, 저 하늘 저 빛깔이 저리 고울까.	San nŏmŏ namch'on-enŭn nu-ga sal<u>kkillae</u>, chŏ-hanŭl chŏ-pikkar-i chŏri koulkka? (ChK II-I, 4).	Wer lebt im Süddorf jenseits des Berges, daß aus diesem Grund der Himmel dort, die Färbung dort so schön ist?
마누라가 해 입힌 옷이 어떻길레 만져 보고 안단 말이오.	Manura-ga hae iphin os-i ŏttŏ<u>k'ille</u> manjŏ-bogo andan mar-io (Ye, 54). (wrtl. "da der Anzug wie ist, ... erkennst du")	Wie kommt es, meine ich (=mar-io), daß du sagst, du erkennst, wenn du (ihn) angefaßt hast, den Anzug, den deine Frau gemacht und (mir) angezogen hat?

<u>ki man ha myŏn</u> 기만하면 1-ki-man hamyŏn (§ 4.22)

Kompositionelle Prädikatsform eines konditionalen Nebensatzes, bestehend aus dem Verbalnomen auf -ki (s.d., § 3.21), der modifizierenden Postposition -man und der konditionalen Konjunktionalform -myŏn des Hilfsverbs hada: "wenn (auch) nur", "kaum (daß)".

빙산에 부딪히기만 하면, 아무리 큰 기선 이라도, 부서져 버리고 맙니다.	Pingsan-e pudich'igi-man hamyŏn, amuri k'ŭn kisŏn-irado, pusŏjŏ-pŏrigo-mamnida (K 3-1, 78).	Kaum daß er gegen einen Eisberg gestoßen wird, wird ein Dampfer, wie groß er auch sein mag, völlig zerstört.
국군이 우리들을 보기만 하면 모조리 총으로 쏴 죽인다고 해서...	Kukkun-i uridŭr-ŭl pogi-man hamyŏn mojori ch'ong-ŭro sswa-jugindago-hae= sŏ... (ChK I-I, 78).	Es heißt, daß die Regierungstruppen uns alle mit dem Gewehr totschiessen, wenn sie uns nur sehen...

ki nŭn (ha ta) 기는 (하다) 1-ki-nŭn (hada) (§§ 3.21, 4.22)

Das Verbalnomen auf -ki in Verbindung mit der elativen Postposition -nŭn bildet bei Wiederholung des Verbs oder Setzung des Hilfsverbs hada in der Kontexform Verba intensiva.

나도 음악을 좋아하기는 하오.	Na-do ŭmag-ŭl choha-hagi-nŭn hao (K 5-2, 65).	Auch ich liebe zwar die Musik.
우리 국토는 분명히 고난의 국토이기는 하였다.	Uri-gukt'o-nŭn punmyŏng= hi konan-ŭi kukt'o-igi-nŭn hayŏtta (KK I, 47).	Unser Land war offenbar ein Land der Leiden.
내 마음에도 들기는 든다.	Nae maŭm-edo tŭlgi-nŭn tŭnda (KLR I, 13).	Auch mir gefällt sie wohl.

ki ro 기로 1-kiro (§ 2.24.4/5)

Nominalwertige Konjunktionalform, formal identisch mit der Nominalform auf -ki (§ 3.21) in adverbialer Stellung (instrumental-direktionale Postposition -ro). Bezeichnet im Nebensatzprädikat die kausale oder konzessive Unterordnung: "in Anbetracht von", "trotz (der Tatsache daß)".

강원도는 워낙 산이 많기로 유명한 고장 입니다.	Kangwŏndo-nŭn wŏnak san-i mank'iro yumyŏng-han kojang-imnida (ChK I-I, 76).	Kangwŏndo ist eine Gegend, die dadurch berühmt ist, daß sie von Natur viel Berge hat.
음식을 차려 주신다기로, 일전에 변변하지 못한것을 부쳤는데, 받으셨는지.	Ŭmsig-ŭl ch'aryŏ-jusinda= giro, iljŏn-e pyŏnbyŏn= ch'i-mot-han kŏs-ŭl pu= ch'ŏnnŭnde, padŭsyŏn= nŭnji? (ChK I-I, 143).	Trotz der Tatsache, daß Sie sich Speisen bereiten, habe ich kürzlich eine Kleinigkeit geschickt, und haben Sie sie erhalten?

ki ro ha ta 기로하다 1-kiro-hada (§ 4.22)

Kompositionelle Verbalform, bestehend aus dem Verbalnomen auf -ki (§ 3.21) im Instrumental-Direktionalis (-ro) und dem Hilfsverb hada. Der Ausdruck steht dem Intentionalis nahe und bedeutet "sich entschliessen zu", "so einrichten, daß", auch "zusagen" (etw. zu tun).

산위 나무까지 가기로 하였읍니다.	San-ui namu-kkaji kagiro-hayŏssŭmnida (K 1-2, 75).	Sie entschlossen sich, bis zu dem Baum auf dem Berge zu gehen.
풀과 벌레들을 모으기로 하였읍니다.	P'ul-gwa pŏlledŭr-ŭl mo=ŭgiro-hayŏssŭmnida (K 2-1, 33).	Wir entschlossen uns, Gräser und Käfer zu sammeln.
어느날 가기로 할까요.	Ŏnŭ-nal kagiro-halkkayo? (K 5-1, 24).	An welchem Tage sollen wir gehen? (wrtl. "es so einrichten, daß wir gehen").

ki ro sŏ ni 기로서니 1-kirosŏni (§ 2.24.5)

Erweiterung der kausalen Konjunktionalform -kiro (s.d., § 2.24.4) mittels der konjunktionalen Endungsmorpheme -sŏ (s.d.) und -ni (s.d.). Bezeichnet einen konzessiven Nebensatz mit nachdrücklicher Einräumung: "selbst wenn", "wenn auch".

아무리 아름다운 그림이나 책이 많기로서니, 한장의 지도처럼 소복한 꿈이 깃들인 종이조각은 없을것이다.	Amuri arŭmdaun kŭrim-ina ch'aeg-i mank'iro=sŏni, hanjang-ŭi chido-ch'ŏrŏm sobok-han kkum-i kittŭrin chongi-jogag-ŭn ŏpsŭl-kkŏs-ida (K 6-1, 104).	Wieviel schöne Bilder oder Bücher es auch geben mag, es dürfte wohl kein Stück Papier geben, in dem so viele Träume eingenistet sind wie in einer Landkarte.
만종록이 당장 무릎위에 떨어진다 기로서니, 독서삼매에 들어갈 그런 목석연한 사람이 있을라고.	Manjongnog-i tangjang murŭp'-ui-e ttŏrŏjinda=girosŏni, toksŏ-sammae-e tŭrŏ-gal kŭrŏn moksŏg=yŏn-han saram-i issŭlla=go? (ChK II-II, 69).	Wenn einem auch plötzlich ein reich bemessenes Gehalt in den Schoß fällt, sollte es einen so unbeeinflußbaren Menschen geben, daß er sich ganz auf das Lesen konzentrieren könnte?

ki si chak ha ta 기시작하다 1-ki-sijak-hada (§ 3.21)

Kompositionelle Verbalform zur Bezeichnung des Handlungsbeginns (inchoativ), bestehend aus dem Verbalnomen auf -ki, dem Prädikatsnomen sijak (SK 始作 Beginn) und dem Hilfsverb hada.

집들이 한두채씩 보이기 시작한다.	Chiptŭr-i handu-ch'ae-ssik poigi-sijak-handa (K 3-1, 70).	Einige Häuser beginnen sichtbar zu werden.
두 형제는 부지런히 보리를 베기 시작하였읍니다.	Tu-hyŏngje-nŭn pujirŏnhi pori-rŭl pegi-sijak-hayŏssŭmnida (K 2-2, 92).	Die beiden Brüder begannen fleißig die Gerste zu schneiden.

ki (to) chŏn e 기(도)전에 1-ki-(do)jŏne (§ 2.24.2)

Nominalwertige Konjunktionalform, bestehend aus dem Verbalnomen auf -ki (§ 3.21), der modifizierenden Postposition -to (fakultativ) und der nominalwertigen Postposition chŏn(e) "vor". Bezeichnet einen temporalen Nebensatz der Nachzeitigkeit: "ehe", "bevor".

영희는 잠자기 전에, 작은아버지가 주신 동화책을 읽었읍니다.	Yŏnghŭi-nŭn cham chagi-jŏne, chagŭn-abŏji-ga chusin tonghwach'aeg-ŭl ilgŏssŭmnida (K 2-2, 67).	Yonghŭi las, bevor sie schlief, das Märchenbuch, das ihr der Onkel gegeben hatte.
말이 채 끝나기도 전에, 다른동무가 큰 소리로 외쳤다.	Mar-i ch'ae kkŭnnagi-do jŏne, tarŭn tongmu-ga k'ŭn sori-ro oech'ŏtta (K 3-1, 68).	Ehe die Worte ganz beendet waren, rief ein anderer Freund mit lauter Stimme.

ki to ha ta 기도하다 1-kido-hada (§§ 3.21, 4.22)

Kompositionelle Verbalform, häufig als Alternativform in dem syntaktischen Schema -kido-hago... -kido-hada. Nach der Nominalform auf -ki (§ 3.21) steht die koordinative Postposition -to, gefolgt vom Hilfsverb hada. Der Ausdruck bezeichnet die Nachdrücklichkeit der Aussage ("tatsächlich") bzw. simultane oder alternative Sachverhalte: 오기도 하고 가기도 한다 ogido-hago kagido-handa "sie kommen und gehen".

회리바람에 휩쓸려 날아가기도 하고, 그렇지 않으면 모래속에 파묻혀 버리고 맙니다.	Hoeri-baram-e huipssŭl=lyŏ-naragagido-hago, kŭ=rŏch'i-anhŭmyŏn morae-soge p'amuthyŏ-pŏrigo-mamnida (K 3-1, 82).	Mal fliegen sie dahin, vom Wirbelwind fortgefegt, mal werden sie, wennes nicht so ist, im Sande völlig begraben.

북쪽 오랑캐들이 처들어오지 못하게 몰아내기도 하고, 평안도에 가서 국경을 굳게 지키기도 하였읍니다.	Puktchok-orangk'aedŭr-i ch'ŏdŭrŏ-oji mot-hage mo=ranaegido-hago, P'yŏng=ando-e kasŏ kukkyŏng-ŭl kukke chik'igido-hayŏs=sŭmnida (K 3-1, 116).	Er jagte die Barbaren im Norden fort, daß sie nicht eindringen konnten, und nach P'yŏng=ando gehend, verteidigte er auch entschlossen die Grenze.

ki ttae mun (e) 기때문(에) 1-ki-ttaemun(e) (§ 2.24.4)

Nominalwertige Prädikatsform, bestehend aus dem Verbalnomen auf -ki (§ 3.21) und dem Nomen ttaemun (Grund, Ursache). Bezeichnet eine Begründung und steht im kausalen Nebensatz im Lokativ (-ttaemun-e), im kausalen Hauptsatz ("der Grund ist, daß", "nämlich") vor der Kopula ida.

학교가 멀었기 때문에, 집에서 농사일을 도왔읍니다.	Hakkyo-ga mŏrŏkki-ttae=mune, chib-esŏ nongsa-ir-ŭl towassŭmnida (K 3-2, 96).	Da die Schule weit war, half er zu Hause bei der Feldarbeit.
워낙 연구심이 많은 사람이었기 때문에, 대단히 성적이 좋았읍니다.	Wŏnak yŏn'gusim-i manhŭn saram-iŏkki-ttaemune, taedanhi sŏngjŏg-i cho=hassŭmnida (K 5-1, 46).	Da er von Natur ein Mann mit viel Forschergeist war, waren seine Ergebnisse sehr gut.
자기를 시골뜨기라고 놀려주기 때문이었읍니다.	Chagi-rŭl sigolttŭgi-rago nollyŏ-jugi-ttaemun-iŏssŭmnida (K 4-1, 131).	Der Grund war der, daß sie ihn als Bauerntölpel verspotteten.

ki ui ha yŏ / hae sŏ 기위하여/해서 1-ki-wihayŏ/haesŏ (§§ 2.24.9, 3.21)

Konjunktionalform, zusammengesetzt aus dem Verbalnomen auf -ki und der Konverbalform (-hayŏ oder -haesŏ) von wi-hada "zugunsten tun (sein)". Bezeichnet einen finalen Nebensatz: "um zu" (jap. -suru-tame-ni).

알을 낳기 위해서 알낳기에 알맞는 수온을 찾아서...	Ar-ŭl nak'i-wihaesŏ al-nak'i-e almannŭn suon-ŭl ch'ajasŏ... (K 4-1, 52).	Um die Eier abzulegen, suchen sie eine für die Eiablage günstige Wassertemperatur...
이 밤을 보내기 위하여 세 자매는 식탁을 마련할 것이다.	I-bam-ŭl ponaegi-wihayŏ se-jamae-nŭn sikt'ag-ŭl maryŏn-hal-kkŏs-ida (Hyŏndae-munhak 8/69,63).	Um diese Nacht zu verbringen, werden die drei Schwestern den Eßtisch bereiten.

<u>kka mal kka</u> 까 말까 7-kka malkka (§ 2.24.7)

Konjunktionale Prädikatsform, zusammengesetzt aus der mit dem l-Partizip verbundenen Interrogativform auf -ka (kombinatorische Variante -kka) des Hauptverbs und derselben Interrogativform des Hilfsverbs malda "aufhören (zu tun)". Bezeichnet einen distributiven Nebensatz der Bedeutung "ob...oder nicht", meist mit einem folgenden Ausdruck des Sagens oder Denkens, eingeleitet durch eine Form des Verbs hada.

명호는 손을 들까 말까 하고 망설이다가, 손을 번쩍 들었읍니다.	Myŏngho-nŭn son-ŭl tŭl<u>kka malkka</u> hago mangsŏr-idaga, son-ŭl pŏntchŏk tŭrŏssŭmnida (K 4-2, 68).	Myŏngho war unschlüssig, ob er die Hand heben sollte oder nicht, hob aber (dann) schnell die Hand.
그냥 들을 때는 들일까 말까 하던 소리가 아주 크게 들립니다.	Kŭnyang tŭrŭl-ttae-nŭn tŭllil<u>kka malkka</u> hadŏn sori-ga aju k'ŭge tŭllimnida. (K 5-1, 43).	Als er einfach so horchte, da war der Laut, bei dem er sich gefragt hatte, ob er hörbar sei oder nicht, sehr laut zu hören.

<u>kka talk (e)</u> 까 닭 (에) 5,6,7-kkadalk(e) (§ 2.24.4)

Das Nomen kkadalk (Grund), auch in Verbindung mit der lokativen Postposition -e, bildet nach Verbalpartizipien eine nominalwertige Konjunktionalform zur Bezeichnung kausaler Nebensätze. Als Prädikatsnomen bezeichnet kkadalk begründende Hauptsätze. Vgl. ki ttae mun (e).

지저분 하게 흙속에 파묻혀지는 까닭에, 아무래도 날아 떨어지는 족족 그뒷시중을 해야된다.	Chijŏbun-hage hŭk-soge p'amuthyŏ-jinŭn-<u>kkadalge</u>, amuraedo nara-ttŏrŏjinŭnjokchok kŭ-duit sijung-ŭl haeya-doenda (HSuMCh 2, 267).	Da es unordentlich im Boden vergraben wird, muß ich mich jedesmal, wenn es umherfliegt und niederfällt, dann (darum) kümmern.
햇빛에 닿은 까닭이다.	Haeppich'-e tahŭn-<u>kkadalg</u>-ida (K 4-1, 33).	Es liegt daran, daß sie sich dem Sonnenschein ausgesetzt haben.

<u>kke</u> 께 2,7-kke (§ 4.31.3)

Kontrahierte Konverbalform der 1. Soziativstufe von 7-kŏs-ida: ㄹ 것이 어-lkkŏs-iŏ > -lkke. Zuweilen wird das futurische Partizipialsuffix

(-l) elidiert (U), so daß -kke thematisch auf den Stamm folgt. Bezeichnet als kompositionelle Prädikatsform die Absicht (1. Pers.), die Wahrscheinlichkeit oder Notwendigkeit. Vgl. ke ta.

그래, 내 가르쳐 줄께, 쓴 것 좀 보여다오.	Kŭrae, nae karŭch'ŏ-julkke, ssŭn-gŏt chom poyŏ-dao (K 3-2, 12).	Nun ja, dann werde ich es dir beibringen (müssen); zeig mir mal, was du geschrieben hast.
내가 더 재미있는 장난감 만들어 줄께 잠깐만 있어, 응.	Nae-ga tŏ chaemi-innŭn changnan'gam mandŭrŏ-julkke chamkkan-man issŏ, ŭng (K 2-2, 24).	Ich werde mal für dich ein noch interessanteres Spielzeug machen; warte nur ein Weilchen, ja.
그래, 선생님처럼 점잖게 읽으께, 조용히 들어라.	Kŭrae, sŏnsaengnim-ch'ŏrŏm chŏm-chank'e ilgŭkke, choyonghi tŭrŏra! (K 4-1, 20).	Nun ja, ich will gesittet lesen wie der Herr Lehrer, und ihr hört still zu!

ko 고 1,4 ko (§§ 2.24.1/8, 3.35)

Konjunktionale Verbalendung koordinativer Funktion. Bezeichnet bei der Verbindung verschiedener Prädikate a) die extratemporale, simultane oder alternative Zuordnung mehrerer Vorgänge (oft durch die Postposition -to bei den abhängigen Nomina gekennzeichnet, bei alternativer Funktion durch die Wiederholung der ko-Form bei den koordinierten Prädikaten), b) die temporale (selten kausale) Abfolge mehrerer Vorgänge (nur in der Anschlußart 1-ko und meist mit identischem Subjekt), c) die adverbiale Zuordnung eines Zitates zu einem Verb des Sagens oder Denkens (vgl. ko ha ta) oder eines beliebigen Verbs zu einem Hilfsverb der Befindlichkeit (vgl. ko iss ta). - Eine dialektale Nebenform von -ko lautet 구 -ku.

크고 작은 물고기.	K'ŭgo chagŭn mulkkogi (K 3-1, 74).	Große und kleine Fische.
인생은 짧고, 예술은 길다.	Insaeng-ŭn tchalkko, yesur-ŭn kilda (KK I, 52).	Das Leben ist kurz, die Kunst ist lang.
민들레도 피고 할미꽃도 피고 진달래꽃도 활짝 피었읍니다.	Mindŭlle-do p'igo halmikkot-to p'igo chindallaekkot-to hwaltchak p'iŏssŭmnida (K 2-1, 12).	Der Löwenzahn blühte, die Anemonen blühten und auch die Azaleen waren in voller Blüte.

깊은 연못을 팠고, 홍예밑으로 맑은 물이 흘러서 그림배가 드나들었다.	Kip'ŭn yŏmmos-ŭl p'akko, hongye-mit'ŭro malgŭn mur-i hŭllŏsŏ kŭrimbae-ga tŭnadŭrŏtta (K 6-1, 97).	Man hatte einen tiefen Lotosteich gegraben, unter einem Regenbogen hindurch floß das klare Wasser, und dann fuhren schmucke Boote hin und her.
아침밥을 먹고 학교로 뛰어 갔읍니다.	Ach'imbab-ŭl mŏkko hak=kyo-ro ttuiŏ-gassŭmni=da (K 2-2, 75).	Er aß das Frühstück und lief in die Schule.
청진기를 넣고 주사기를 이리 주시오.	Ch'ŏngjin'gi-rŭl nŏk'o chusagi-rŭl iri chusio! (K 2-2, 31).	Legen sie das Stethoskop hin und geben sie die Injektionsspritze her!
잠 깨구 일어나소.	Cham kkaegu irŏnaso! (HTMCh I, 76).	Wach auf und erhebe dich!

ko　　　고　　　5,6-go　　　(§ 2.11.32)

Verbalsuffix der älteren S, das den Interrogativ im terminalen Prädikat bezeichnet. Nebenform von 5,6-ka (s.d., 3. Soziativstufe). Vgl. die paarigen Interrogativformen 나 1-na - 노 1-no, 가 7-ka - 고 7-ko.

그대는 몇살인고.	Kŭdae-nŭn myŏssar-in'go? (K 5-2, 38).	Wie alt bist Du?
자운영 붉은 논둑에 목매기는 우는고.	Chaun'yŏng pulgŭn non=dug-e mongmaegi-nŭn unŭn'go? (ChK II-I, 25).	Blökt ein angebundenes Kalb auf dem von Tragant roten Reisfelddamm?
백설이 잦아진 골에 구름이 머흘에라. 반가운 매화는 어느곳에 피었는고.	Paeksŏr-i chajajin kor-e kurŭm-i mŏhŭrera. Pan=gaun maehwa-nŭn ŏnŭ-gos-e p'iŏnnŭn'go? (ChK III-II, 133).	Im Tal, wo der weiße Schnee zusammengesunken ist, hängen drohend die Wolken. An welchem Ort sind die lieblichen Pflaumenblüten aufgegangen?

ko　　　고　　　7-kko　　　(§ 2.11.32)

Interrogative Terminalform der 3. Soziativstufe, Dubitativ oder Intentionalis. Nebenform der älteren S zu 7-ka (s.d.), zuweilen auch aussprachegemäß 꼬 -kko geschrieben.

너를 후처 보낸후에 암이 비어 어찌 알고.	Nŏ-rŭl huch'ŏ ponaenhue ap'i piŏ ŏtchi halkko? (Ye, 17).	Nachdem ich dich als zweite Frau fortgeschickt habe, ist die Zukunft leer, und was soll ich tun?
몇천년, 아니 몇만년 동안을 여기 살아왔을꼬.	Myŏtch'ŏnnyŏn, ani myŏn=mannyŏn tongan-ŭl yŏgi sara-wassŭlkko? (ChK I-I, 67).	Seit wieviel tausend Jahren, nein, wieviel zehntausend Jahren mag er hier gelebt haben?

ko cha　　고자　　1-koja　　(§ 2.24.9)

Endung einer finalen Konjunktionalform, Variante des älteren 1-kojŏ (s.d.). Bezeichnet einen finalen Nebensatz: "um zu".

세속에 티 무든 이 몸과 맘을 저 샘물에 씻어 버리고자, 나는 가만히 앉아 물을 쥐어 본다.	Sesog-e t'i mudŭn i-mom-gwa mam-ŭl chŏ-saemmur-e ssisŏ-pŏrigoja, nanŭn kamanhi anja mur-ŭl chuiŏ-bonda (ChK I-I, 68).	Um diesen Körper und diese Seele, die in der Welt befleckt worden sind, ganz in jenem Quellwasser zu reinigen, setze ich mich ruhig nieder und schicke mich an, Wasser zu schöpfen.

ko cha ha ta　　고자하다　　1-koja-hada　　(§ 4.12)

Kompositionelle Verbalform zur Bezeichnung des Optativs, zusammengesetzt aus der finalen Konjunktionalform -koja (s.o.) und dem Hilfsverb hada (vgl. jap. -yô-to suru). Variante von 1-kojŏ-hada (s.d.).

그들을 돕고자 하는 것이었읍니다.	Kŭdŭr-ŭl topkoja-hanŭn-gŏs-iŏssŭmnida (K 4-2, 131).	Es war so, daß sie ihnen helfen wollte.
말하고자 하는 중심을 잡지 못하게 됩니다.	Mar-hagoja-hanŭn chung=sim-ŭl chapchi mot-hage-doemnida (K 6-1, 28).	Es kommt dazu, daß er nicht den Kern dessen erfassen kann, worüber man sprechen möchte.

ko chi ta　　고지다　　1-ko-jida　　(§ 4.12)

Kompositionelle Verbalform der älteren S, bestehend aus der koordinativen Verbalendung -ko und dem Hilfsverb chida (wollen). Bezeichnet den Optativ. Vgl. ko chŏ, chi i ta.

아이는 봄 따라가고, 고요가 겨운 뜰에 봉오리 맺은 가지 만져도 보고지고.	Ai-nŭn pom ttara-gago, koyo-ga kyŏun ttŭr-e pongori maejŭn kaji manjŏdo pogo-jigo (ChK II-I, 21).	Die Kinder gehen dem Frühling nach, und ich möchte im Hofe, der von Stille ganz erfüllt ist, die Zweige berühren, an denen sich Knospen gebildet haben.
가서 한데 얼려 옛날 같이 살고지라.	Kasŏ hande ŏllyŏ yennal kat'i salgo-jira (HS, 175).	(Dorthin) gehend, gemeinsam (mit den anderen) vereint, möchte ich wie in alten Tagen leben.

ko chŏ   고저   1-kojŏ   (§§ 2.24.9, 4.12.2)

Konjunktionalform der älteren S, bestehend aus der koordinativen Verbalendung -ko und der Konverbalform chŏ des Hilfsverbs chida (wollen). Die Endung wird selten in finaler Funktion beim Nebensatzprädikat gebraucht ("wollend", "um zu", vgl. -koja), häufiger in Schlußposition beim Hauptsatzprädikat zur Bezeichnung eines emphatischen Desiderativs: "ach, ich möchte". Vgl. ko chi ta.

적은 덧 빌어다가 불리고저 머리위에.	Chŏgŭn tŏt pirŏdaga pul= ligojŏ mŏri-uie (Kosijo, U T'ak) (beachte Inversion des Prädikats).	Kurze Zeit möchte ich, ach, (den Wind) ausleihen und über (meinen) Kopf wehen lassen!
내 마음 색동옷 입혀 웃고 웃고 지나고저.	Nae maŭm saektong-os ip= hyŏ ukko-ukko chinagojŏ (HS, 175).	Ich möchte mein Herz in ein bunt gestreiftes Gewand kleiden und lachend, lachend vorübergehen.

ko chŏ ha ta   고저하다   1-kojŏ-hada   (§ 4.12)

Kompositionelle Verbalform, bestehend aus der finalen Konjunktionalform -kojŏ (s.o.) und dem Hilfsverb hada. Bezeichnet den Optativ ebenso wie die Parallelform 1-koja-hada (s.d.), gehört aber zur älteren S. Vgl. ko chi ta.

나는 신라신해라, 우리 임군이 왕제를 생각하여 보고져 하시매, 내 임군	Na-nŭn Silla-sinhae-ra, uri imgun-i wangje-rŭl saenggak-hayŏ pogojŏ-hasimae, nae imgun-ŭi	Ich bin ein Untertan von Silla, und da unser Herrscher an des Königs Bruder denkt und ihn

의 뜻을 이룸 이로라.	ttŭs-ŭl irum-irora (ChK III-II, 123).	sehen möchte, erfülle ich den Wunsch meines Herrschers.
분기를 참지 못하야 또 초란을 죽이고저 하다가...	Pun'gi-rŭl ch'amji mot-haya tto Ch'oran-ŭl chu=gigojŏ-hadaga... (KK II, 192).	Da er den Zorn nicht unterdrücken konnte, wollte er auch Ch'oran töten...

ko ha ta　　고하다　　ko-hada　　(§ 4.13)

Die Verbindung der koordinativen Verbalendung -ko (§ 2.24.1) mit dem Verb hada "sagen" fällt in den Bereich des Quotativs und bedeutet: "sagen, daß", "heißen", "sollen" (= 고 말하다 -ko mar-hada, honorativ 고 말씀하시다 -ko malssŭm-hasida). -ko wird in dieser Aussageweise an die Terminalform des Hauptverbs gehängt: 4,5-tago-hada (siehe ta ko ha ta), nach der Kopula 1-rago-hada (siehe ra ko). -ko fungiert hier als prädikatsbezogenes Verbalsuffix (vgl. jap. -to, -to-iu). Siehe ko(nŭn) ha ta.

모두들 그게 좋다고 하였읍니다.	Modudŭl kŭge chot'ago-hayŏssŭmnida (K 3-1, 34).	Alle sagten, daß das gut sei.
기념식이 끝난 뒤에는 학급별 학예회가 있다고 한다.	Kinyŏmsig-i kkŭnnan-duie-nŭn hakkŭp-pyŏl hagyehoe-ga ittago-handa (K 5-1, 14).	Es heißt, daß es nach der Gedächtnisfeier für die Klassen gesondert ein Klassenfest gibt.
봄 소풍도 이달안에 있으리라고 한다.	Pom-sop'ung-do i-dar-ane issŭrirago-handa (K 5-1, 14).	Auch der Frühlingsausflug wird wohl in diesem Monat stattfinden, wie es heißt.

ko iss ta　　고있다　　1-ko-itta　　(§ 4.16)

Die koordinative Konjunktionalform (§ 2.24.1) eines prozessiven Verbs in Verbindung mit dem Hilfsverb der Befindlichkeit itta bezeichnet die durative Aktionsart bei Tätigkeiten. Hinter -ko können modifizierende Postpositionen folgen, z.B. -man (nur). Vgl. iss ta.

바닷가 오막살이에 할아버지와 할머니가 살고 있었읍니다.	Padakka omaksari-e hara=bŏji-wa halmŏni-ga sal=go-issŏssŭmnida (K 3-1, 52).	In einer Hütte am Meeresufer lebten ein alter Mann und eine alte Frau.
어머니와 나는 닭을	Ŏmŏni-wa na-nŭn talg-ŭl	Mutter und ich halten

기르고 있읍니다.	kirŭgo-issŭmnida (K 5-1, 30).	Hühner.
괜히 쓸데 없는 걱정 말고 보고만 있어.	Kwaenhi ssŭltte-ŏmnŭn kŏkchŏng malgo pogo-man issŏ (K 3-1, 64).	Hör auf, dich sinnlos und unnütz zu sorgen und schau nur!

ko mal ko (yo) 고 말 고 (요) 1-ko-malgo(yo) (§ 4.16)

Konjunktionalform (-ko) der kompositionellen Verbalform -ko-malda (s.u.), hier in der Bedeutung "aufhören (malda) zu sagen, daß" (-ko hier Verbalsuffix des Zitatschlusses). Bezeichnet in der Stellung des terminalen Prädikates emphatisch eine nachdrückliche Feststellung unter Abweisung möglicher Einwände: "natürlich (ist es so)" (vgl. jap. -da-tomo, -suru-tomo). Ein nachgestelltes yo bezeichnet die höfliche Sprechweise (§ 2.11.41).

오시고 말고.	Osigo-malgo (K 3-1, 102).	Natürlich kommt er.
그럼, 정말이고 말고.	Kŭrŏm, chŏngmar-igo-malgo (K 1-2, 75).	Ja, natürlich ist das wahr.
공양미 삼백석을 부처님 앞에 바치고 말고요.	Kongyangmi sambaek-sŏgŭl puch'ŏnim-ap'e pa=ch'igo-malgoyo (K 6-2, 50).	Dreihundert Pikul Opferreis bringe ich auf jeden Fall vor dem Buddhastandbild dar.

ko mal ta 고말다 1-ko-malda (§ 4.16)

Kompositionelle Verbalform, bestehend aus der koordinativen Verbalendung -ko (§ 2.24.1) und dem Hilfsverb malda (aufhören, beenden); bezeichnet die terminative Aktionsart.

물은 곧 말라 없서지고 맙니다.	Mur-ŭn kot malla-ŏpsŏ=jigo-mamnida (K 3-1, 91).	Das Wasser trocknet sofort aus und verschwindet.
큰 기선이라도 부서져 버리고 맙니다.	K'ŭn kisŏn-irado pusŏjŏ-pŏrigo-mamnida (K 3-1, 78).	Selbst wenn es ein grosser Dampfer ist, wird er völlig zerbrochen.

ko na 고나 -kona (§ 2.13.1)

Emphatische Terminalform im Assertiv, 2. Soziativstufe. Dialektale Variante von 구나 -kuna (s.d., § 2.13). Anschlußart siehe ku na.

유구를 흘러 흘러 돌과 바위 갈고 닦아, 모양도 둥글 둥글 빛조차 깨끗 하고나.	Yugu-rŭl hŭllŏ hŭllŏ tol-gwa pawi kalgo tak=ka, moyang-do tunggŭl-dunggŭl pit-choch'a kkaekkŭt-hagona! (ChK II-I, 38).	Die Zeit verrinnt in Ewigkeit, Stein und Fels werden glatt geschliffen, auch ihre Gestalt wird rund, selbst (ihre) Farbe rein!
울밑에 푸성기도 한밤비에 자랐고나.	Ul-mit'e p'usŏnggi-do hanbam-bi-e charakkona! (HS, 108).	Auch die Gräser unten an der Hecke sind in einem Nachtregen emporgewachsen!

ko na ta 고나다 1-ko-nada (§ 4.16)

Die Verbindung der koordinativen Verbalendung -ko (§ 2.24.1) mit dem Hilfsverb nada "sich ergeben" (entstehen) bezeichnet eine terminative Aktionsart. Siehe nae ta.

씨름 대회를 하고나서, 물고기를 잡아 보자.	Ssirŭm-daehoe-rŭl hago-nasŏ, mulkkogi-rŭl cha=ba-boja! (K 3-2, 111).	Wenn wir das Ringkampftreffen beendet haben, laßt uns versuchen, Fische zu fangen!
약수를 한컵 쭉 들이마시고 나니, 가만히 앉아 있을수가 없다.	Yaksu-rŭl hank'ŏp tchuk tŭrimasigo-nani, kaman=hi anja-issŭl-ssu-ga ŏp=ta (ChK I-I, 67).	Da ich ein Glas Heilquelle auf einen Zug ausgetrunken hatte, konnte ich nicht (mehr) ruhig sitzen bleiben.

ko nŭn 고는 1-konŭn (§ 2.24.2/3)

Zusammengesetzte Endung einer Konjunktionalform, bestehend aus der koordinativen Verbalendung -ko und der elativen Postposition -nŭn (vgl. jap. -te-wa). Bezeichnet in konditionaler Funktion einen bedingenden Nebensatz, in temporaler Funktion einen Nebensatz mit vorzeitiger Handlung.

긴 주둥이를 병에 넣고는 혼자만 맛있게 먹었읍니다.	Kin chudungi-rŭl pyŏng-e nŏk'onŭn honja-man mas-ikke mŏgŏssŭmnida (K 2-1, 76).	Den langen Schnabel in die Flasche gesteckt, fraß nur er allein mit Appetit.
「우리 동네」를 보시고는, 한층 더	'Uri tongne'-rŭl posi=gonŭn, hanch'ung tŏ	Nachdem sie "Unser Dorf" gesehen hatten, lobten

칭찬해 주셨읍니다.	ch'ingch'an-hae-jusyŏs= sŭmnida (K 2-2, 38).	sie uns noch mehr.
쓰지 않고는 못 견딜 그런 이야기가 있는가.	Ssŭji-ank'onŭn mot-kyŏn= dil kŭrŏn iyagi-ga in= nŭn'ga? (KK I, 27).	Gibt es so eine Geschichte, daß Sie es nicht aushalten können, wenn Sie sie nicht aufschreiben?

ko (nŭn) ha ta   고 (는) 하 다   1-ko(nŭn)-hada   (§ 4.16)

Kompositionelle Verbalform, bestehend aus der koordinativen Verbalendung -ko (§ 2.24.1), verbunden mit der elativen Postposition -nŭn (auch verkürzt zu -n: 곤 -kon), und dem Hilfsverb hada. Zuweilen wird die Postposition -nŭn (-n) ausgelassen, so daß sich eine formale Identität mit dem quotativen -ko-hada (s.d., § 4.13) ergibt. Bezeichnet die habituelle Aktionsart: "zu tun pflegen", "immer wieder tun", "gelegentlich tun". Siehe kun ha ta.

청군이 또 끌려 가고 하였읍니다.	Ch'ŏnggun-i tto kkŭllyŏ-gago-hayŏssŭmnida (K 2-2, 9).	Die blaue Partei wurde wieder (am Seil) gezogen.
영희 오빠에게서도 꼭 편지가 오곤 하였읍니다.	Yŏnghŭi-oppa-egesŏ-do kkok p'yŏnji-ga ogon-hayŏssŭmnida (K 4-2, 74).	Auch von Yŏnghŭis älterem Bruder kam genauso gelegentlich ein Brief.
밀레는 밭에서 일하는 농부들을 보곤 하였읍니다.	Mille-nŭn pat'esŏ ir-hanŭn nongbudŭr-ŭl po= gon-hayŏssŭmnida (K 5-1, 71).	Millet sah häufig Bauern, die auf dem Felde arbeiteten.

ko nyŏ   고 녀   1-konyŏ   (§ 2.13)

Emphatische Terminalform der 6. Soziativstufe im Assertiv. Nur in der älteren S gebräuchlich.

그럴싸 그러한지 솔빛 벌써 더 푸르다. 산골에 남은 눈이 다산듯이 보이고녀.	Kŭrŏlssa kŭrŏ-hanji solpit pŏlssŏ tŏ p'urŭ= da. San'gor-e namŭn nun-i tasan-dŭsi poigonyŏ (KK I, 67).	Ich meine, so ist es: Die Farbe der Kiefer ist schon grüner geworden. Der Schnee, der im Bergtal liegengeblieben ist, sieht aus, fürwahr, als wäre er warm.

굽어 휘인 양이 금시 떨어질 듯한데, 낙화암 솟은 덜미야 아직 든든 하고녀.	Kubŏ-huiin yang-i kŭmsi ttŏrŏjil-ttŭt-hande, Nak=hwa'am sosŭn tŏlmi-ya ajik tŭndŭn-hagonyŏ (ChK II-I, 39).	Schief und krumm sieht (die Festung) aus und scheint jeden Augenblick einstürzen zu wollen, doch der Nacken, wo der Nakhwa-Fels aufragt, hält noch stand, fürwahr.

ko po ta   고 보다   1-ko poda

Die Verbindung der hier temporalen Konjunktionalform -ko (= -kosŏ, § 2.24.2) mit dem Verb poda "sehen" bedeutet: "etwas tun und dann zusehen" (d.h. was getan ist betrachten). Es handelt sich um die Verbindung zweier Vollverba. Siehe po ta.

형님이 군인이 되어 나가고 보니, 이젠 단 두 식구가 되어 버렸읍니다.	Hyŏngnim-i kunin-i toeŏ nagago poni, ijen tan tu-sikku-ga toeŏ-bŏryŏssŭmnida (K 4-2, 73).	Als der ältere Bruder Soldat geworden und (aus dem Haus) gegangen war und ich zusah, da waren wir nun schließlich nur zwei Familienmitglieder geworden.

ko p'a   고 파   1-kop'a   (§ 4.12.2)

Kontrahierte Konverbalform von -ko-sipta "wollen" (s.d.): 고 싶어 -ko-sip'ŏ > 고 파 -kop'a (vgl. -ko-jida: -kojŏ). Steht in der Regel in Schlußposition beim Hauptsatzprädikat zur Bezeichnung eines emphatischen Desiderativs: "ach ich möchte".

차라리 다 같이 죽어 진흙이나 되고파.	Ch'arari ta kat'i chu=gŏ chinhŭlg-ina toe=gop'a (HS, 192).	Lieber möchten wir alle zusammen sterben und zu Erde werden.
생명의 감로수 인양 흠뻑 마셔보고파.	Saengmyŏng-ŭi kamnosu-in-yang hŭmppŏk masyŏ-bogop'a (HS, 210).	Ich möchte, ach, versuchen, mich (mit Tau), als wäre es des Lebens Nektar, ganz vollzutrinken.

ko ro   고로   5,6-goro   (§ 2.24.4)

Nominalwertige Konjunktionalform (S), bestehend aus dem Nominalisator ko (SK 故 Ursache) in der Stellung nach nicht futurischen Partizipien und verbunden mit der instrumental-direktionalen Postposition -ro. Bezeichnet kausale Nebensätze.

묘혜 또한 글을 아는 고로 소저의 문장 필법을 크게 칭찬하며...	Myohye ttohan kŭr-ŭl anŭn'goro sojŏ-ŭi mun=jang-p'ilppŏb-ŭl k'ŭge ch'ingch'an-hamyŏ... (PY, 143).	Da Myohye auch die Literatur kennt, lobt sie den Stil der Schrift des Fräuleins sehr...
지금 세상의 계집아이는 예전 룽기와 같지 아니한고로 침선 방적은 대강이나 알아두면 그만 이로다.	Chigŭm sesang-ŭi kyejib-ai-nŭn yejŏn-p'unggi-wa katchi-ani-han'goro ch'imsŏn-bangjŏg-ŭn taegang-ina ara-dumyŏn kŭman-iroda (Ye, 10).	Da die Mädchen von heute den Sittenregeln von einst nicht entsprechen, lassen sie es gut sein, wenn sie vom Nähen und Weben nur das Wichtigste wissen.

ko sip' ta 고싶다 1-ko-sipta (§ 4.12)

Kompositionelle Verbalform zur Bezeichnung des Optativs, bestehend aus der koordinativen Verbalendung -ko (§ 2.24.1) und dem Verb sipta (wollen). Bei einem Subjekt der 3. Person wird statt sipta 싶어하다 sip'ŏ-hada gebraucht (vgl. jap. -tai: 1. und 2. Person, -tagaru: 3.Pers.).

어머니, 아버지 보고 싶어.	Ŏmŏni, abŏji pogo-sip'ŏ (K 3-1, 102).	Mutter, ich möchte Vater sehen.
모두 네 아름다운 노래를 듣고싶어 합니다.	Modu ne arŭmdaun norae-rŭl tŭkko-sip'ŏ-hamnida (K 2-1, 83).	Alle möchten dein schönes Lied hören.

ko sŏ 고서 1-kosŏ (§ 2.24.2)

Zusammengesetzte Konjunktionalform, bestehend aus der koordinativen Verbalendung -ko und der temporalen Verbalendung -sŏ. Bezeichnet einen temporalen Nebensatz der Vorzeitigkeit: "als", "nachdem". Die Form kann durch die Postposition -to "sogar" (고서도-kosŏdo) oder -man "nur" (고서만-kosŏman) modifiziert werden: "selbst wenn" (konzessiv) bzw. "wenn nur". Vgl. auch ko sŏ nŭn.

장래를 믿고서, 견디었읍니다.	Changnae-rŭl mikkosŏ, kyŏndiŏssŭmnida (K 4-2, 59).	Als er an die Zukunft glaubte, hielt er es aus.
나는 봉지에 꽃씨를 받아 넣고서,	Na-nŭn pongji-e kkot=ssi-rŭl pada-nŏk'osŏ,	Nachdem ich den Blumensamen in eine Papier-

나팔꽃 이라고 써 두었다.	nap'alkkoch'-irago ssŏ-tuŏtta (K 3-1, 46).	tüte getan hatte, schrieb ich (darauf): "Trompetenblume" (Trichterwinde).
이 이야기를 듣고서도, 소금바다에 헤엄을 배우러 가고 싶읍니까.	I-iyagi-rŭl tŭk<u>kosŏdo</u>, sogŭmbada-e heŏm-ŭl paeurŏ kago-sip'ŭmnik=ka? (K 3-1, 91).	Selbst wenn ihr diese Geschichte gehört habt, wollt ihr gehen, um im Salzmeer schwimmen zu lernen?

<u>ko sŏ nŭn</u> 고서는 1-kosŏnŭn (§ 2.24.3)

Intensivform von -kosŏ (s.o.), gekennzeichnet durch die elative Postposition -nŭn. Bezeichnet einen konditionalen Nebensatz der Vorzeitigkeit: "wenn (... dann)".

이 글을 읽고서는, 이 감나무가 어디 있는것 인지 알수가 없다.	I-gŭr-ŭl ik<u>kosŏnŭn</u>, i-gamnamu-ga ŏdi innŭn-gŏs-inji al-ssu-ga ŏp=ta (K 3-2, 13).	Wenn man diesen Aufsatz gelesen hat, kann man nicht verstehen, wo sich dieser Persimonienbaum befindet.
이러한 느낌들은 우리 말 우리 글이 아니고서는 나타낼수 없을 일이다.	Irŏ-han nŭkkimdŭr-ŭn uri-mal uri-gŭr-i ani=<u>gosŏnŭn</u> nat'anael-ssu-ŏpsŭr-ir-ida (K 6-2, 31).	Wenn es unsere Sprache und Literatur nicht gegeben hätte, könnte er solche Gefühle gewiß nicht zum Ausdruck bringen.

<u>ko sŏ to</u> s. <u>ko sŏ</u>

<u>ko to</u> 고도 1-kodo (§ 2.24.5)

Zusammengesetzte Konjunktionalform, bestehend aus der koordinativen Verbalendung -ko und der konzessiven Verbalendung -to. In der Stellung nach qualitativen Verba gebräuchlich, bezeichnet eine konzessive Einschränkung: "wenn auch".

참 반갑고도 서운한 꿈이야.	Ch'am pangap<u>kodo</u> sŏun-han kkum-iya (K 4-1, 18).	Es ist wirklich ein trauriger, wenn auch angenehmer Traum.
아름답고도 구슬픈 곡조에 취하여. . .	Arŭmdap<u>kodo</u> kusŭlp'ŭn kokcho-e ch'ui-hayŏ... (K 5-2, 69).	Berauscht durch die traurige, wenn auch schöne Melodie...

<u>ko ya</u> 고야 1-koya (§ 2.24.3)

Aus der koordinativen Verbalendung -ko und der konditionalen Verbalendung -ya zusammengesetzte Konjunktionalform, die eine Bedingung der Vorzeitigkeit oder eine einschränkende Bedingung bezeichnet: "erst wenn" bzw. "nur wenn". Im Hauptsatz folgt im zweiten Fall generell eine rhetorische Frage. Siehe 3-ya.

내 몸이 아니 가고야 허다한 일이 한가지나 될쏘냐.	Nae mom-i ani-ga<u>goya</u> hŏda-han ir-i han-gaji-na toelssonya? (ChK III-II, 115).	Wenn meine Person nicht ginge, wäre es dann möglich, daß auch nur eines der zahlreichen Dinge zustande käme?
잠이 드는것을 보고야 밖으로 나가셨읍니다.	Cham-i tŭnŭn-gŏs-ŭl po=<u>goya</u> pakk-ŭro nagasyŏs=sŭmnida (K 5-2, 71).	Erst als sie gesehen hatte, daß er einschlief, ging sie hinaus.

<u>ko ya</u> 고야 1,5-koya (§ 2.13.11)

Emphatische Terminalform im Assertiv. Anschluß an die Basis qualitativer Verba oder an das Präsenspartizip prozessiver Verba. Variante der älteren S zu -kuna (s.d.).

내 벗이 몇이나 하니 수석과 송죽이라. 동산에 달 오르니, 긔 더욱 반갑고야.	Nae pŏs-i myŏch'-ina hani susŏk-kwa songjug-ira. Tongsan-e tal orŭ=ni, kŭi tŏuk pangap<u>koya</u> (ChK III-II, 140).	Wenn ich sage, wieviele meine Freunde sind: Wasser und Fels, Kiefer und Bambus sind es. Wenn der Mond über des Ostbergen aufsteigt, ist das noch lieblicher, fürwahr.
옥에 흙이 묻어 길가에 버렸으니, 오는 이 가는 이 다 흙이라 하는고야.	Og-e hŭlg-i mudŏ kilga-e pŏryŏssŭni, onŭn i kanŭn i ta hŭlgira ha=nŭn<u>goya</u> (ChK III-II, 139).	Am Edelstein haftete Schmutz, und (so) warf ich (ihn) an des Weges Rand; und alle, die da kommen und gehen, sagen wahrlich, es ist Schmutz.

<u>ko ya mal ta</u> 고야말다 1-koya-malda (§ 4.11)

Kompositionelle Verbalform, bestehend aus der koordinativen Verbalendung -ko (§ 2.24.1), der konditionalen Verbalendung -ya (§ 2.24.3) und dem Hilfsverb der Vollendung malda. Da -ya auch zur Bildung des Necessativs gebraucht wird (s. -ya-hada, -ya-doeda), steht obige Verbindung diesem Modus nahe und bedeutet: "unbedingt vollenden (müssen)".

억세고 끈기있게 싸워서 이것을 끝끝내 물리치고야 말았다.	Ŏksego kkŭn'gi-ikke ssa=wŏsŏ igŏs-ŭl kkŭkkŭnnae mullich'igoya-maratta (K 6-2, 129).	Hart und zäh kämpfend haben wir es schließlich vollends abgewehrt.
명예는 때만 오면 내 손에 들어오고야 말걸.	Myŏngye-nŭn ttae-man o=myŏn nae son-e tŭrŏ-ogo=ya-malkkŏl (K 4-2, 57).	Wenn nur die Zeit kommt, wird wohl der Ruhm schließlich in meine Hände kommen müssen.

ko yo 고요 1-koyo (§ 2.11.41)

Verbindung der koordinativen Verbalendung -ko (§ 2.24.1) mit der Terminalform yo der 4. Soziativstufe der Kopula ida. Terminalform der höflichen Sprechweise, kann als Deklarativ, Interrogativ, Imperativ und Propositiv fungieren, in Abhängigkeit von der Intonation (§ 2.11.40.1).

나리 나리 개나리 입에 따다 물고요.	Nari nari kaenari ib-e ttada mulgoyo (K 2-1, 21).	Die Forsythienblüten picken sie mit dem Schnabel ab.
까치 까치 설날은 어저께고요.	KKach'i kkach'i sŏllar-ŭn čjŏkkegoyo (K 6-1, 54).	Elstern-Neujahrstag war gestern (Silvester).

kŏ s. kŏs i ta

kŏl 걸 5,7-kŏl (§ 4.31.2)

Nominalwertiges Verbalsuffix (< 것을 -kŏs-ŭl ?) in der Stellung nach futurischen, selten auch präsentischen Partizipien: 는걸 -nŭn'gŏl, ㄹ걸 -lkkŏl, 겠는걸 -kennŭn'gŏl. Bezeichnet Vermutung oder Wahrscheinlichkeit in emphatischer Ausdrucksweise: "ich meine, daß...fürwahr", "es scheint wirklich", "eigentlich müßte doch". Als Dialektform erscheint 거로 7-kkŏro.

아기염소도 긴 수염이 있는걸.	Agi-yŏmso-do kin suyŏm-i innŭn'gŏl (K 1-2, 65).	Auch die kleinen Ziegen haben, meine ich, einen langen Bart.
대단히 아프겠는걸.	Taedanhi ap'ŭgennŭn'gŏl (K 2-2, 30).	Das muß doch sehr schmerzhaft sein.
저 사막 같은 데서는 물도 아마 먹	Chŏ-samak kat'ŭn te-sŏnŭn mul-do ama p'ŏk	An einem Platz wie jener Wüste dürfte auch

비쌀 걸.	pissalkkŏl (K 4-2, 4).	Wasser wohl sehr teuer sein.
차라리...타관에 나 쫓아 버릴거로.	Ch'arari...t'agwan-ena tchoch'a-bŏrilkkŏro (HSiMCh 9, 378).	Lieber hätte ich (ihn) weggetrieben in ein anderes Land.

kŏn s. kŏ na

kŏ na 거나 1-kŏna (§ 2.24.7)

Distributive Konjunktionalform, deren Endungsmorphem mit dem adversativ-konzessiven 2-na (s.d.) identisch ist. Verbindet Sätze, die in einem Wechselverhältnis stehen: "ob...oder", "(entweder) oder", "(weder) noch". Das Formans -kŏna kann auch postpositionell an Terminalformen gehängt werden: -tagŏna. Eine verkürzte Nebenform von -kŏna lautet 건 -kŏn.

엎드려서 공부를 하거나, 어두운 데서 책을 읽으면 눈이 나빠지는 거란다.	Ŏpttŭryŏsŏ kongbu-rŭl hagŏna, ŏduun tesŏ ch'aeg-ŭl ilgŭmyŏn nun-i nappachinŭn-gŏranda (< -kŏs-iranda) (K 2-1, 50).	Wenn man auf dem Bauche liegend Schularbeiten macht oder an einem dunklen Ort ein Buch liest, werden die Augen schlecht, heißt es.
욕 하거나, 때리거나, 천대하지 맙시다.	Yok-hagŏna, ttaerigŏna, ch'ŏndae-haji-mapsida (K 4-1, 122).	Laßt uns (sie) weder beschimpfen, schlagen noch erniedrigen!
기차가 달린다거나 사람이 걸어간다거나 하는것만으로도 사람들의 눈을 충분히 놀라게 하였읍니다.	Kich'a-ga tallindagŏna saram-i kŏrŏ-gandagŏna-hanŭn-gŏn-manŭrodo saramdŭr-ŭi nun-ŭl ch'ungbunhi nollage-hayŏssŭmnida (K 5-1, 110).	Allein auch dadurch, daß ein Zug dahineilt oder ein Mensch zu Fuß geht, setzte es die Augen der Menschen ganz und gar in Erstaunen.
시민들이야 죽건 말건, 서울거리야 부서지건 말건, 공산군에게는 아무 거리낌도 없는 것 같았다.	Simindŭr-iya chukkŏn malgŏn, sŏul-kkŏri-ya pusŏjigŏn malgŏn, kongsan'gun-egenŭn amu kŏrikkim-do ŏmnŭn-gŏt-kat'atta (K 6-1, 127).	Ob die Stadtbevölkerung stirbt oder nicht, ob die Straßen der Hauptstadt zerstört werden oder nicht, schien den kommunistischen Truppen überhaupt keine Sorgen zu bereiten.

kŏ ni	거니	1,4-kŏni	(§ 2.24.4/7)

Konjunktionalform kausaler Bedeutung der älteren S. Nach der Kopula lautet die Form 어니 ŏni. Das Endungsmorphem ist mit dem kausalen 2-ni (s.d.) identisch. Im Hauptsatz folgt auf -(k)ŏni häufig eine rhetorische Frage. In der Wiederholung, nach zwei Prädikaten gesetzt, bildet -(k)ŏni distributive Nebensätze (vgl. -kŏna): "ob...oder", "entweder... oder" (mit folgendem Hilfsverb hada).

나는 젊었거니 돌인 들 무거울까.	Na-nŭn chŏlmŏkkŏni tor-indŭl mugŏulkka? (K 6-2, 36).	Da ich jung bin, wenn es auch ein Stein ist, ist er (für mich zu) schwer?
물아 일체어니, 흥이 애 다를소냐.	Mura-ilch'e-ŏni, hŭng-i-ae tarŭlssonya? (KK III, 162).	Da die Dinge und das Ich eine Einheit sind, sollte die Freude unterschiedlich sein?
청년 한 사람이 와서 영감을 뵈옵자고 하다가 못 뵈옵는다거니 뵈옵는다거니 하다가 갔다는 것이다.	Ch'ŏngnyŏn han-saram-i wasŏ yŏnggam-ŭl poeop=chago-hadaga mot-poeom=nŭndagŏni poeomnŭndagŏni hadaga kattanŭn-gŏs-ida (HYSCh 7, 147).	Ein junger Mann kam und wollte immer wieder den hohen Herrn sehen, aber man sagte entweder, er könne ihn nicht sehen, oder man sagte, er (könne) ihn sehen, und da ging er, so heißt es.

kŏ ni wa	거니와	1-kŏniwa	(§ 2.24.5)

Konzessive Konjunktionalform, zusammengesetzt aus der kausalen Konjunktionalform -kŏni (s.o.) und der koordinativen Postposition -wa. Nach der Kopula wird die Nebenform 어니와 -ŏniwa gebraucht. Bezeichnet einen Sachverhalt, dem im Folgesatz ein anderer, oft als Steigerung, gegenübergestellt wird: "(zwar) doch (mehr noch)".

나무가 많이 우거지면 경치도 좋거니와, 여름에 큰 물도 안 나고, 또 가물도 타지 않게 된단다.	Namu-ga manhi ugŏjimyŏn kyŏngch'i-do chok'ŏniwa, yŏrŭm-e k'ŭn mul-do an-nago, tto kamul-do t'a=ji-ank'e-doendanda (K 3-1, 13).	Zwar ist die Szenerie schön, wenn die Bäume dicht stehen, doch (mehr noch) entsteht im Sommer keine Überschwemmung, und auch zu einer Dürre kommt es nicht, wie es heißt.

버들 빛도 아름답거니와, 그보다 강건너 경치는 가슴속까지 시원하구나.	Pŏdŭl pit-to arŭmdap=<u>kŏniwa</u>, kŭ-boda kang kŏnnŏ kyŏngch'i-nŭn ka=sŭm-sok-kkaji siwŏn-haguna (K 3-2, 33).	Wenn auch die Farbe der Weiden schön ist, mehr noch erfrischt bis ins tiefste Innere die Szenerie jenseits des Flusses.
유우엔군의 눈부신 활약은 이미 우리가 잘 아는 바이어니와, 유우엔은 군대파견 뿐만아니라, 그 기구를 통하여 여러가지로 우리를 도와주고 있는것 이다.	Yuuen'gun-ŭi nunbusın hwaryag-ŭn imi uri-ga chal anŭmba-i<u>ŏniwa</u>, Yu=uen-ŭn kundae-p'agyŏn-ppunman-anira, kŭ-kigu-rŭl t'ong-hayŏ yŏrŏ-ga=ji-ro uri-rŭl towa-jugo innŭn-gŏs-ida (K 6-1, 152).	Die glänzenden Aktionen der UN-Truppen kennen wir zwar schon gut, doch nicht nur mit dem Abordnen von Militäreinheiten, mit ihrer ganzen Organisation hilft uns die UN auf verschiedenste Weise (so ist es).

<u>kŏn ka</u> s. <u>ka</u> (5,6-ga), <u>kŏs i ta</u>

<u>kŏn ma nŭn</u> 건마는 1,4-kŏnmanŭn (§ 2.24.6)

Kompositionelle Konjunktionalform, auch verkürzt zu 건만 -kŏnman, bestehend aus der Verbalendung -kŏn (< -kŏna? -kŏs?) und der adversativen Postposition -man(ŭn); bezeichnet adversative Nebensätze (jap.-ga). Nach der Kopula steht die Nebenform 언만, 언마는 -ŏnman(ŭn).

집집마다 대문과 방문이 휑하게 열려 있건만, 사람은 그림자도 볼수 없겠읍니다.	Chip-chim-mada taemun-gwa pangmun-i hweng-hage yŏllyŏ-ik<u>kŏnman</u>, saram-ŭn kŭrimja-do pol-ssu-ŏpsŏssŭmnida (ChK I-I, 76).	Die Haustüren und Zimmertüren aller Häuser standen verlassen und offen, doch nicht einmal den Schatten eines Menschen konnte man sehen.
떠날 무렵에 봉황대에 올랐건만, 잔뜩 찌푸린 날씨에 짙은 안개는 내눈까지 흐리게 하고 말았다.	Ttŏnal muryŏb-e pong=hwangdae-e ollak<u>kŏnman</u>, chanttŭk tchip'urin nal=ssi-e chit'ŭn angae-nŭn nae nun-kkaji hŭrige-hago-maratta (K 6-1, 95).	Als ich aufbrechen wollte, stieg ich auf die Phoenixterasse, doch bei dem völlig bewölkten Wetter ließ es den dichten Nebel schließlich bis in meine Augen dringen.
날마다 하는 일이언만, 낙엽은 어느덧 날고 떨어져서 또	Nal-mada hanŭn ir-i<u>ŏnman</u>, nagyŏb-ŭn ŏnŭdŏt nalgo ttŏrŏjŏsŏ tto-dasi ssa=	Es ist eine Arbeit, die ich täglich mache, aber das Herbstlaub fliegt

다시 쌓이는 것이다.	hinŭn-gŏs-ida (HSuMCh 2, 267).	überall umher und fällt herunter, und dann wird es wiederum aufgehäuft.

kŏn tae　　건대　　1-kŏndae　　(§ 2.24.3/4)

Konjunktionalform der älteren S, bezeichnet einen Nebensatz konditionaler oder kausaler Bedeutung (vgl. -kŏni, kŏnŭl, kŏdŭn). Nach der Kopula steht die Nebenform 언대-ŏndae.

설명하는 이의 말을 듣건대, 이 탑은 한층마다 돌 하나로 되었다 한다.	Sŏlmyŏng-hanŭn i-ŭi mar-ŭl tŭkkŏndae, i-t'ab-ŭn han-ch'ŭng-mada tol ha=na-ro toeŏtta-handa (K 6-1, 1o1).	Wenn man die Worte des Erklärers hört, so soll diese Pagode in jedem einzelnen Stockwerk aus einem Stein entstanden sein.
젊은것들이 철없이 잘못 하였으니, 청ㅎ건대 부인은 노를 푸시고 용서 하소서.	Chŏlmŭn kŏttŭr-i ch'ŏr-ŏpsi chalmot-hayŏssŭni, ch'ŏng-k'ŏndae puin-ŭn no-rŭl p'usigo yongsŏ-hasosŏ (ChK III-II, 120).	Da die jungen Leute gedankenlos gefehlt haben, sollten Sie, gnädige Frau, wenn ich bitten darf, Ihren Unmut aufgeben und verzeihen.

kŏ nŭl　　거늘　　1-kŏnŭl　　(§ 2.24.4/5)

Konjunktionalform der älteren S (< Präteritalmorphem -kŏ + Partizipialmorphem -n + Akkusativpostposition -ŭl ? oder < Formalnomen kŏs + Kopulapartizip in + Pluralmorphem -tŭl ?). Bezeichnet einen kausalen oder konzessiven Nebensatz: "obgleich", "da". Nach der Kopula steht in der Regel die Nebenform 어늘 -ŏnŭl.

어머니란 말조차가 이와같이 쭈그러들고 오그라 들었거늘, 그 나머지의 말들이야 일러 무엇 하리요.	Ŏmŏni-ran mal-joch'a-ga i-wa-gat'i tchugŭrŏ=dŭlgo ogŭra-dŭrŏkkŏnŭl, kŭ-namŏji-ŭi maldŭr-iya illŏ muŏt-hariyo (ChK III-II, 8).	Da sogar das Wort ŏmŏni 'Mutter' auf diese Weise zusammengedrückt und verkürzt wird, was soll man da noch über die übrigen Wörter reden.
거대한 석재를 마음대로 뜻대로 쓰던 당시 이거늘, 무엇이 부족하여 군색한 땜질을 하였을 리가	Kŏdae-han sŏkchae-rŭl maŭm-daero ttŭt-taero ssŭdŏn tangsi-igŏnŭl, muŏs-i pujok-hayŏ kun=saek-han ttaemjir-ŭl	Weil es eine Zeit war, da man nach Wunsch und Laune riesige Steine gebrauchte, lag überhaupt kein Grund vor, eine

만무한 일이다.	hayŏssŭl li-ga manmu-han ir-ida (ChK II-I, 56).	Ausbesserung wegen irgendetwas Mangelhaftem oder Unzulänglichem vorzunehmen.
이 또한 인생의 즐거운 일이어늘, 오늘 통소소리 옛날곡조 아님은 어찜 이니이고.	I ttohan insaeng-ŭi chŭl=gŏun ir-i<u>ŏnŭl</u>, onŭl-t'ongso-sori yennal-kok=cho anim-ŭn ŏtchim-ini=ikko (Ye, 117).	Obgleich dies auch etwas Erfreuliches im Leben ist, wie steht es damit, daß die heutigen Klänge der Bambusflöte nicht die Melodie der alten Tage sind?

<u>kŏ ra</u> 거라 1-kŏra (§ 2.11.24)

Variante der Imperativform 3-ra der 2. Soziativstufe (s.d.), gebräuchlich nach den Verben 가다 kada (gehen), 타다 t'ada (fahren), 나다 nada (erscheinen), 자다 chada (schlafen), 앉다 antta (sich setzen), 있다 itta (dasein), 크다 k'ŭda (groß werden), 눕다 nupta (liegen); bei letzterem 누어라 nuŏra neben 눕거라 nupkŏra.

어서 집으로 돌아 가거라.	Ŏsŏ chib-ŭro tora-ga<u>gŏra</u>! (K 3-1, 53).	Wohlan, geh nach Hause zurück!
얘, 너 이 당나귀 타거라.	Yae, nŏ i-tangnagui t'a<u>gŏra</u> (K 3-2, 20).	Nun, reite du auf dem Esel!
무럭 무럭 자라나거라. 씩씩하게 크거라 .	Murŏng-murŏk chara-na<u>gŏ=ra</u>! Ssikssik-hage k'ŭ=gŏra! (K 5-1, 12).	Wachse schnell empor, werde tüchtig groß!

<u>kŏ ra ko</u> 거라고 7-kkŏrago (§ 4.31)

Kontraktionsform von -kŏs-irago, bezeichnet den Quotativ (-rago bei der Kopula ida, § 4.13) nach einem Ausdruck der Wahrscheinlichkeit oder Notwendigkeit: "sagen (meinen), daß wohl ist / sein muß". Siehe kŏs i ta.

마음대로 딸수 있을 거라고 생각했다.	Maŭm-daero ttal-ssu-is=sŭl-<u>kkŏrago</u> saenggak-haetta (K 3-2, 10).	Ich dachte, daß ich (sie) wohl nach Herzenslust pflücken könnte.
밤이 되면 추울거라고, 오빠들의 옷을 옥속에 넣어 주었읍니다.	Pam-i toemyŏn ch'uul-<u>kkŏrago</u>, oppadŭr-ŭi os-ŭl oksog-e nŏhŏ-chuŏs=sŭmnida (K 3-2, 80).	Meinend, daß es wohl kalt sein werde, wenn es Nacht wird, brachte er (ihr) die Gewänder der Brüder ins Gefängnis.

kŏ ri ta 거리다 -kŏrida (§ 4.16.2)

Hilfsverb zur Bezeichnung der durativen oder iterativen Aktionsart nach onomatopoetischen Adverbien. Vgl. tae ta.

흰 배를 만져 보고, 공도 쳐다 보고, 하나만 하나만 하고 입속으로 중얼거렸읍니다.	Hŭin pae-rŭl manjŏ-bogo, kong-do ch'ŏda-bogo, ha=na-man hana-man hago ip=sog-ŭro chungŏl-gŏ=ryŏssŭmnida (K 2-2, 22).	Er faßte kurz ein wei-ßes (Spielzeug) Schiff an, blickte auch zu ei-nem Ball empor und mur-melte vor sich hin: "Eins nur, eins."
이것 저것 두리번거리다가, 큰 비행기가 눈에 띄었읍니다.	Igŏt chŏgŏt turibŏn-gŏridaga, k'ŭn pihaeng=gi-ga nun-e ttŭiŏssŭm=nida (a.a.O.).	Er schaute dies und das an, und da fiel ihm ein großes Flugzeug ins Au-ge.

kŏ ro s. kŏl

kŏs 것 5,6,7-kŏs (§ 3.25)

kŏs (Sache) dient als häufigster Nominalisator zur Nominalisierung verbaler Ausdrücke oder Nebensätze wie auch im Verbande kompositioneller Verbalformen. Man beachte die Bedeutungsunterschiede in Abhängigkeit von der vorangehenden Partizipialform: 한 것 han-gŏt "das, was man getan hat", 하는 것 hanŭn-gŏt "das, was man tut", 할 것 hal-kkŏt "das, was man tun wird". In der U wird kŏs häufig zu 거 kŏ, kŏs-i zu 게 ke gekürzt. Siehe kŏs i ta, kŏs kat'ta, kŏs ta.

쓴 것 좀 보여다오.	Ssŭn-gŏt chom poyŏ-dao (K 3-2, 12).	Zeig mir mal, was du ge-schrieben hast.
벌들이 꽃밭에서 바쁜듯이 역사를 하고 있는 것을 볼 것 입니다.	Pŏldŭr-i kkoppat'-esŏ pappŭn-dŭs-i yŏksa-rŭl hago-innŭn-gŏs-ŭl pol-kkŏs-imnida (K 6-1, 60).	Man kann sehen, wie die Bienen auf den blühen-den Feldern, gleichsam beschäftigt, dabei sind, ihre Arbeit zu tun.
선생님은 널 야단치러 온게 아니야.	Sŏnsaengnim-ŭn nŏ-l yadan-ch'irŏ on-ge ani=ya (ChK I-II, 120).	Es ist nicht so, daß der Herr Lehrer gekommen ist, um dich zu schelten.

kŏs i ta 것이다 5,6,7-kŏs-ida (§ 4.31)

Kompositionelle Verbalform, bestehend aus dem Nominalisator kŏs (s.o.) und der Kopula ida. Nach dem Partizip präsentis und präteriti bezeichnet der Ausdruck die Tatsächlichkeit ("so ist es"), nach dem Futurpartizip die Wahrscheinlichkeit ("so wird es wohl sein"), die Notwendigkeit ("so muß es sein"), die Möglichkeit ("so kann es sein") oder, bei einem Subjekt der 1. Person, die Absicht ("so will ich tun"). Man beachte die zahlreichen Kontraktionen der U: -kŏl, -kŏn'ga, kŏrago, -kŏya, -kŏyo, -kŏyŏyo, -keda, -keji, -keyo, -kke (s.d.), in denen kŏs stets zu 거 kŏ gekürzt wird.

우리 나라 를 위하여 큰 일을 하는 것인지 모르는 것입니다.	Uri-nara-rŭl wihayŏ k'ŭn ir-ŭl hanŭn-gŏs-inji mo=rŭnŭn-gŏs-imnida (K 4-1, 5).	Es ist so, daß wir nicht wissen, ob wir für unser Land eine große Sache tun.
더 훌륭한 대한민국이 되어 세계에 빛나게 될 것입니다.	Tŏ hullyung-han Taehan-min'gug-i toeŏ segye-e pinnage toel-kkŏs-imni=da (K 4-2, 144).	Eine noch großartigere Republik Korea muß werden und in der Welt erstrahlen.
선생님께서도 참석하실 것이다.	Sŏnsaengnim-kkesŏdo ch'amsŏk-hasil-kkŏs-ida (K 5-1, 15).	Auch der Herr Lehrer wird wohl teilnehmen.

kŏs (man) kat' ta   것만 같다   5,6,7-kŏt-(man)katta   (§ 4.31)

Kompositionelle Verbalform, bestehend aus dem Nominalisator kŏs (s. d.) und dem als Hilfsverb fungierenden katta (gleichen). Zur Intensivierung kann die Postposition -man eingeschaltet werden. Bezeichnung des Anscheins (jap. -sō-da). Siehe mo yang.

필요 없을 것 같다.	P'iryo ŏpsŭl-kkŏt-katta (K 3-2, 14).	Es scheint nicht notwendig zu sein.
둘이 메고 가는 편이 옳을 것 같소.	Tur-i mego kanŭn p'yŏn-i orhŭl-kkŏt-kasso (K 3-2, 24).	Die Art, (ihn) zu zweit auf der Schulter zu tragen und zu gehen, scheint richtig zu sein.
그 사람은 껄껄 웃을 것만 같았읍니다.	Kŭ-saram-ŭn kkŏlkkŏl usŭl-kkŏn-man kat'as=sŭmnida (K 4-1, 102).	Dieser Mann schien laut zu lachen.

kŏs ta   것다   1-kŏtta   (§ 4.31)

Kompositionelle Verbalform, bestehend aus dem Nominalisator kŏt (s.d.) und dem Verbalformans -ta (< ida); dient zur nachdrücklichen Bezeichnung der Tatsächlichkeit: "Es ist (in der Tat) so, daß".

함지박에는 갓 쪄서 김이 모락모락 나는 노란 옥수수가 먹음직스럽게 담겨 나오는 법이 것다.	Hamjibag-enŭn kat tchŏ=sŏ kim-i morang-morang-nanŭn noran oksusu-ga mŏgŭmjiksŭrŏpke tamgyŏ-naonŭn-bŏb-igŏtta (ChK I-I, 70).	So eben (wrtl.: "es ist so, daß es die Art ist, wie") wird der gelbe Mais, von dem, gerade gedünstet, der Dampf emporsteigt, appetitlich in die Holzschüssel gefüllt.
햇밀에다 굵직 굵직 하고 얼룩얼룩한 강남콩을 두고 만든 밀범벅이 또 있것다.	Haemmir-eda kukchik-kuk=chik-hago ŏlluk-ŏlluk-han kangnamk'ong-ŭl tu=go mandŭn milbŏmbŏg-i tto ikkŏtta (ChK I-I, 71).	Es ist so, daß es auch aus Weizen neuer Ernte bereiteten Brei gibt, in den dicke, gesprenkelte Chinabohnen hineingetan sind.

kŏ tŭn 거든 1-kŏdŭn (§ 2.24.3)

Konjunktionalform zur Bezeichnung konditionaler Nebensätze: "gesetzt den Fall", "falls", "wenn". Nach der Kopula steht in der Regel die Nebenform 어든 -ŏdŭn. 하거든 hagŏdŭn wird in der älteren S mitunter zu 커든 k'ŏdŭn gekürzt. Vgl. kŏn tae.

만들거든 봐.	Mandŭlgŏdŭn pwa! (K 2-2, 25).	Wenn ich (es) gebaut habe, schau (es dir) an!
국군이 오거든 큰 소리로 불러라.	Kukkun-i ogŏdŭn k'ŭn sori-ro pullŏra! (K 3-1, 107).	Falls die Regierungstruppen kommen, rufe laut!
은혜를 갚겠다거든 하다못해 새 물동이라도 하나 달라지.	Ŭnhye-rŭl kapketta-gŏdŭn (< -tago-hagŏdŭn) hada-mot-hae sae-mullton=gi-rado hana tallaji (K 3-1, 54).	Wenn er sagt, daß er die Wohltat zurückzahlen werde, solltest du wenigstens um einen neuen Wasserkübel bitten.
늙기도 설워라커든 짐을조차 지실까.	Nŭkki-do sŏrwŏrak'ŏdŭn (< irago-hagŏdŭn) chim-ŭl-joch'a chisilkka? (K 6-2, 36).	Wenn es heißt, daß man traurig ist schon über das Alter, sollst du auch noch eine Last tragen?
촉국흥망이 어제 오늘 아니어든, 지금히	Ch'okkuk-hŭngmang-i ŏje onŭl aniŏdŭn, chigŭm-hi	Wenn gestern und heute nicht des Shu-Reiches

피나게 우러 남의 애를 긋나니.	p'i-nage urŏ nam-ŭi ae-rŭl kŭnnani? (PY, 100).	Aufstieg und Untergang sind, zerreißt du dir jetzt das Herz für andere (oh Kuckuck), blutige Tränen weinend?

kŏ tŭn　　거든　　1-kŏdŭn　　(§ 2.13.5)

Emphatische Terminalform (Affektiv) im Assertiv, 2. Soziativstufe; in gleicher Funktion wie -kuna oder -kun (s.d.). Wahrscheinlich aus dem konjunktionalen -kŏdŭn (s.o.) bei syntaktischer Inversion entwickelt.

짐승을 업신여기는 것도 나쁜 일이거든.	Chimsŭng-ŭl ŏpsinyŏginŭn-gŏt-to nappŭn ir-igŏdŭn (K 4-1, 102).	Auch ein Tier mißachten ist doch eine böse Tat.
사람은 자기가 실지로 느껴보지 않고는, 제일 귀한 것을 모르는 법이거든.	Saram-ŭn chagi-ga silji-ro nŭkkyŏ-boji-ank'onŭn, cheil kui-han-gŏs-ŭl mo=rŭnŭn-bŏb-igŏdŭn (K 4-2, 3).	Wenn der Mensch es nicht selbst in der Praxis zu fühlen versucht, so ist das (wahrlich) ein Weg, das Wertvollste nicht zu erkennen.

kŏ tŭn yo　　거든요　　1-kŏdŭnyo　　(§ 2.13.6)

Emphatische Terminalform (Affektiv) im Assertiv, 4. Soziativstufe (vgl. -kŏdŭn), gekennzeichnet durch die suffigierte Kopulaform yo der höflichen Sprechweise (§ 2.11.41). Als Variante tritt 거던요 -kŏdŏnyo auf.

제가 선생님의 꿈을 꾼 이튿날 선생님의 편지가 왔거든요 (왔거던요).	Che-ga sŏnsaengnim-ŭi kkum-ŭl kkun it'ŭnnal sŏn=saengnim-ŭi p'yŏnji-ga wak=kŏdŭnyo (wakkŏdŏnyo) (K 4-1, 25).	Ein Tag später, nachdem ich von Ihnen, Herr Lehrer, geträumt hatte, kam wahrhaftig ein Brief von Ihnen.

kŏ ya　　거야　　5,6,7-kŏya　　(§ 4.31.3)

Kontraktionsform der U aus 것이야-kŏs-iya, 1. Soziativstufe von kŏs-ida (§ 4.3). Terminalform, die in Abhängigkeit vom vorausgehenden Partizip Tatsächlichkeit, Wahrscheinlichkeit oder Notwendigkeit bezeichnet. Vgl. kŏs i ta.

지금 쓰지 않는거야.	Chigŭm ssŭji-annŭn-gŏya (K 1-2, 21).	Es ist so, daß ich es jetzt nicht benutze.

인제 곧 베어야 할거 야.	Inje kot peŏya-hal-kkŏya (K 2-2, 91).	Jetzt müssen wir unbedingt (die Gerste) schneiden.

kŏ yo   거요   5,6,7-kŏyo   (§ 4.31.3)

Kontraktionsform der U aus 것이요 -kŏs-iyo, 4. Soziativstufe von -kŏs-ida (§ 4.3). Terminalform gleicher modaler Funktion wie -kŏya (s.o.).

왜 자꾸 같은 말을 시키지 못해 애를 쓰는거요.	Wae chakku kat'ŭn mar-ŭl sik'iji-mot-hae ae-rŭl ssŭnŭn-gŏyo (K 6-2, 63).	Warum in der Tat strengen Sie sich an, nichts anderes zu tun als mich dauernd solche Worte sprechen zu lassen.

kŏ yŏ yo   거여요   5,6,7-kŏyŏyo   (§ 4.31.3)

Kontraktionsform der U aus 것이여요 -kŏs-iyŏyo, 4. Soziativstufe von -kŏs-ida (§ 4.3). Terminalform gleicher modaler Funktion wie kŏya (s.d.).

글짓기 한거 여요.	Kŭljikki-han-gŏyŏyo (K 3-2, 9).	Es ist so, daß ich einen Aufsatz geschrieben habe.
할아버지보다 먼저 새 물동이가 집에 가 있을 거여요.	Harabŏji-boda mŏnjŏ sae-multtongi-ga chib-e ka-issŭl-kkŏyŏyo (K 3-1, 55).	Eher als Ihr, Väterchen, wird wohl ein neuer Wasserkrug ins Haus gegangen sein.

ku s. ko (1,4-ko)

ku myŏn (yo)   구면(요)   (1),4,5-kumyŏn(yo)   (§ 2.13.6)

Emphatische Terminalform (Affektiv) im Assertiv, 1. Soziativstufe, bestehend aus dem Affektivformans -kŭ und der Konditionalform -myŏn (vgl. -kŏdŭn). Eine dialektale Nebenform lautet 구먼 -kumŏn. Anschluß an die Basis qualitativer Verba, an das Präsenspartizip prozessiver Verba oder an Temporalstämme. Mit folgendem -yo (§ 2.11.41) entspricht die Form der höflichen Sprechweise der 4. Soziativstufe.

아주 불공평 했구먼 요.	Aju pulgongp'yŏng-haekkumyŏnyo (ChK II-II, 105).	Das war sehr ungerecht.

kun (yo) 군 (요) (1),4,5-kun(yo) (§ 2.13.3/4)

Emphatische Terminalform (Affektiv) im Assertiv, 2. Soziativstufe, gekürzt aus 구나 -kuna (s.d.). In höflicher Sprechweise mit -yo (§ 2.11.41) verbunden (4. Soziativstufe).

장미꽃 아가씨도 늦잠 잘 때가 다 있군.	Changmikkoch'-agassi-do nŭtcham chal-ttae-ga ta ikkun (K 5-1, 56).	Es kommt auch mal vor, daß Fräulein Rose morgens lange schläft.
참말 그렇게 하면 되겠군.	Ch'ammal kŭrŏk'e hamyŏn toegekkun (K 2-2, 85).	Wenn man es so macht, wird es bestimmt werden.
그렇습니까. 윤선생님이시군요.	Kŭrŏssŭmnikka? Yun-sŏn=saengnim-isigunyo (K 61-1, 23).	So? Sie sind also Herr Yun.
실수 했읍니다. 고저윤 씨이군요.	Silssu-haessŭmnida. Ko Chŏyun-ssi-igunyo? (K 6-1, 23).	Ich habe mich geirrt. Sind Sie nun der Herr Ko Chŏyun?

ku na 구나 (1),4,5-kuna (§ 2.13.4)

Emphatische Terminalform (Affektiv) im Assertiv, 2. Soziativstufe. Anschluß an die Basis qualitativer Verba, an das Präsenspartizip prozessiver Verba oder an Temporalstämme.

야, 참 곱구나.	Ya, ch'am kopkuna! (K, 3-1, 11).	Ja, es ist wirklich schön!
아아, 모두들 기뻐서 만세를 부르는구나.	Aa, modudŭl kippŏsŏ manse-rŭl purŭnŭn'guna! (K 6-1, 117).	Ah, alle rufen froh Hurra!
참, 잘했구나.	Ch'am, chal haekkuna! (K 2-2, 19).	Wirklich, gut gemacht!
참 연못도 있구나.	Ch'am yŏmmot-to ikkuna! (K 1-1, 105).	Wirklich, sogar ein Lotosteich ist da!

kun ha ta 군하다 1-kun-hada (§ 4.16)

Kompositionelle Verbalform zur Bezeichnung der habituellen Aktionsart. Dialektale Nebenform von -konŭn-hada: -konŭn > kon > kun. Vgl. ko (nŭn) ha ta.

그는 피로할 때면 담배를 피우군 하겠	Kŭ-nŭn p'iro-halttae-myŏn tambae-rŭl p'iu=	Immer wenn er abgespannt war, pflegte er

웁니다.	gun-hayŏssŭmnida (ad hoc).	zu rauchen.
넓고 넓은 바닷가에 가서 마음껏 소리를 지르군 했다.	Nŏlkko-nŏlbŭn padakka-e kasŏ maŭmkkŏt sori-rŭl chirŭgun-haetta (ad hoc).	Immer wieder ging er zum weiten Meeresstrand und schrie nach Herzenslust.

ku ryo 구료 1,4,5-kuryo (§ 2.13)

Emphatische Terminalform (Affektiv) der 4. Soziativstufe. Kann eine emphatische Aussage, Frage oder Aufforderung bezeichnen.

글쎄 양식을 다 퍼내다가 팔아 먹는다는 구료.	Kŭlsse yangsig-ŭl ta p'ŏnaedaga p'ara-mŏng=nŭndanŭn'guryo (ChTK, 215).	Nun, es heißt wirklich, daß er die Lebensmittel herausnimmt und alle verkauft.
자식도 다 쓸데 없어. -그러면 집도 없겠구료.	Chasik-to ta ssŭltte-ŏpsŏ. - Kŭrŏmyŏn chip-to ŏpkekkuryo? (a.a.O.).	Auch Kinder sind alle ohne Nutzen. - Dann hat sie wohl auch kein Haus?

ku ryŏ 구려 1,4,5-kuryŏ (§ 2.13.1)

Emphatische Terminalform (Affektiv) im Assertiv, 4. Soziativstufe. Variante zu -kuryo (s.o.) dialektaler Färbung.

원, 채선생, 별 말씀을 다 하는구려. 다 하나님의 뜻대로 되겠지요.	Wŏn, Ch'ae-sŏnsaeng, pyŏl-malssŭm-ŭl ta ha=nŭn'guryŏ. Ta hananim-ŭi ttŭt-taero toekket=chiyo (KK I, 194).	Nun, Herr Ch'ae, Ihre Worte sind ganz unnötig. Es wird alles nach Gottes Willen werden.
이날껏 찾아 다니면서 나중에 이런 험한 꼴을 보자고 영감을 찾았구려.	Inalkkŏt ch'aja-dani=myŏnsŏ najung-e irŏn hŏmhan kkor-ŭl pojago yŏnggam-ŭl ch'ajakkuryŏ (Ye, 56).	Nachdem ich bis zum heutigen Tage suchend umhergewandert bin, habe ich schließlich, um so etwas Schreckliches zu sehen, Sie gefunden!

kŭ ryŏ 그려 -kŭryŏ (§ 2.13.2)

Emphatische Postposition nach Terminalformen der 3. und 5. Soziativstufe; bildet Affektivformen zur Bezeichnung einer nachdrücklichen Feststellung. Siehe so kŭ ryŏ.

덕분으로 세상이 아주 환해졌읍니다그려.	Tŏkpun-ŭro sesang-i aju hwanhae-jŏssŭmnida-kŭryŏ (K 4-2, 57).	Dank Ihrer Unterstützung ist die Welt ganz hell geworden.
몹시 무겁겠네 그려.	Mopsi mugŏpkenne-kŭryŏ (K 6-2, 69).	Es wird sehr schwer (für dich) sein.

kwan tae　　관대　　1,4-kwandae　　(§ 2.24.4)

Konjunktionalform der älteren S, die einen kausalen Nebensatz bezeichnet, dem ein als Frage formulierter Hauptsatz folgt: "ist es etwa aus dem Grunde, daß", "etwa wegen". Eine Nebenform lautet 관데 kwande.

네 무삼 변고 있관대 어린 아해 집을 바리고 어대로 가려 하는다.	Ne musam pyŏn'goe˛ik=kwandae ŏrin-ahae-jib-ŭl parigo ŏdae-ro karyŏ-hanŭnda? (KK II, 193).	Gibt es etwa irgendein Unglück, warum du das Haus des Kindes aufgeben und irgendwohin gehen willst?
창안에 혔는 촛불 눌과 이별 하엿관데 겉으로 눈물 지고 속 타는줄 모르는고.	Ch'ang-ane hyŏnnŭn (= k'yŏnnŭn) ch'oppul nul-gwa (= nugu-wa) ibyŏl-hayŏkkwande kŏt'ŭro nunmul chigo sok t'anŭn-jul morŭnŭn'go? (Ye, 208).	Ist es wegen der Trennung von jemandem, daß das Kerzenlicht, das im Fenster angezündet ist, nach außen Tränen vergießt, und man nicht weiß, daß es im Innern brennt?

kyŏl (e)　　결 (에)　　5,6-gyŏl(e)　　(§ 2.24.2/4)

Nominalwertige Konjunktionalform, bestehend aus dem Nominalisator kyŏl (<kyŏrŭl Frei-zeit) in der Stellung nach nicht futurischen Partizipien, fakultativ mit der Postposition -e (Lokativ) verbunden. Bezeichnet einen temporalen oder kausalen Nebensatz: "während", "infolge".

자기도 모르는 결에 방바닥에 산수화 치는 시늉을 낸다.	Chagi-do morŭnŭn'gyŏre pangbadag-e sansuhwa ch'inŭn sinyung-ŭl naenda (Pak Chonghwa: Tajŏng-pul=ssim, 5).	Ohne es selbst zu bemerken, tat er so, als ob er auf dem Fußboden ein Landschaftsbild · malte (wrtl. "während es ihm selbst nicht bewußt war").
너무나도 기쁜결에 어머님께 달려 갔읍니다.	Nŏmuna-do kippŭn'gyŏre ŏmŏnim-kke tallyŏ-gas=sŭmnida (ad hoc).	Da er gar so glücklich war, lief er zur Mutter.

kyŏm 겸 7-kkyŏm (§ 2.24.11)

Nominalwertige Konjunktionalform, bestehend aus dem Nominalisator kyŏm (SK 兼 gleichzeitig, zusammen) nach dem l-Partizip, zuweilen auch phonetisch 껌 geschrieben. Bezeichnet einen additiven Nebensatz in der Gleichordnung zu einem finalen Nebensatz (das l-Partizip vor dem Nominalisator bezeichnet die Zukünftigkeit der Handlungen): "um gleichzeitig zu".

밥을 먹고 물도 마실 겸 돌아왔읍니다.	Pab-ŭl mŏkko mul-do masilkkyŏm tora-wassŭm=nida (ad hoc).	Um zu essen und (gleichzeitig) zu trinken, bin ich zurückgekommen.
선생님도 뵙고 친구들도 만날겸 학교로 갑시다.	Sŏnsaengnim-do poėpko ch'in'gudŭl-do mannal=kkyŏm hakkyo-ro kapsida! (ad hoc).	Um den Lehrer zu sehen und die Freunde zu treffen, laßt uns in die Schule gehen!

k'i s. ki

k'ŏ nyŏng 커녕 5-k'ŏnyŏng (§ 2.24.6)

Nominalwertige Konjunktionalform, bezeichnet einen adversativen Nebensatz mit vergleichender Gegenüberstellung: "(anstatt daß) im Gegenteil", "(sondern) vielmehr", "weit entfernt zu".

할머니는 좋아하기는 커녕 더 성을 내면서, 또 다시 이렇게 말했읍니다.	Halmŏni-nŭn choha-hagi-nŭnk'ŏnyŏng tŏ sŏng-ŭl naemyŏnsŏ, tto tasi irŏ=k'e mar-haessŭmnida (K 3-1, 55).	Die Alte, weit entfernt sich (über den Kübel) zu freuen, wurde noch zorniger und sprach wiederum so (folgt Rede).
사방 어느 쪽을 보든지, 동네는 커녕 집 한채 보이지 않는 벌판 뿐입니다.	Sabang ŏnŭ-tchog-ŭl po=dŭnji, tongne-nŭn- (< tongne-inŭn) k'ŏnyŏng chip han-ch'ae poiji-annŭn pŏlp'an-ppun-im=nida (K 5-2, 25).	Nach welcher Seite der 4 Himmelsrichtungen man auch blickte, ist (dort) kein Dorf, sondern vielmehr eine Ebene, auf der kein Haus zu sehen ist.

k'ŏ tŭn s. kŏ tŭn (§ 2.24.3)

l ㄹ 2-l (§ 3.14)

Endung des Partizips futuri; Bezeichnung der Zukunft, Absicht oder

Ungewißheit. Als Kompositionsglied kompositioneller Verbalformen kann das l-Partizip unter Abschwächung oder Verlust seiner futurischen Geltung vor Nominalisatoren und nach Temporalstämmen in syntaktischer Funktion stehen: 을것 -ŭl-kkŏt, 을때 -ŭl-ttae bzw. 었을 -ŏssŭl, 겠을 -kessŭl. Siehe ka, ttae, chŏk, kŏs, su, tŭs u.a. Das Morphem -l bildet auch die Wurzel der Stammbildungsmorpheme -ri und ryŏ (s.d.).

이번에는 내가 문제를 낼 차례다.	I-bŏn-enŭn nae-ga munje-rŭl nael ch'are-da (K 3-1, 29).	Diesmal ist die Reihe an mir, eine Aufgabe zu stellen.
웃을 일이 아니어요.	Usŭl ir-i aniŏyo (ChK I-II, 115).	Es ist nichts zum Lachen (daß man lachen sollte).

l ka s. **ka** (7-kka)

m ㅁ 2-m (§ 3.22)

Nominalform des Verbs, die eine versachlichende Abstraktion zum Ausdruck bringt. Erscheint u.a. in pleonastischen Verbalobjekten (춤을 추다 ch'um-ŭl ch'uda einen Tanz tanzen) und, häufig in der Verbindung mit der Kopula ida, zur Bezeichnung des Hauptprädikats (S). Siehe mŭ ro.

어려움을 참는 씩씩한 어린이가 되자.	Ŏryŏum-ŭl ch'amnŭn ssik=ssik-han ŏrini-ga toeja (K 3-1, 20).	Laßt uns brave Jungens werden, die Schweres ertragen!
새싹 창간을 축하함.	Saessak-ch'anggan-ŭl ch'ukha-ham (K 5-1, 12).	Gratulation zur Erstausgabe des Saessak.
내 임군의 뜻을 이룸이로라.	Nae imgun-ŭi ttŭs-ŭl i=rum-irora (ChK III-II, 123).	Ich erfülle den Wunsch meines Herrschers.

ma 마 2-ma (§ 2.11.1 /2)

Deklarative Terminalform des Intentionalis in der 1. und 2. Soziativstufe, von der Nominalform auf -m (s.o.) mittels einer vokativen Postposition -a abgeleitet (§ 3.22.3). Bezeichnet die nachdrückliche Willensbekundung, das Versprechen des Aussagenden, etwas zu tun.

내가 뒤를 밀어 주마.	Nae-ga tui-rŭl mirŏ-juma (K 1-2, 14).	Ich werde dich von hinten anstoßen (beim Schaukeln).

내가 네 도끼를 찾아 주마.	Nae-ga ne tokki-rŭl ch'aja-j<u>uma</u> (K 2-1, 70).	Ich will dir deine Axt suchen.

<u>ma chi anh ta</u> 마지않다 3-maji-ant'a (§ 4.16.6)

Negationsform (vgl. chi a ni ha ta) einer kompositionellen Verbalform 3-malda (terminative Aktionsart), die affirmativ nicht gebräuchlich ist. Die Negationsform hat die Bedeutung: "nicht umhin können zu (tun)". Vgl. 마지 못하다 maji-mot-hada "nicht umhin können".

놀라 감탄하여 마지 않았읍니다.	Nolla-gamt'an-hayŏ-<u>maji-anhassŭmnida</u> (K 5-2, 83).	Sie konnten sich nicht genugtun vor Begeisterung.
그들은 곧 감격해 마지 않았읍니다.	Kŭdŭr-ŭn kot kamgyŏk-hae-<u>maji-anhassŭmnida</u> (K 5-2, 85).	Diese konnten sich nicht genugtun vor tiefer Dankbarkeit.
나는 새삼스러이 감격을 마지 못 하였다.	Na-nŭn saesamsŭrŏi kam=gyŏg-ŭl <u>maji-mot-hayŏtta</u> (HTMCh 3, 141).	Ich konnte nicht umhin, plötzlich von neuem tief bewegt zu sein.

<u>mae</u> 매 2-mae (§ 2.24.2/4)

Konjunktionalform, entstanden aus der Nominalform auf -m (s.d.) und der lokativen Postposition -e (음에-ŭm-e > 으매 -ŭmae). Bezeichnet kausale oder temporale Nebensätze ("da", "als") und wird vorzugsweise in der S verwendet, während in der U 니(까) -ni(kka) vorherrscht. Vgl. S: -myŏ, U: -ko (koordinativ).

경덕왕이 만들려다가 이루지 못하고 돌아가매, 그 아들 혜공왕이 일곱해 열한 달만에 이룩한 것이다.	Kyŏngdŏk-wang-i mandŭl=lyŏdaga iruji-mot-hago tora-ga<u>mae</u>, kŭ-adŭl Hyegong-wang-i ilgop-hae yŏrhan-dal-man-e iruk-han-gŏs-ida (ChK II-I, 43).	König Kyŏngdŏk wollte (die Glocke) anfertigen, aber als er starb, ohne sie vollenden zu können, brachte König Hyegong, sein Sohn, in nur 7 Jahren und 11 Monaten das Werk zum Abschluß.
우리 임군이 왕제를 생각하며 보고저 하시매, 내 임군의 뜻을 이룸이로라.	Uri-imgun-i wangje-rŭl saenggak-hamyŏ pogojŏ-hasi<u>mae</u>, nae imgun-ŭi ttŭs-ŭl irum-irora (ChK III-II, 123).	Da unser Herrscher an des Königs Bruder denkt und ihn sehen möchte, erfülle ich den Wunsch meines Herrschers.

mal i ta 말이다 5,6-mar-ida (§ 4.31)

Kompositionelle Verbalform (U), bestehend aus dem Nominalisator mal (Rede) nach nicht futurischen Partizipien und der Kopula ida. Kennzeichnet eine Aussage als Meinung des Sprechenden: "meinen, daß" (< -tago-hanŭn mar-ida). Häufig in der Form 말이아 mar-ia, 말야 mar-ya, auch ohne partizipialen Anschluß interjektional eingeschoben (vgl. deutsch: "ich meine").

남들이 이상하게 보겠단 말이지.	Namdŭr-i isang-hage po=gettan-mar-iji? (Yi Kwangsu-chŏnjip 10,7).	Meinst du, daß die anderen es seltsam finden?
남의 병원의 간호부로 들어 간다는게 퍽 수상하지 않으냐 말야.	Nam-ŭi pyŏngwŏn-ŭi kan=hobu-ro tŭrŏ-gandanŭn'ge (< kŏs-i) p'ŏk susang-haji anhŭnya-mar-ya? (a.a.O.).	Ich meine, ist es nicht sehr verdächtig, daß du als Krankenschwester einer fremden Klinik gegangen bist, wie es heißt?
당신이 그책을 읽어 보라는 말입니다.	Tangsin-i kŭ-ch'aeg-ŭl ilgŏ-boranŭn-mar-imnida (ad hoc).	Ich meine, daß Sie das Buch mal lesen sollten.

mal ta s. chi mal ta

man ch'i(m) s. man k'ŭm

mang chŏng 망정 7-mangjŏng (§ 2.24.5)

Nominalwertige Konjunktionalform, welche einen konzessiven Nebensatz zum Ausdruck einer realen Einräumung beinhaltet: "obgleich". Vgl. chi ŏn chŏng.

차라리 외로울망정 이 밤 더디 새소서.	Ch'arari oeroulmangjŏng i-bam tŏdi saesosŏ! (ChK II-I, 28).	Wenn ich auch einsam bin, brich lieber langsam an, du Nacht!
한 그루의 나무를 심고 북돋워 주지는 못할망정, 살과 피와 같은 낙엽을 긁고 또 긁고하니, 우리 국토도 더욱 황폐하게 될수밖에	Han-gŭru-ŭi namu-rŭl simgo, puktoduŏ chuji-nŭn mot-halmangjŏng, sal-gwa p'i-wa kat'ŭn nagyŏb-ŭl kŭkko tto kŭkko-ha=ni, uri-kukt'o-do tŏuk hwangp'ye-hage-doel-ssu-	Da man die abgefallenen Blätter, die Fleisch und Blut gleichen, immer wieder zusammenharkt, obgleich man nicht einen einzigen Baum pflanzt und kultiviert, kann

없을것 입니다.	bakke ŏpsŭl-kkŏs-imnida (ChK I-II, 86).	auch unser Land zwangsläufig nur immer mehr in Verwüstung geraten.

man ha ta　　만하다　　7-man-hada　　(§ 4.31)

Kompositionelle Verbalform, bestehend aus dem nominalwertigen Morphem -man (nur) nach dem Futurpartizip und dem Hilfsverb hada. Bezeichnet die Möglichkeit oder Angemessenheit einer Handlung: "vermögen", "angemessen sein", "wert sein".

그 웅장하고 거창한 규모가 놀랄 만하다.	Kŭ-ungjang-hago kŏ=ch'ang-han kyumo-ga nollalman-hada (K 6-1,101).	Ihre großartige und ausladende Konstruktion vermag einen in Erstaunen zu setzen.
용맹스러운것이 상줄 만하니, 군인의 의리로 죽이기 전에 얼굴과 성명이나 알고 처벌하라.	Yongmaeng-sŭrŏun-gŏs-i sang chulman-hani, kunin-ŭi ŭiri-ro chugi=gi-jŏne ŏlgul-gwa sŏng=myŏng-ina algo ch'ŏ=bŏl-hara (K 5-2, 37).	Da es angemessen (wert) ist, die Unerschrockenheit zu belohnen, bestrafe man ihn nach der Ehrenpflicht des Kriegers, indem man vor dem Töten Gesicht und Namen zur Kenntnis gibt.

man k'om　s.　man k'ŭm

man k'ŭm　　만큼　　5,6,7-mank'ŭm　　(§ 2.24.11)

Nominalwertige Konjunktionalform gradativer Funktion zur Bezeichnung eines durch Angabe eines Grades oder Ausmaßes erklärenden Nebensatzes (jap. -hodo, -gurai). Ältere Formen lauten 만콤-mank'om und 만치 /만칩-manch'i(m). In Verbindung mit nicht futurischen Partizipien (5,6-mank'ŭm) hat die Form die Bedeutung "in dem Maße wie", "da"; in Verbindung mit dem Futurpartizip (7-mank'ŭm) oder dem futurischen Stammbildungs- und Endungsmorphem -ri (2-rimank'ŭm) hat die Form die Bedeutung "so sehr, daß", "so viel, daß".

돌 많은 고장 이라고 이름난 만큼, 논이 많을리가 없읍니다.	Tol manhŭn kojang-irago irŭm-nanmank'ŭm, non-i manhŭl-li-ga ŏpsŭmnida (K 4-1, 60).	In dem Maße wie (=da) es in dem Rufe steht, ein Ort mit vielen Steinen zu sein, kann es nicht viele Reisfelder geben.

말과 글로는 도무지 나타낼 수 없을만큼 경치가 아름다왔던 것입니다.	Mal-gwa kŭl-lonŭn tomu=ji nat'anael-ssu-ŏpsŭl=mank'ŭm kyŏngch'i-ga arŭmdawattŏn-gŏs-imnida (K 3-2, 34).	Das Land war wirklich so schön, daß man es ganz und gar nicht in Wort und Schrift zum Ausdruck bringen kann.
동화라면 우리는 먼저 안데르센을 생각하지 않을수 없으리만큼 안데르센하라버지는 유명한 분입니다.	Tonghwa-ramyŏn uri-nŭn mŏnjŏ Anderŭsen-ŭl saeng=gak-haji-anhŭl-ssu-ŏpsŭ=rimank'ŭm Anderŭsen-ha=rabŏji-nŭn yumyŏng-han pun-imnida (K 4-1, 126).	Ein so berühmter Mann ist der alte Andersen, daß wir zuerst an Andersen denken müssen, wenn von Märchen die Rede ist.

ma nŭn　　마는　　-manŭn　　(§ 2.24.6)

Die Postposition 만 -man (nur, aber), oft in der erweiterten Form 만은 >마는 -manŭn, kann im Anschluß an Terminalformen adversative Nebensätze bilden: "(zwar)...aber" (jap. -keredomo). Meist steht die Postposition im Anschluß an 지 (-chiman, s.d.) oder 다 (-tamanŭn, s.d.), auch nach 건 (-kŏnmanŭn, s.d.) oder 련 (-ryŏnmanŭn, s.d.).

나도 역시 넉넉하지 못한 사람인데, 음악을 좋아하기는 하오마는...	Na-do yŏksi nŏngnŏk-ha=ji-mot-han saram-inde, ŭmag-ŭl choha-hagi-nŭn hao-manŭn...(K 5-2, 65).	Ich bin auch kein wohlhabender Mann, ich liebe zwar die Musik, aber...

ma ryŏn　s.　ke ma ryŏn i ta

m chik ha ta　　ㅁ직하다　　2-mjik-hada　　(§ 4.32.1)

Kompositionelle Verbalform, zusammengesetzt aus dem Verbalnomen auf -m (§ 3.22), dem Nominalisator chik (SK ?), in der älteren S auch 즉 chŭk, und dem Hilfsverb hada. Bezeichnet die Möglichkeit oder Angemessenheit einer Handlung: "möglich sein", "angemessen sein", "wert sein". Bedeutungsidentisch mit 7-man-hada (s.d.), jedoch der S zuzuordnen.

그만치 갚았으면 셈마감도 됨직 한데, 갈수록 무거운 빚이 처지기만 하여라.	Kŭ-manch'i kap'assŭmyŏn sem-magam-do toemjik-hande, kalssurok mugŏun pij-i ch'ŏjigi-man hayŏ=ra (HS, 150).	Wenn ich soviel zurückgezahlt habe, wäre es angemessen, daß auch die Schlußrechnung gemacht wird, doch mit der Zeit häuft sich nur die schwere Schuld.

유자 아니라도 품엄즉도 하다마는...	Yuja anirado p'umŏ<u>mjŭk-to hadamanŭn</u>... (SMS, 209).	Wenn es auch keine Zitronen sind, sind sie einzustecken wert, jedoch...

mot 못 mot- (§ 4.21.03)

Adverb zur Bezeichnung der Negation, impliziert häufig die Bedeutung des Nicht-Könnens (mot-hada außerstande sein); steht unmittelbar vor dem zu negierenden Verb oder in der kombinierten Form -chi-mot-hada (s.d.).

그럼 조금도 못 내시겠다는 말씀입니까.	Kŭrŏm chogŭm-do <u>mon(<mot)</u>-naesigettanŭn malssŭm-imnikka? (K 6-2, 63).	Sie sagen also, daß Sie nicht einmal ein wenig spenden können?

mot ha ta s. **chi mot ha ta**

mo yang 모양 5,6,7-moyang (§ 4.31)

Der Nominalisator moyang (Anschein) bildet in Verbindung mit der Kopula ida nach Partizipien aller Zeitstufen eine kompositionelle Verbalform zur Bezeichnung des Anscheins: "es hat den Anschein, daß". Vgl. ka po ta, na po ta.

인호는 퍽 섭섭한 모양이었다.	Inho-nŭn p'ŏk sŏpsŏp-han<u>moyang-iŏtta</u> (K 3-2, 114).	Es hatte den Anschein, daß Inho sehr niedergeschlagen war.
정순네 부모도 수남이가 마음에 들었던 모양입니다.	Chŏngsun-ne pumo-do Su=nami-ga maŭm-e tŭrŏttŏn=<u>moyang-imnida</u> (KLR I, 13).	Auch den Eltern der Chŏngsun scheint Sunam gefallen zu haben.

m se ㅁ세 2-mse (§ 2.11.3)

Deklarative Terminalform der 4. Soziativstufe zur Bezeichnung des Intentionalis und Optativs; entstanden aus der Verbindung des Verbalnomens auf -m (§ 3.22) mit der propositiven Endung 1-se (s.d.).

이서방, 나도 차차 감세.	Yi-sŏbang, na-do ch'a=ch'a ka<u>mse</u> (Uri malbon, 258).	Herr Yi, ich möchte auch allmählich gehen.
나도 먹음세.	Na-do mŏgŭ<u>mse</u> (a.a.O.).	Ich möchte auch essen.
이 기음 매자스라, 기음노래 내 부름세.	I-kiŭm maeja-sŭra, kiŭm-norae nae purŭ<u>mse</u> (PY, 89).	Laßt uns dies Unkraut jäten! Das Lied vom Unkraut möchte ich singen.

mu ryŏp (e) 무렵 (에) 7-muryŏp(e) (§ 2.24.2)

Das Formalnomen muryŏp (Zeit) fungiert nach dem l-Partizip und häufig im Lokativ (-e) als nominalwertige Konjunktionalform zur Bildung temporaler Nebensätze der Gleichzeitigkeit: "während".

해가 서쪽 산으로 기울 무렵에야 운동회는 끝났읍니다.	Hae-ga sŏtchok san-ŭro kiulmuryŏbe-ya undonghoe-nŭn kkŭnnassŭmnida (K 2-1, 11).	Während sich die Sonne im Westen den Bergen zuneigte, endete die Sportveranstaltung.
리빙스턴의 이름이 여러 사람들의 머리에서 차차 잊혀져갈 무렵에, 그를 찾으러 아프리카로 간 사람은 미국의 신문기자인 스텐리였읍니다.	Ribingsŭt'ŏn-ŭi irŭm-i yŏrŏ-saramdŭr-ŭi mŏri-esŏ ch'ach'a ichhyŏjŏ-galmuryŏbe, kŭ-rŭl ch'ajŭrŏ Ap'ŭrik'a-ro kan saram-ŭn Miguk-ŭi sinmun-gija-in Sŭt'aelli-yŏssŭmnida (K 5-2, 131).	Während der Name Livingstones in den Köpfen aller Leute allmählich in Vergessenheit geriet, war ein Mann, der nach Afrika gegangen war, um ihn zu suchen, der amerikanische Journalist Stanley.

mŭ ro 므로 2-mŭro (§ 2.24.4)

Nominalwertige Konjunktionalform, gebildet aus dem Verbalnomen auf -m (§ 3.22) und der Postposition -ŭro instrumentaler Geltung. Bezeichnet einen kausalen Nebensatz: "dadurch, daß", "da".

세계의 사정을 잘 알고 그린 것도 아니므로, 틀린점이나 잘못된 점이 많이있다.	Segye-ŭi sajŏng-ŭl chal algo kŭrin-gŏt-to animŭro, t'ŭllin chŏm-ina chalmot toen chŏm-i manhi itta (K 6-2, 84).	Da man die Einzelheiten der Erde nicht gut kannte und auch nicht zeichnen konnte, waren die unrichtigen Punkte oder die fehlerhaft geratenen Punkte zahlreich.
곧 우리에게 말이 있으므로, 우리는 남의 의사와 정의를 받아들일 수 있읍니다.	Kot uri-ege mar-i issŭmŭro, uri-nŭn nam-ŭi ŭisa-wa chŏngŭi-rŭl padadŭril-ssu-issŭmnida (KK I, 1).	Gerade dadurch, daß wir die Sprache haben, können wir die Gedanken und Gefühle eines anderen aufnehmen.

myŏ 며 2-myŏ (§ 2.24.1)

Konjunktionale Verbalform koordinativer Funktion, entstanden aus dem Verbalnomen auf -m (§ 3.22) in Verbindung mit der Konverbalform der Kopula ida (iŏ). Funktionell identisch mit -ko (s.d.), jedoch oft auf einer höheren Stilebene gebräuchlich (S).

아버지, 어머니들은 벙글벙글 웃으시며 기뻐하셨읍니다.	Abŏji, ŏmŏnidŭr-ŭn pŏng=gŭl-pŏnggŭl usŭsimyŏ kippŏ-hasyŏssŭmnida (K 2-2, 40).	Die Väter und Mütter lächelten und freuten sich.
마을 사람들이 하던 말대로 그의 짐이며 옷까지 샅샅이 뒤지는것 이었다.	Maŭl-saramdŭr-i hadŏn mal-daero kŭ-ŭi chim-imyŏ ot-kkaji sassat'i tuijinŭn-gŏs-iŏtta (K 4-1, 81).	Es war so, daß, wie die Leute im Dorfe sagten, (die Zöllner) sein Gepäck und sogar seine Kleider ganz genau durchsucht hatten.

myŏn 면 2-myŏn (§ 2.24.3)

Konjunktionalform zur Bezeichnung konditionaler Nebensätze, wahrscheinlich aus der Verbindung des koordinativen -myŏ (s.o.) mit der elativen Postposition -nŭn entstanden (vgl. -konŭn). Kann an Temporalstämme (-ŏssŭmyŏn, -kessŭmyŏn), an den Intentionalis (siehe -ryŏmyŏn), Retrospektiv oder Assertiv (-tŏramyŏn, -nŭramyŏn) wie auch an Terminalformen im Quotativ (siehe -tamyŏn, -chamyŏn) angeschlossen werden. Die Konjunktionalform selbst ist Ausgangspunkt erweiterter Endungen oder kompositioneller Verbalformen (Siehe § 4.11). Steht die Konditionalform mit einem Dubitativprädikat im Hauptsatz in Korrelation, so bezeichnet es eine irreale Bedingung. Als Pseudoterminalform bezeichnet -myŏn den exklamatorischen Desiderativ (vgl. jap. -baya).

국군만 오면 아버지도 오시고 아저씨도 오셔요.	Kukkun-man omyŏn abŏji-do osigo ajŏssi-do osyŏ=yo? (K 3-1, 102).	Wenn die Regierungstruppen erst kommen, kommt dann auch der Vater, kommt dann auch der Onkel?
오늘 오셨더라면 참 좋았을텐데 . . .	Onŭl osyŏttŏramyŏn ch'am chohassŭlt'ende... (< t'ŏ-inde) (K 6-2, 74).	Wenn er (wie gesagt) heute gekommen wäre, wäre es wahrscheinlich sehr gut gewesen, aber...
어머니, 아버지 보고 싶어. 얼른 오셨으면.	Ŏmŏni, abŏji pogo-sip'ŏ. Ŏllŭn osyŏssŭmyŏn! (K 3-1, 102).	Mutter, ich möchte Vater sehen. Wenn er doch schnell kommen würde!

myŏn a ni toe ta 면 아니되다 2-myŏn ani-doeda (§ 4.11)

Kompositionelle Verbalform, verkürzt zu 면 안되다 -myŏn andoeda; besteht aus der Konditionalendung -myŏn (s.o.) und der Negationsform des (Hilfs)Verbs toeda (werden). Nach affirmativem Hauptverb bedeutet es "nicht dürfen" (wrtl. "wenn so, dann wird es nicht"), nach negativem Hauptverb "(eigentlich) sollen" (wrtl. "wenn so nicht, dann wird es nicht"). Vgl. jap. -ba naranai, -nakereba naranai.

저 국경지대에 들어가시면 안됩니다.	Chŏ-gukkyŏng-jidae-e tŭrŏ-gasimyŏn andoem=nida (ad hoc).	Dort in den Bereich der Staatsgrenze darf man nicht (hinein)gehen.
찾아 보지 않으면 아니 되었읍니다.	Ch'aja-poji-anhŭmyŏn ani-doeŏssŭmnida (K 4-2, 20).	Er sollte zu finden versuchen.
한층 더 심한 곤란을 겪지 않으면 안 됩니다.	Hanch'ŭng tŏ sim-han konnan-ŭl kyŏkkchi-anhŭmyŏn andoemnida (K 6-1, 66).	Sie müssen umso größere Schwierigkeiten erleiden.

myŏn choh ta 면좋다 2-myŏn-jot'a (§ 4.11)

Kompositionelle Verbalform, bestehend aus der Konditionalendung -myŏn (s.d.) und dem Verb chot'a (gut sein), meist in der Futurform (좋겠다 chok'etta): "wenn (es so ist), wäre es gut" = "dürfen", "wenn (es so wäre), wäre es besser" = "eigentlich sollen", "wünschenswert sein".

공원으로 가면 좋겠습니까.	Kongwŏn-ŭro kamyŏn-jo=k'essŭmnikka? (ad hoc).	Darf ich in den Park gehen?
집안 식구가 잘 있다는 말도 썼으면 좋겠다.	Chib-an sikku-ga chal ittanŭn mal-do ssŏssŭ=myŏn-jok'etta (K 2-2, 46).	Daß es den Familienmitgliedern (bei uns) zu Haus gut geht, hättest du eigentlich schreiben sollen.

myŏn sŏ 면서 2-myŏnsŏ (§ 2.24.2)

Konjunktionalform temporaler Nebensätze, bestehend aus den konjunktionalen Verbalendungen -myŏn und -sŏ (s.d.); bezeichnet die Gleichzeitigkeit von Vorgängen (jap. -nagara).

깡충 깡충 뛰면서	Kkangch'ung-kkangch'ung	Wohin gehst du, in lan-

어디를 가느냐.	ttuimyŏnsŏ ŏdi-rŭl ka= nŭnya?(K 1-1, 110).	gen Sätzen springend?
아우는 웃으면서 집으로 돌아갔읍니다.	Au-nŭn usŭmyŏnsŏ chib-ŭro tora-gassŭmnida (K 2-2, 95).	Der jüngere Bruder kehrte lächelnd nach Hause zurück.

myŏn sŏ pu t'ŏ 면서부터 2-myŏnsŏ-but'ŏ (§ 2.24.2)

Konjunktionalform temporaler Nebensätze, bestehend aus der temporalen Konjunktionalendung -myŏnsŏ (s.o.) und der egressiven Postpositien -put'ŏ (von her, seit); bezeichnet einen temporalen Nebensatz der Nachzeitigkeit: "von der Zeit an, da/als", "seitdem".

심청은 나이가 옌일곱살 되면서부터 벌써 아버지의 시중을 곧잘 들어 드렸다.	Sim Ch'ŏng-ŭn nai-ga yenilgop-sal toemyŏnsŏ-but'ŏ pŏlssŏ abŏji-ŭi sijung-ŭl kotchal tŭrŏ-dŭryŏtta (K 6-2, 46).	Von der Zeit an, da Sim Ch'ŏng 6 bis 7 Jahre alt geworden war, machte sie schon ordentlich des Vaters Bedienung.
열살이 넘으면서부터는, 집안 청소와 바느질까지도 하였다.	Yŏlssar-i nŏmŭmyŏnsŏ-but'ŏ-nŭn, chib-an ch'ŏngso-wa panŭjil-kkaji-do hayŏtta (a.a.O.).	Von der Zeit an, da sie das 10. Lebensjahr überschritten hatte, versah sie sogar das Reinemachen im Hause und die Nadelarbeiten.

myŏn sŏ to 면서도 2-myŏnsŏdo (§ 2.24.5)

Konjunktionalform konzessiver Nebensätze, bestehend aus der temporalen Konjunktionalendung -myŏnsŏ (s.o.) und dem konzessiven -to (§ 2.24. 5); bezeichnet eine reale Einräumung bei gleichzeitigen Vorgängen und demselben Handlungsträger (Subjekt).

하루종일 굶으면서도 동생에게 줄 빵 한조각은 언제나 마련하는 것이었읍니다.	Haru-jong'il kulmŭ=myŏnsŏdo tongsaeng-ege chul ppang han-jogag-ŭn ŏnjena maryŏn-hanŭn-gŏs-iŏssŭmnida (K 5-2, 49).	Auch wenn sie den ganzen Tag hungerte, war es doch so, daß sie stets ein Stück Brot beschaffte, um es dem jüngeren Bruder zu geben.
영철이는 동무들에게 끌려가면서도 분이 좀처럼 풀리지 않았읍니다.	Yŏngch'ŏri-nŭn tongmu-dŭr-ege kkŭllyŏ-gamyŏnsŏ-do pun-i chom-ch'ŏrŏm p'ulliji-anhassŭmnida (K 3-1, 23).	Obgleich Yŏngch'ŏl von den Kameraden weggezogen wurde, legte sich sein Zorn nicht gleich.

myŏn toe ta 면되다 2-myŏn-doeda (§ 4.11)

Kompositionelle Verbalform, bestehend aus der Konditionalendung -myŏn (s.d.) und dem Hilfsverb toeda: "wenn (es so ist), wird es" = "nur (zu tun) brauchen", "(zu tun) genügen".

세번쯤은 할수있지 않아. 그저 한번이 면 되지.	Se-bŏn-tchŭm-ŭn hal-ssu-itchi-anha? Kŭjŏ han-bŏn-imyŏn-doeji (K 5-1, 8).	Können wir nicht drei Nummern machen? - Eigentlich genügt eine Nummer (Zeitung).

n ㄴ 2-n (§ 3.12)

Endung des nicht futurischen Partizips. Bei prozessiven Verba und Verba der Befindlichkeit (itta, ŏpta) hat es präteritale Geltung, bei qualitativen Verba und der Kopula extratemporale und präsentische.

하얀옷을 입은 의사...	Hayan os-ŭl ibŭn ŭisa... (K 2-1, 48).	Der Arzt, der einen ganz weißen Kittel anhatte (oder: anzog)...
지붕위에 내린 서리는 눈과 같이 희다.	Chibung-uie naerin sŏri-nŭn nun-gwa kat'i hŭida (K 2-2, 13).	Der Reif, der auf das Dach gefallen ist, ist weiß wie Schnee.

na 나 1-na (§§ 2.11.3, 2.24.7)

Assertive Terminalform der 3. Soziativstufe zur Bezeichnung des Interrogativs (= 5,6-ga) in direkten und indirekten Fragesätzen. Häufig bei der Kopula in der Form (이)나 (i)na bei approximativen und indefiniten Angaben (열이나 yŏr-ina "ungefähr zehn", 누구나 nugu-na "wer auch immer") oder in distributiver Funktion ("ob...oder", mit Neg.: -na mana < malda, z.B. 가나 마나 kana mana "ob man geht oder nicht"). Identisch mit der Postposition -(i)na (그림이나 책이 kŭrim-ina ch'aeg-i "Bilder oder Bücher").

호박꽃을 따서는 무얼 만드나.	Hobakkoch'ŭl ttasŏ-nŭn muŏl mandŭna? (K 3-1, 50).	Wenn sie die Kürbisblüten gepflückt haben, was machen sie (damit)?
포스터 전시회 구경이나 하고 갈까.	P'osŭt'ŏ-jŏnsihoe ku=gyŏng-ina hago kalkka? (K 4-2, 38).	Wollen wir gehen und uns die Plakatausstellung ansehen?
시계바늘은 낮이나 밤이나 쉬지 않고 돌아갑니다.	Sigye-banŭr-ŭn naj-ina pam-ina suiji-ank'o to=ra-gamnida (K 5-1, 36).	Der Zeiger der Uhr dreht sich rastlos weiter, ob es Tag ist oder Nacht.

<u>na</u> 나 2-na (§ 2.24.5/6)

Konjunktionalform mit adversativer oder konzessiver Funktion: "(zwar) aber", "wenn auch". Wahrscheinlich aus dem interrogativen -na (s.o.) hervorgegangen.

황송한 말씀이오나 제가 잠시도 떠나 있기 어렵나이다.	Hwangsong-han malssŭm-io<u>na</u> che-ga chamsi-do ttŏna-ikki ŏryŏmnaida (K 6-2, 48).	Ich fürchte (es Ihnen) zu sagen, aber es ist schwer für mich, auch (nur) kurze Zeit (von Hause) fort zu sein.
우리 한글로만 쓰자는 의견이 나왔으나, 한글로만 쓰면, 우리의 지난날의 역사를 알수 없느니, 또는...	Uri-han'gŭl-lo-man ssŭ=janŭn ŭigyŏn-i nawassŭ=<u>na</u>, han'gŭl-lo-man ssŭ=myŏn, uri-ŭi chinan nar-ŭi yŏksa-rŭl al-ssu-ŏmnŭni, tto-nŭn... (ChK I-I, 11).	Es entstand die Meinung, man solle nur mit unserem koreanischen Alphabet schreiben, aber wenn man nur mit Hangŭl schreibt, können wir nicht unsere Geschichte der vergangenen Zeit erkennen, und zudem...

<u>nae ta</u> 내다 3-naeda (§ 4.16)

naeda (erzeugen, bilden) steht als Hilfsverb nach der Konverbalform zur Bezeichnung einer terminativen Aktionsart. Vgl. ko na ta.

할아버지 무엇인가 알아 내셔요.	Haraboji, muŏs-in'ga ara-<u>naesyŏyo</u>! (K 1-2, 68).	Großvater, errate, was es ist!
누가 이런 편리한 것을 만들어 냈을까.	Nu-ga irŏn p'yŏlli-han-gŏs-ŭl mandŭrŏ-<u>naes=sŭlkka</u>? (K 5-1, 38).	Wer hat so etwas Praktisches hergestellt?

<u>na i kka</u> 나이까 1-naikka (§ 2.11.6)

Assertive Terminalform der 6. Soziativstufe im Interrogativ, veraltet (> 니까 -nikka, siehe p ni kka). Phonetische Variante ist 느이까 -nŭikka. Siehe na i ta.

어머니, 어이 심약하신 말씀을 하시나이까.	Ŏmŏni, ŏi simyak-hasin malssŭm-ŭl hasi<u>naikka</u>? (Ye, 8).	Mutter, warum sprichst du so kleinmütige Worte?
벌써 네시나 되었아	Pŏlssŏ nesi-na toeŏssa-	Da es schon vier Uhr ge-

오니 약을 잡수시지 아니 하시려나이까.	oni yag-ŭl chapsusiji-ani-hasiryŏnaikka? (Ye, 7).	worden ist, willst du nicht deine Medizin nehmen?

na i ta   나이다   1-naida   (§ 2.11.6)

Assertive Terminalform der 6. Soziativstufe im Deklarativ, zusammengesetzt aus dem Assertivmorphem prozessiver Verba -na (< ᄂᆞ) und der honorativen Terminalform -i(ta), veraltet (> 니다-nida, siehe p ni ta). Phonetische Variante ist 느이다(<ᄂᆞ이다) -nŭida (§ 2.11.66). Siehe no i ta.

저의 아버지 께서 앞을 못 보시니, 제가 잠시도 떠니 있기 어렵나이다.	Chŏ-ŭi abŏji-kkesŏ ap'-ŭl mot-posini, che-ga chamsi-do ttŏna-ikki ŏryŏmnaida (K 6-2, 48).	Da mein Vater vor sich nicht sehen kann (d.h. blind ist), ist es schwer für mich, auch (nur) kurze Zeit (von ihm) fort zu sein.
아가씨, 이상한일 보았나이다.	Agassi, isang-han il poannaida (ChK III-II, 102).	Gnädiges Fräulein, ich habe etwas Seltsames gesehen.

na ma   나마   2-nama   (§ 2.24.5/6)

Konjunktionalform konzessiver oder adversativer Funktion, betont einen Gegensatz stärker als die verwandte Form auf 2-na (s.d.): "wenn auch", "zwar... aber" (jap. -keredomo, -daga).

넉넉하지 못한 생활이나마 지탱해 나갈 수가 있었던것이다.	Nŏngnŏk-haji-mot-han saenghwar-inama chi=t'aeng-hae nagal-ssu-ga issŏttŏn-gŏs-ida (K 5-2, 59).	Wenn es auch kein üppiges Leben war, konnte er doch sein Auskommen finden.
솜씨가 매우 간결하나마, 또한 정중한 자태를 잃지 않았다.	Somssi-ga maeu kan'gyŏr-hanama, ttohan chŏng-jung-han chat'ae-rŭl ilch'i-anhatta (K 6-1, 101).	Zwar ist die Ausführung sehr schlicht, aber die feierliche Gestalt (der Pagode) ist auch nicht verlorengegangen.

na mŏ chi (e)   나머지(에)   5,6-namŏji(e)   (§ 2.24.4)

Das Formalnomen namŏji (Rest) bildet in der Stellung nach nicht futurischen Partizipien eine nominalwertige Konjunktionalform kausaler

Funktion, welche die Nachwirkung eines (übermäßigen) Vorganges bezeichnet: "bedingt durch (ein Übermaß von, einen Rest von)", "als Resultat von".

흥분한 나머지, 미처 연합군이 드러오기도 전에 학살을 당한 사람들도 많았다.	Hŭngbun-hannamŏji, mich'ŏ yŏnhapkun-i tŭ=rŏ-ogido-jŏne haksar-ŭl tang-han saramdŭl-do manhatta(K 6-1, 128).	Bedingt durch (ein Übermaß von) Gereiztheit wurden viele Leute, noch bevor die alliierten Truppen ankamen, niedergemetzelt.
국민은 조바심하는 나머지, 무엇보다도 정확한 소식이 필요했다.	Kungmin-ŭn chobasim-hanŭnnamŏji, muŏt-podado chŏnghwak-han sosig-i p'iryo-haetta (K 6-1, 1).	Getrieben von (übergroßer) Besorgtheit, brauchte die Bevölkerung mehr als irgendetwas verläßliche Nachrichten.

na ni　　나니　　1-nani　　(§§ 2.11.22, 2.24.4)

Verbalsuffix der älteren S (<ᄂᆞ니), steht im terminalen oder konjunktionalen Prädikat. In terminaler Stellung bezeichnet es einen neutralen Deklarativ (= 느니 -nŭni, s.d.) oder Interrogativ (=느냐 nŭnya, s.d.), in konjunktionaler Stellung (=니까 -nikka, s.d.) ein kausales Nebensatzprädikat. Siehe nŭ ni.

재넘어 사래긴 밭을 언제 갈려 하나니.	Chae nŏmŏ sarae kin pat'-ŭl ŏnje kallyŏ-hanani? (K 6-2, 29).	Wann willst du das lange Feld auf dem Pachtland jenseits des Hügels bestellen?
보아라 이강산에 날이 새나니, 삼천만 너도 나도 함께 나가자.	Poara i-kangsan-e nar-i saenani, samch'ŏnman nŏ-do na-do hamkke nagaja! (K 6-1, 59).	Schau, wie der Tag über diesem Lande anbricht; so laßt uns dreissig Millionen, du und ich gemeinsam, aufbrechen!

na ni ra　　나니라　　1-nanira　　(§ 2.11.22.1)

Deklarative Terminalform der 2. Soziativstufe im Assertiv, Variante von 느니라-nŭnira (s.d., <ᄂᆞ니라). Verbalform der älteren S, bezeichnet eine apodiktische Feststellung und entspricht dem umgangssprachlichen 5-gŏs-ida.

부지런한 자가 성공하나니라.	Pujirŏn-han cha-ga sŏnggong-hananira (Uri malbon, 257).	Es ist so, daß der Fleißige erfolgreich ist.

팥을 심으면 팥을 얻나니라.	P'at'-ŭl simŭmyŏn p'at'-ŭl ŏnnanira (a.a.O.).	Wenn man rote Bohnen sät, erntet man rote Bohnen (so ist es).

na nyo 나뇨 1,4-nanyo (§ 2.11.23.1)

Verbalendung der älteren S, die den Interrogativ im terminalen Prädikat bezeichnet. Siehe nŭ nyo.

들어오는 길에 병풍의 글을 보았나뇨.	Tŭrŏ-onŭn kir-e pyŏng=p'ung-ŭi kŭr-ŭl poan=nanyo? (Ye, 67).	Haben Sie auf dem Weg, den man hereinkommt, die Schrift auf dem Wandschirm gesehen?
재상가 천생이 너뿐이 아니어든, 어찌 협한 마음을 발하야 어미 간장을 사르나뇨.	Chaesangga ch'ŏnsaeng-i nŏ-ppun-i aniŏdŭn, ŏtchi hyŏp-han maŭm-ŭl par-haya ŏmi kanjang-ŭl sarŭnanyo? (KK II, 189).	Wenn nicht nur du aus der Familie eines Kanzlers (doch mit einer Mutter) von niederer Herkunft bist, warum legst du Engherzigkeit an den Tag und bereitest mir, deiner Mutter, Schmerzen?

na po ta 나보다 1,4-na-boda (§ 4.14)

Kompositionelle Verbalform, bestehend aus der Interrogativform auf -na (§ 2.11.3) und dem Hilfsverb poda (sehen). Bezeichnet Anschein oder Annahme; etwas familiärer als -ka-boda. Siehe ka po ta.

날이 따뜻하니까 놀러 나왔나 봅니다.	Nar-i ttattŭt-hanikka nollŏ nawanna-bomnida (K 2-1, 14).	Da der Tag warm ist, sind sie anscheinend zum Spielen hinausgekommen.
기남이는 아직도 꿈속에 있나 봅니다.	Kinami-nŭn ajik-to kkum-sog-e inna-bomnida (K 4-1, 16).	Kinam befindet sich anscheinend noch im Traum.
그렇게 하면, 배가 풍파를 만나지 않고 장사도 잘된다 나봐.	Kŭrŏk'e hamyŏn, pae-ga p'ungp'a-rŭl mannaji-ank'o changsa-do chal toendana-bwa (< -dago-hana-bwa) (K 6-2, 52).	Sie meinen vielleicht, daß, wenn sie es so machen, das Schiff keinem Sturm begegnet und daß auch der Handel gut wird.

na ta 나다 3-nada (§ 4.16)

nada "entstehen", "werden" steht als Hilfsverb nach der Konverbalform zur Bezeichnung der progressiven Aktionsart.

미나리 파란 싹이 돋아났어요.	Minari p'aran ssag-i toda-nassŏyo (K 2-1, 16).	Die grünen Triebe der Petersilie wuchsen empor.
선생님이 치시던 공이 옆으로 달아났읍니다.	Sŏnsaengnim-i ch'isi=dŏn kong-i yŏp'ŭro ta=ra-nassŭmnida (K 1-2, 42).	Der Ball, den der Herr Lehrer gestoßen hatte, flog zur Seite.

na yo　　나요　　1,4-nayo　　(§ 2.11.41.2)

Interrogative Terminalform der 4. Soziativstufe, entstanden aus der Verbindung des interrogativen -na (s.d.) mit der Kopulaform yo der 4. Soziativstufe (§ 2.11.41) zur Bezeichnung der höflichen Sprechweise. Die Form hat interrogative oder interjektionale Bedeutung.

누가 아나요, 죽은뒤에야 무엇이 있는지 없는지.	Nu-ga anayo, chugŭn-duie-ya muŏs-i innŭnji ŏmnŭnji (ChTK, 218).	Wer weiß, ob nach dem Tode irgendetwas da ist oder nicht da ist?
무슨 이야기를 했어요, 흉이라도 보셨나요.	Musŭn iyagi-rŭl haessŏ=yo? hyung-irado posyŏn=nayo? (K 5-1, 57).	Was für eine Geschichte habt ihr erzählt? Habt ihr etwa sogar schlecht über mich geredet?

ne　　네　　1,4-ne　　(§ 2.11.3)

Assertive Terminalform der 3. Soziativstufe im Deklarativ.

저기 비행기가 있네.	Chŏgi pihaenggi-ga inne (K 2-2, 22).	Dort ist ein Flugzeug.
그 그림 참 잘도 그렸네.	Kŭ-gŭrim ch'am chal-do kŭryŏnne (K 2-2, 37).	Dies Bild ist wirklich gut gemalt.

ni　　니　　1,4-ni　　(§ 2.11.2/23)

Assertive Terminalform der 2. Soziativstufe im Interrogativ (= 느냐 -nŭnya), vermutlich entstanden aus dem assertiven Endungsmorphem -nŭ und dem Demonstrativum i: -nŭi > -ni. Siehe ti.

너는 무얼 찾니.	Nŏ-nŭn muŏl ch'anni? (K 3-1, 25).	Was suchst du?
겨울동안 잘 있었니.	Kyŏul-dongan chal issŏnni? (K 4-1, 90).	Ist es dir zur Winterszeit gut gegangen?

ni 니 2-ni (§§ 2.11.22, 2.24.4)

Konjunktionalform kausaler, temporaler, seltener auch adversativer oder distributiver Bedeutung: "da", "als", "zwar (aber)", "ob...oder". Vielleicht aus der Verbindung des n-Partizips (§ 3.12) mit dem Demonstrativum i hervorgegangen; die distributive Verwendung spricht für die Verwandtschaft mit dem interrogativen ni (s.o.) (vgl. 1-na - 2-na). In der älteren S häufig noch als deklarative Terminalform verwendet; selbst in der modernen Sprache, doch mit emphatischer Nuance. Siehe ni kka.

기역자도 모르니, 그 다음에 무슨 자 를 알겠느냐 하는 말이다.	Kiyŏkcha-do morŭni, kŭ- daŭm-e musŭn cha-rŭl algennŭnya-hanŭn mar-ida (K 4-2, 31).	Da er nicht einmal den (ersten) Buchstaben (des kor. Alphabets) K kennt, besagt das, daß er wohl gar keinen der folgenden Buchstaben kennen wird.
아침에 일어나니, 서리가 하얗게 내 렸다.	Ach'im-e irŏnani, sŏri- ga hayak'e naeryŏtta (K 2-2, 13).	Als ich morgens aufstand, war Reif weiß gefallen.
아버님 날 낳으시고 어머님 날 기르시니, 두분 곳 아니시면 이 몸이 살았을까.	Abŏnim nal (< na-rŭl) nahŭsigo ŏmŏnim nal ki= rŭsini, tu-bun kot ani= simyŏn i-mom-i sarassŭl= kka? (K 6-2, 36).	Der Herr Vater erzeugte mich, die Frau Mutter zog mich auf; wenn die beiden gar nicht wären, würde ich dann leben?
겨우 물동이 하나만 달랬소. 바보 늙은이 같으니.	Kyŏu multtongi hana-man tallaesso? Pabo nŭlgŭn i kat'ŭni (K 3-1, 55).	Hast du bloß einen einzigen Wasserkübel erbeten? Du gleichst einem dummen alten Mann!
옳으니 그르니 서로 맞씨름을 한 적도 많 았다.	Orhŭni kŭrŭni sŏro mas= sirŭm-ŭl han-jŏk-to man= hatta (ChK I-I, 11).	Es gab auch viele Gelegenheiten, daß man Streit miteinander hatte, ob man im Recht oder im Unrecht war.

ni kka 니까 2-nikka (§ 2.24.2/4)

Aus den Verbalendungen -ni (s.d.) und -ka (Interrogativsuffix?) zusammengesetzte Konjunktionalform mit kausaler oder temporaler Funktion: "da", "als". Die Form kann durch die elative Postposition -nŭn intensiviert werden: 니까는 -nikkanŭn (auch > 니깐 -nikkan). Siehe ni kka yo.

나무 한 그루, 풀 한 모기 없는 곳이니까, 집을 지을 재목이라고는 하나도 없읍니다.	Namu han-gŭru, p'ul han-p'ogi ŏmnŭn kos-inikka, chib-ŭl chiŭl chaemog-iragonŭn hana-do ŏpsŭmnida (K 3-1, 76).	Da es ein Ort ist, an dem es keinen Baum und keinen Strauch gibt, ist überhaupt kein Holz vorhanden, um ein Haus zu bauen.
물동이가 없다니까 겨우 물동이 하나만 달랬소.	Multtongi-ga ŏptanikka (< -tago-hanikka), kyŏu multtongi hana-man tal=laesso? (K 3-1, 55).	Da ich sagte, daß wir keinen Wasserkübel haben, hast du bloß einen einzigen Wasserkübel erbeten?

ni kka yo 니까요 2-nikkayo (§§ 2.11.4, 2.24.4)

Aus der kausalen Konjunktionalform -nikka (s.o.) und der deklarativen Terminalform yo (4. Soziativstufe der Kopula ida, § 2.11.41) zusammengesetzte Verbalform, die einen nachgestellten Kausalsatz bezeichnet: "denn", "nämlich". Durch Einschaltung der elativen Postposition -nŭn (> -n) kann die Form intensiviert werden: 니까는요 -nikkanŭnyo, 니깐요 -nikkanyo.

그렇게 걱정 하실것은 없읍니다. 액을 때우는 좋은 방법이 있으니까요.	Kŭrŏk'e kŏkchŏng-hasil-kkŏs-ŭn ŏpsŭmnida. Aeg-ŭl ttaeunŭn chohŭn pang=bŏb-i issŭnikkayo (K 3-2, 37).	Sie brauchen sich nicht solche Sorgen zu machen. Es gibt nämlich ein gutes Mittel, dem Unglück vorzubeugen.
그 때 어린이들은 아이스케이크 같은 것은 구경도 못 했을 때니까요.	Kŭ-ttae ŏrinidŭr-ŭn ai=sŭk'eik'ŭ-gat'ŭn-gŏs-ŭn kugyŏng-do mot-haessŭl=ttae-nikkayo (K 6-1, 54).	Diese Zeit war nämlich eine Zeit, da die Kleinen sich nichts ansehen konnten, was einem ice-cake ähnlich wäre.
오늘이 크리스마스 전날 저녁 이니깐요.	Onŭr-i k'ŭrisŭmasŭ chŏnnal-jŏnyŏg-inikkan=yo (K 6-2, 61).	Denn heute ist der Vorabend von Weihnachten.

ni ra 니라 2-nira (§ 2.11.22.1)

Deklarative Terminalform der älteren S, der 2. Soziativstufe gleichzustellen. Gegenüber der Terminalform -ni (s.d.) apodiktisch verstärkt (jap. Finalform + -nari bzw. -no-da).

그래도, 그렇지 않으니라.	Kŭraedo, kŭrŏch'i anhŭ=nira (ChK I-II, 32).	Jedoch so ist es nicht.
그 안해 제상의 죽음을 듣고, 높은 영에 올라 왜국을 비라며 울고 죽으니라.	Kŭ-anhae Chesang-ŭi chu=gŭm-ŭl tŭkko, nop'ŭn yŏng-e olla waegug-ŭl paramyŏ ulgo chugŭnira (ChK III-II, 123).	Chesangs Frau hörte von seinem Tod, stieg auf einen hohen Berg, und während sie nach Japan weit hinüberschaute, starb sie weinend.

n ka s. **ka** (5,6-ka)

no 노 1,4-no (§ 2.11.32)

Verbalsuffix der älteren S, das den Interrogativ im terminalen Prädikat bezeichnet. Nebenform von -na (3. Soziativstufe). Vgl. die paarigen Interrogativformen -nya - -nyo, -ka - -ko.

낙엽 방석위에 뉠 생각코 해 지우노.	Nagyŏp-pangsŏg-uie nuil saenggak-k'o (< hago) hae-jiuno? (HS, 8).	Auf dem Kissen von abgefallenen Blättern, an wen denkend, verbringst du den Tag?
조국은 언제 떠났노.	Chogug-ŭn ŏnje ttŏnanno? (KK II, 85).	Wann hat das Vaterland sich uns entfremdet?

noh ta 놓다 3-not'a (§ 4.16)

not'a "legen" steht als Hilfsverb nach der Konverbalform zur Bezeichnung einer resultativen Aktionsart: eine Handlung zeitigt ein Ergebnis, das sich später auswirken soll ("bereitlegen"). Siehe tu ta.

장수들이 길거리에 물건을 늘어놓고 팝니다.	Changsudŭr-i kilkkŏri-e mulgŏn-ŭl nŭrŏ-nok'o p'amnida (K 2-1, 44).	Die Marktleute legen die Waren an der Hauptstraße aus und verkaufen (sie).
우리 저 신들을 신장에 넣어 놓자.	Uri chŏ-sindŭr-ŭl sin=tchang-e nŏhŏ-noch'a! (K 1-2, 25).	Laßt uns die Schuhe da in den Schuhschrank hineintun! (und so bereitlegen).

no i ta 노이다 1-noida (§ 1.31.22)

Terminalform der älteren S im Deklarativ, der 6. Soziativstufe zuzuordnen; zusammengesetzt aus dem Honorativmorphem -no und der honorativen Terminalform -i(ta). Gleichzustellen mit -naida (s.d., § 2.11.6).

회ᄂᆞᆫ ᄒᆞ나ᄒᆞᆯ 들어ᄡᅥ 열ᄒᆞᆯ 알고 사ᄂᆞᆫ ᄒᆞ나ᄒᆞᆯ 들어ᄡᅥ 둘ᄒᆞᆯ 아노이다.	Hoe-nǎn hǎna-hǔl tǔrǒ=ssǒ yǒr-hǔl algo Sa-nǎn hǎna-hǔl tǔrǒssǒ tur-hǔl <u>anoida</u> (KS II, 650).	Hui hört Eines und weiß dann Zehn, Tz'u hört Eines und weiß dann Zwei (Lun-yü V: an Konfuzius gerichtete Worte).

<u>no mae ra</u> 노매라 1-nomaera (§§ 1.31.22, 2.13.11)

Emphatische Terminalform der älteren S, bestehend aus dem Honorativmorphem -no und einer interjektionalen Ableitung des Verbalnomens auf -m (§ 3.22): 노ᄆᆡ라 no-mǎ-ira. Siehe no ra.

인걸도 물과 갈도다 가고 아니 오노매라.	Ingǒl-do mul-gwa katto=da kago ani-o<u>nomaera</u> (SMS, 252).	Hervorragende Männer gleichen dem Wasser: sie gehen dahin und kommen nicht wieder.

<u>no ni</u> 노니 -noni (§§ 1.31.22, 2.13.11)

Verbalendung der älteren S, bestehend aus dem Honorativmorphem -no und der Verbalendung -ni (vgl. 2-ni); tritt auf als leicht emphatische Terminalform (s. no ra), seltener als Konjunktionalform in koordinativer oder adversativer Funktion, meist auf Handlungen der 1. Person bezogen (honorativ-bescheiden).

메마른 입술에 피가 돌아, 오래 잊었던 피리의 가락을 더듬노니.	Memarǔn ipsur-e p'i-ga tora, orae ijǒttǒn p'i=ri-ǔi karag-ǔl tǒdǔm=<u>noni</u> (ChK I-II, 45).	In den trockenen Lippen fließt das Blut, und ich suche nach der lang vergessenen Flöte Melodie.
새로 스물여덟 글자를 만드노니, 사람마다 쉽게 배워, 날마다 쓰기에 편하게 하고자 할 따름이니라.	Saero sǔmul-yǒdǒlp-kǔl=ja-rǔl mandǔ<u>noni</u>, saram-mada suipke paewǒ, nal-mada ssǔgi-e p'yǒn-hage hagoja-hal ttarǔm-inira (ChK III-II, 2).	Ich habe neu 28 Buchstaben geschaffen, und ich habe einzig und allein gewünscht, daß sie für jedermann leicht zu lernen und zum täglichen Schreiben bequem seien.

<u>no ra</u> 노라 1,4-nora (§§ 1.31.22, 2.13.11)

Emphatische Terminalform der älteren S, bestehend aus dem Honorativmorphem -no und der interjektionalen Endung -ra (siehe 2,3-ra). Bezeichnet eine emphatische Aussage, die sich auf eine Handlung der eigenen Person bezieht.

어즈버 태평연월이 꿈이런가 하노라.	Ŏjŭbŏ t'aep'yŏng-yŏn=wŏr-i kkum-irŏn'ga ha=nora! (K 6-2, 35).	Ich frage mich, oh weh, ob die Zeiten des Friedens ein Traum waren.
잠자코 홀로 서서 별을 헤어 보노라.	Chamjak'o hollo sŏsŏ pyŏr-ŭl heŏ-ponora! (K 6-2, 37).	Schweigend stehe ich da allein und versuche, die Sterne zu zählen.

nos ta　　놋다　　1-notta　　(§§ 1.31.22, 2.13.11)

Emphatische Terminalform der älteren S, entstanden aus dem Honorativmorphem -no und dem Hilfsverb itta (노있다 > 놋다). Bezeichnet eine emphatische Aussage mit honorativ-bescheidener Nuance.

내마음 둘 데 없어 냇가에 앉았으니, 저 물도 내 안 같도다 울어 밤길 예놋다.	Nae maŭm tul-tte ŏpsŏ naekka-e anjassŭni, chŏ-mul-do nae an kat=toda urŏ pamgil ye=notta (ChK III-II, 130).	Mein Herz hat keinen Ruheplatz, und ich sitze am Ufer des Flusses; auch das Wasser da gleicht meinem Innern: schluchzend geht es den Weg durch die Nacht.
오늘은 비 뿌리고 내일은 바람 불어, 계오신 대궐은 더 쫓아 모를놋다.	Onŭr-ŭn pi ppurigo naeir-ŭn param purŏ, kyeosin taegwŏr-ŭn tŏ tchoch'a morŭllotta (HS, 176).	Heute nieselt der Regen, morgen weht der Wind; in den Palast, wo (der Prinz) weilt, weiter zu zu folgen, verstehen sie nicht.

nŏḥ ta　　넣다　　3-nŏt'a　　(§ 4.16)

nŏt'a "hineintun" steht als Hilfsverb nach der Konverbalform zur Bezeichnung der introvertiven Aktionsart: ein Vorgang ist in etwas hinein gerichtet, "hinein...".

이번에 학급 신문을 만들 때는, 여럿이 보고 즐기는 그림을 그려 넣어, 예쁘게 구며 보도록 하겠읍	I-bŏn-e hakkŭp-sinmun-ŭl mandŭlttae-nŭn, yŏ=rŏs-i pogo chŭlginŭn kŭrim-ŭl kŭryŏ-nŏhŏ, yeppŭge kkumyŏ-podorok	Wenn wir diesmal die Klassenzeitung machen, werden wir Bilder, wie sie alle gerne sehen, hineinzeichnen und (sie)

니다.	hagessŭmnida (K 3-2, 122).	schön auszustatten versuchen.
눈을 복숭아처럼 뭉쳐서 입에 처넣으면서, 「승하가 아마 이렇게 했을거야」 하고, 흉내를 내었읍니다.	Nun-ŭl poksunga-ch'ŏrŏm mungch'ŏsŏ ib-e ch'ŏ-nŏhŭmyŏnsŏ, 'Sŭngha-ga ama irŏk'e haessŭlkkŏ=ya' hago, hyungnae-rŭl naeŏssŭmnida (K 3-2, 115).	Während ich den Schnee wie einen Pfirsich zusammenknetete und in den Mund hineinstopfte, sagte ich: "Sŭngha hat es wahrscheinlich so gemacht", und ahmte es nach.

nŏ ra 너라 1-nŏra (§ 2.11.24)

Variante der Imperativform 3-ra (2. Soziativstufe) beim Verb oda "kommen": 오너라 onŏra komm!

바둑아, 이리 오너라.	Padug-a, iri onŏra! (K 1-1, 48).	Paduk, komm her!
만약 비가 안오거든, 괭이나 호미를 한자루씩 가지고 오너라.	Manyak pi-ga an-ogŏdŭn, kwaengi-na homi-rŭl hanjaru-ssik kajigo-onŏra!(K 3-1, 12).	Falls es nicht regnet, bringt eine Picke oder eine Unkrauthacke mit!

n ta ㄴ다 2-nda (§ 2.11.2)

Assertive Terminalform der 2. Soziativstufe im Deklarativ, nur bei prozessiven Verba mit Vokalstamm gebräuchlich (Konsonantenstamm siehe nŭn ta); gebildet aus dem n-Partizip (§ 3.12) und der Deklarativendung -ta. In der älteren S kommt die Form daneben in interrogativer Funktion vor. Siehe nŭn ta, ta.

참, 그 말 잘 운다.	Ch'am, kŭ-mal chal unda (K 1-2, 83).	Wirklich, dies Pferd wiehert gut.
나는 다른때 보다 더 일찍 일어난다.	Na-nŭn tarŭn ttae-boda tŏ iltchik irŏnanda (K 3-1, 43).	Ich stehe noch früher auf als zu anderen Zeiten.
네 뉘 신하인다 .	Ne nui sinha-inda? (ChK III-II, 123).	Wessen Untertan bist du?

nu na 누나 1-nuna (§ 2.13.4)

Assertive Terminalform des Affektivs in der 2. Soziativstufe, gekürzt aus -nŭn'guna. Bezeichnet eine emphatische Aussage. Siehe ku na.

하얀 손가락 가락이 연붉은 그 손톱은, 지금은 꿈속에 본 듯 힘줄만이 서누니.	Hayan sonkkarak-karag-i yŏnbulgŭn kŭ-sont'ob-ŭn, chigŭm-ŭn kkumsog-e pon-dŭt himjul-man-i sŏnuna (K 6-2, 38).	An den blassen Fingern, diesen rosa Fingernägeln, treten jetzt, wie im Traum gesehen, die Adern nur hervor.

nŭn 는 1,4-nŭn (§ 3.11)

Endung des Partizips präsentis bei prozessiven Verba und Verba der Befindlichkeit (itta, ŏpta), bestehend aus dem assertiven Endungsmorphem prozessiver Verba -nŭ- und der Partizipialendung -n. Nach Temporalstämmen (4-nŭn) erscheint es nur als Kompositionsglied der Endungen -te (는데 1,4-nŭnde, koordinativ), -chi (는지 1,4-nŭnji, distributiv), -kŏl (는걸 1,4-nŭn'gŏl, dubitativ), -ka/ko und -ya (는가 1,4-nŭn'ga, 는고 1,4-nŭn'go, 느냐 1,4-nŭnya). Vgl. te, chi, kŏl, ka, nŭnya.

그 다음에 원고를 모으는 사람, 그리고 글씨 잘 쓰는 사람과 그림 잘 그리는 사람이 필요하다.	Kŭ-daŭm-e wŏn'go-rŭl mo=ŭnŭn saram, kŭrigo kŭl=ssi chal ssŭnŭn saram-gwa kŭrim chal kŭrinŭn saram-i p'iryo-hada (K 5-1, 11).	Sodann ist jemand notwendig, der die Manuskripte sammelt, dann jemand, der gut Schriftzeichen schreibt, und jemand, der gut Bilder malt.
어린이를 업고 있는 여인들의 앞을 지나갑니다.	Ŏrini-rŭl ŏpko-innŭn yŏindŭr-ŭi ap'-ŭl chi=na-gamnida (K 3-2, 22).	Sie kommen an Frauen vorüber, die ihre Kinder auf dem Rücken tragen.

nŭ ni 느니 1-nŭni (§§ 2.11.22, 2.24.3/4/6)

Ambivalente Verbalform der älteren S nach prozessiven Verba und Verba der Befindlichkeit, a) in konjunktionaler Stellung zur Satzverbindung (konditional, kausal, temporal oder adversativ), b) in terminaler Stellung mit deklarativer oder interrogativer Funktion, etwa der 2. Soziativstufe gleichzustellen (= -nŭnda), c) in nominalisierender Stellung (<는이 -nŭn-i = -nŭn-gŏt). Eine Nebenform lautet 나니 -nani (s.d.); beide sind aus 는이 entstanden. Das Morphem -nŭ < ᄂᆞ -nă hat prozessive und assertive Geltung (retrospektiv: 더 -tŏ).

한글로만 쓰면 우리의 지난날의 역사를 알수 없느니, 또는...	Han'gŭl-lo-man ssŭmyon uri-ŭi chinan nar-ŭi yŏksa-rŭl al-ssu-ŏmnŭni, tto-nŭn... (ChK I-I, 11).	Wenn wir nur mit dem koreanischen Alphabet schreiben, können wir nicht unsere Geschichte

		der vergangenen Zeit erkennen, und zudem...
이길로 한참 가면 오른쪽에 술집이 있느니.	I-gil-lo hanch'am kamyŏn orŭn-tchog-e sultchib-i innŭni (KS II, 680).	Wenn man diesen Weg eine Weile entlanggeht, gibt es auf der rechten Seite eine Schenke.
어찌타 나의 소년은 가고 아니 오느니.	Ŏtchit'a na-ŭi sonyŏn-ŭn kago ani-onŭni? (a.a.O.)	Warum ist meine Jugend vergangen und kommt nicht (wieder)?
들리느니 냇물소리가 돌돌 구르고, 간혹 아기새 소리가 끓일듯 이어간다.	Tŭllinŭni naemmul-sori-ga toldol kurŭgo, kanhok agisae-sori-ga kkŭnhil-ttŭt iŏganda (ChK I-I, 66).	Es ist zu hören (wrtl. "was zu hören ist"), wie das Wasser des Baches gluckst, wie ab und zu das Piepsen junger Vögel gleichsam ersterbend weitergeht.

nŭ ni po ta   느니보다   1-nŭni-boda   (§ 2.24.12)

Kompositionelle Konjunktionalform, entstanden aus der Verbindung des nŭn-Partizips (§ 3.11) mit dem Formalnomen i (hier = kŏt, s.o. c) und der Postposition -poda. Bezeichnet einen mutativen Nebensatz im Sinne der vergleichenden Zurücksetzung: "anstatt daß", "weniger... als vielmehr".

협착한 산악에서 비비적 거리느니보다, 차라리 광활한 평야에 군색하지 않게 터를 잡는것이 많은 편익이 있었으리라.	Hyŏpch'ak-han sanag-esŏ pibijŏkkŏrinŭni-boda, ch'arari kwanghwar-han p'yŏngya-e kunsaek-haji-ank'e t'ŏ-rŭl chamnŭn-gŏs-i manhŭn p'yŏnig-i issŏssŭrira (ChK II-I, 50).	Statt auf schmalen Bergeshöhen zu wühlen, wäre es wohl viel bequemer und nützlicher gewesen, auf weiter Ebene ohne Not einen Platz zu erlangen.
생각이 막혔다느니 보다 말과 글로는 도무지 나타낼수 없을만큼 경치가 아름다왔던것 입니다.	Saenggag-i makhyŏtta=nŭni-boda mal-gwa kŭl-lonŭn tomuji nat'anael-ssu-ŏpsŭlmank'ŭm kyŏng=ch'i-ga arŭmdawattŏn-gŏs-imnida (K 3-2, 34).	Die Szenerie war in einem Grade schön, daß man weniger betäubt war als vielmehr gänzlich außerstande, es in Wort oder Schrift auszudrücken.

nŭ ni ra 느니라 1-nŭnira (§ 2.11.22.1)

Deklarative Terminalform der älteren Ṡ, der 2. Soziativstufe gleichzustellen; bestehend aus dem Assertivmorphem prozessiver und Befindlichkeitsverba -nŭ (< ᄂᆞ -nă) und der apodiktischen Terminalform -nira (s.d.), der sie funktionell gleicht: "(bestimmt) so sein". Eine Nebenform lautet -nanira (s.d.).

이러므로 자의 공이 내 제일이 되느니라.	Irŏmŭro chaŭigong-i nae cheir-i toenŭnira (KMK, 87).	Also wird die Tätigkeit des Schneiderns (sicherlich) meine erste Aufgabe.
행실이 지극하면 사는 날이 있느니라.	Haengsir-i chigŭk-hamyŏn sanŭn nar-i innŭnira (KK III, 140).	Falls ihr Verhalten sehr gut ist, hat sie (bestimmt) Tage, da sie (wieder frei) lebt.

nŭn ka s. ka (5,6-ga)

nŭn ta 는다 1,4-nŭnda (§ 2.11.2)

Assertive Terminalform der 2. Soziativstufe im Deklarativ, nur bei prozessiven Verba mit Konsonantenstamm gebräuchlich (Vokalstamm siehe n ta); entstanden aus dem nŭn-Partizip (§ 3.11) und dem deklarativen Verbalsuffix -ta. In der älteren S kommt die Form daneben in interrogativer Funktion vor, auch nach Temporalstämmen (4-nŭnda).

조기떼를 찾는다.	Chogi-tte-rŭl ch'annŭn=da (K 4-1, 54).	Sie suchen den Chogi-(Fisch-)Schwarm.
전혀 움직이지를 않는다.	Chŏnhyŏ umjigiji-rŭl an=nŭnda (K 4-1, 37).	Es bewegt sich überhaupt nicht.
네 어찌 가만히 왕제를 보내었는다.	Ne ŏtchi kamanhi wangje-rŭl ponaeŏnnŭnda? (ChK III-II, 123).	Warum hast du heimlich des Königs Bruder weggeschickt?

nŭ nya 느냐 1-nŭnya (§ 2.11.2)

Assertive Terminalform der 2. Soziativstufe im Interrogativ nach prozessiven Verba und Verba der Befindlichkeit; dient zur Bezeichnung direkter oder indirekter Fragesätze. Entstanden aus der Verbindung des nŭn-Partizips (§ 3.11) mit der interrogativen und interjektionalen Postposition -ya (< ᄂᆞᆫ야 -năn-ya). Siehe -nya.

너는 무엇 때문에 그렇게 울고 있느나.	Nŏ-nŭn muŏt-ttaemun-e kŭrŏk'e ulgo-innŭnya? (K 2-1, 70).	Aus welchem Grunde weinst du so?
엄마가 해 주시는 반찬은 무엇이든지 잘 먹느냐.	Ŏmma-ga hae-jusinŭn panch'an-ŭn muŏs-idŭnji chal mongnŭnya? (K 2-1, 48).	Ißt du tüchtig die Reisbeilagen, welche auch immer, die die Mama für dich macht?
사람들은 부인의 힘으로 무엇을 하겠느냐고 하며, 그들을 비웃었읍니다.	Saramdŭr-ŭn puin-ŭi himŭro muŏs-ŭl hagennŭnya-go-hamyŏ, kŭdŭr-ŭl piu=sŏssŭmnida (K 4-2, 132).	Die Leute fragten, was man mit der Kraft einer Frau tun könne, und lachten über sie.

nŭ nyo　　느뇨　　1-nŭnyo　　(§ 2.11.23.1)

Verbalsuffix der älteren S, das den Interrogativ im terminalen Prädikat bezeichnet. Entstanden aus ᄂᆞ요 -năn-yo, ist es eine Nebenform von -nŭnya (s.o.). Eine phonetische Variante lautet 니뇨 -nanyo (s.d.).

어찌 아비 명을 저바리고 어미 자애를 그르츠려 하느뇨.	Ŏtchi abi-myŏng-ŭl chŏ=barigo ŏmi-cha'ae-rŭl kŭrŭch'ŭryŏ-hanŭnyo? (ChK III-II, 125).	Warum willst du den Befehl des Vaters mißachten und die Liebe der Mutter verletzen?
이 보오얀 봄길을 찾아 문안하러 니왔느뇨.	I-pooyan pomgir-ŭl ch'aja munan-harŏ nawannŭnyo? (ChK II-I, 2).	Seid ihr herausgekommen, um diesen weißen Frühlingspfad (im Nebel) zu suchen und nach dem Wohlergehen zu fragen?

nŭ ra　　느라　　1-nŭra　　(§ 2.11.22.1)

Verbalform der älteren S, bestehend aus dem assertiven Endungsmorphem prozessiver Verba -nŭ und der prospektiven (?) Verbalendung -ra (siehe 7-ra). Im Gegensatz zur Terminalform -nŭnira (s.d.) apodiktischer Geltung wird -nŭra als Konjunktionalform in temporaler, konditionaler, kausaler oder finaler Funktion verwendet, häufiger jedoch in Verbindung mit Suffixen: nŭ ra ko, nŭ ra myŏn, nŭ ra ni (s.d.).

대왕께서 누지에 행차하시느라 과히 수고하시었사옵니다.	Taewang-kkeso nuji-e haengch'a-hasinŭra kwa=hi sugo-hasiŏssaomnida (HYSCh 6, 330).	Da Ew. Majestät sich hierher (zu mir) begeben haben, haben sich (Ew.Majestät) über die Maßen bemüht.

nŭ ra ko   느라고   1-nŭrago   (§ 2.24.4/9)

Aus der Verbalendung -nŭra (s.o.) und dem koordinativen -ko (§ 2.24.1) zusammengesetzte Konjunktionalform mit kausaler oder finaler Funktion; -nŭra impliziert eine durativ-intensive Modifizierung der Konjunktionalform. Bezeichnet eine Handlung, welche die Durchführung oder Unterlassung einer anderen begründet, die in zeitlich unmittelbarem Zusammenhang steht: "da gerade", "in der Absicht zu" (jap. -node, -tame-ni).

재미있게 노느리고 시간 가는줄 모르고 있었는데...	Chaemi-ikke nonŭrago sigan kanŭnjul morŭgo issŏnnŭnde... (K 3-2, 71).	Da sie gerade interessant spielten, merkten sie nicht, wie die Zeit verging...
동무들이 말리느라고 영철이와 대식이 손을 잡아 끌고 야단이다.	Tongmudŭr-i mallinŭrago Yŏngch'ŏri-wa Taesigi-son-ŭl chaba-kkŭlgo yadan-ida (K 3-1, 22).	Um sie zurückzuhalten, zerren die Kameraden Yŏngch'ŏl und Taesik an den Händen und schelten sie.

nŭ ra myŏn   느라면   1-nŭramyŏn   (§ 2.24.3)

Aus der Verbalendung -nŭra (s.o.) und dem konditionalen -myŏn (§ 2.24.3) zusammengesetzte Konjunktionalform konditionaler oder temporaler Funktion: "wenn".

여름날 아침에, 농촌의 들과 동산을 거닐고 있느라면, 벌떼들이 꽃밭에서 붕붕히는 소리를 들을것입니다.	Yŏrŭmnal ach'im-e, nongch'on-ŭi tŭl-gwa tongsan-ŭl kŏnilgo-innŭramyŏn, pŏl-ttedŭr-i kkoppat'-esŏ 'pungbung'-hanŭn sori-rŭl tŭrŭl-kkŏs-imnida (K 6-1, 60).	Wenn man am Morgen eines Sommertages durch die Felder und Gärten eines Dorfes streift, kann man hören, wie die Bienenschwärme in den Blumenfeldern summen.

nŭ ra ni (kka)   느라니(까)   1-nŭrani(kka)   (§ 2.24.3)

Aus der Verbalendung -nŭra (s.o.) und dem kausalen -ni(kka) (§ 2.24.4) zusammengesetzte Konjunktionalform mit temporaler oder konditionaler Funktion; bezeichnet eine bedingende, auf zukünftige Wirkung gerichtete Handlung: "wenn... dann".

조금 더 흘러내려가느라니까, 큰 다리가 놓여있다.	Chogŭm tŏ hŭllŏ-naeryŏganŭranikka, k'ŭn tariga nohyŏ-itta (K 3-1,	Wenn wir (Wassertropfen) noch etwas hinabfließen, ist (da) eine große

	70).	Brücke hingesetzt.
푸른 밤나무 숲속에 앉아 노느라니까, 밤꽃 향기가 코를 찌른다	P'urŭn pamnamu-sup-soge anja-nonŭranikka, pam=kkot-hyanggi-ga k'o-rŭl tchirŭnda (ChK I-I, 32).	Wenn man in einem Hain von grünen Kastanienbäumen sitzt und sich vergnügt, durchdringt der Duft der Kastanienblüten die Nase.

nya　　　냐　　　2-nya　　　(§ 2.11.2)

Assertive Terminalform der 2. Soziativstufe im Interrogativ nach der Kopula oder qualitativen Verben. Entstanden aus der Verbindung des n-Partizips (§ 3.12) mit der interrogativen und interjektionalen Postposition -ya: ㄴ야 -n-ya (6-ya). Vgl. nŭ nya.

학수야, 정말이냐.	Haksu-ya, chŏngmar-inya? (K 4-1, 116).	Du, Haksu, ist das wahr?
너 정말 나한테 걸레 하나 선사할테냐.	Nŏ chŏngmal na-hant'e kŏlle hana sŏnsa-halt'e-nya? (< t'ŏ-inya) (K 4-1, 117).	Willst du mir wirklich einen Lappen spendieren?

nyo　　　뇨　　　2-nyo　　　(§ 2.11.23.1)

Verbalsuffix der älteren S, das den Interrogativ im terminalen Prädikat bezeichnet. Entstanden aus ㄴ요 -n-yo, ist es eine Nebenform von -nya (s.o.) und wird wie dies nur nach qualitativen Verben und der Kopula gebraucht.

세계 문화의 대조류에 기여보비할, 기연을 유실함이 무릇 기하인요.	Segye-munhwa-ŭi taejoryu-e kiyŏ-bobi-hal kiyŏn-ŭl yusir-ham-i murŭt kiha-inyo? (KK III, 20).	Wie oft ist es eigentlich (die Gefahr), die Gelegenheit zu verpassen, zum großen Strom der Weltkultur einen Beitrag zu leisten?
재상가 천비 소생이 비단 너뿐이 아니어든, 네 어찌 방자함이 이 같으뇨.	Chaesangga ch'ŏnbi-so=saeng-i pidan nŏ-ppun-i aniŏdŭn, ne ŏtchi pangja-ham-i i kat'ŭnyo? (KK II, 188).	Wenn es nicht nur dir allein so geht, aus der Familie eines Kanzlers und ein Sproß niederer Abkunft zu sein, warum dann diese deine Aufsässigkeit?

o 오 2-o (§ 2.11.4)

Assertive Terminalform der 4. Soziativstufe, verwendet in deklarativer Funktion (fallende Intonation), interrogativer Funktion (steigende Intonation) und imperativer Funktion (fallend, dynamisch verstärkt). Im Imperativ steht häufig das Honorativmorphem -si (§ 1.31.1) vor der Endung (formeller Ausdruck, siehe -psio). Eine Variante nach konsonantischen Verbalstämmen lautet 소 1-so (s.d.).

예, 내가 바로 베에토오벤 이오.	Ye, nae-ga paro Peet'oo=ben-io (K 5-2, 68).	Ja, ich bin wirklich Beethoven.
약을 이리 주시오.	Yag-ŭl iri chusio (K 2-2, 31).	Geben Sie die Medizin her!
오늘도 무얼 그리 생각하시오.	Onŭl-do muŏl kŭri saeng-gak-hasio? (K 4-1, 76).	Was denken Sie denn auch heute so?

o s. op

o s. u (1-u)

oe ta s. o i ta

o i ta 오이다 2,4-oida (§ 2.11.6)

Assertive Terminalform der 6. Soziativstufe im Deklarativ, veraltet (S). Zusammengesetzt aus dem Honorativmorphem -o (§ 1.31.2) und der honorativen Terminalform i(ta). Auch kontrahiert zu 외다 -oeda. Gebräuchlich bei qualitativen Verben und der Kopula; bei prozessiven Verben meist nur nach Temporalstämmen.

까만 젖꼭지는 옛날과 같으오이다.	Kkaman chŏkkokchi-nŭn yennal-gwa kat'ŭoida (KK I, 69).	Die dunklen Brustspitzen sind wie in alten Tagen.
저는 어머님보다 더 크신 어머님을 위하여, 한 몸을 바치려는 영광스러운 이땅의 사나이외다.	Chŏ-nŭn ŏmŏnim-boda tŏ k'ŭsin ŏmŏnim-ŭl wihayŏ, han-mom-ŭl pach'iryŏnŭn yŏnggwangsŭrŏun i-ttang-ŭi sanai-oeda (ChK I-I, 149).	Ich bin ein Mann dieser herrlichen Erde, der einer größeren Mutter als dir, Mutter, sein ganzes Selbst weihen möchte.
당신과는 아무런 틈이 없이 정이 들었오이다.	Tangsin-gwanŭn amurŏn t'ŭm-i ŏpsi chŏng-i tŭ=rŏssoida (HTMCh 3, 342).	Ich habe zu dir eine Zuneigung gefaßt, daß nichts zwischen uns steht.

돌아 가겠오이다.	Tora-gagess<u>oida</u> (a.a.O. S. 344).	Ich möchte zurückgehen.

<u>ol si ta</u> 올시다 1-olsida (§ 2.11.68)

Assertive Terminalform der 6. Soziativstufe im Deklarativ, speziell bei der Kopula ida gebräuchlich. Kontrahiert aus dem älteren 올쇼이다 -olsyoida, wobei das Morphem -syo mit dem Honorativmorphem -so (§ 1.31. 22) und die Endung mit der honorativen Terminalform i(ta) identisch ist. Als Nebenform ist 올세다 -olseda belegt (vgl. -psida - -pseda).

나는 몽운사에 있는 화주승이올시다.	Na-nŭn Mongunsa-e in=nŭn hwajusŭng-i<u>olsida</u> (K 6-2, 50).	Ich bin Tempelvorsteher im Mongunsa.
이 너른 세상에 이오라비와 다 깨어진 피아노만이 위안이 올시다.	I-nŏrŭn sesang-e i-ora=bi-wa ta kkaeŏjin p'ia=no-man-i wian-i<u>olsida</u> (K 5-2, 65).	In dieser weiten Welt sind nur dieser Bruder und das ganz verdorbene Klavier ein Trost für mich.

<u>o ni kka</u> 오니까 2-onikka (§ 2.11.6)

Assertive Terminalform der 6. Soziativstufe im Interrogativ, veraltet (S). Nur nach qualitativen Verben und der Kopula gebräuchlich. Vgl. o i ta.

어디서 오신 손님이오니까.	Ŏdisŏ osin sonnim-i<u>oni=kka</u>? (PY, 148).	Woher sind Sie gekommen, mein Herr? (wrtl. "ein woher gekommener Gast sind Sie").
무슨 말씀이오니까.	Musŭn malssŭm-i<u>onikka</u>? (KJT, 107).	Was für Worte sind das (Ihre Worte)?

<u>op</u> 옵 2-op (§ 1.31.2)

Stammbildungsmorphem der älteren S, Bezeichnung des aussageobjektbezogenen oder partnerbezogenen Honorativs (6. Soziativstufe) zum Ausdruck der Ehrerbietung gegenüber der besprochenen Objektsperson oder der angesprochenen Partnerperson. Steht nach Vokalbasen (nach Konsonantenbasen: -saop-, -chaop-, s.d.) und vor konsonantisch anlautenden Endungen; eine Variante lautet 압 -ap-. Vor vokalisch anlautenden Endungen, den Endungsmorphemen -l/r(i), -n(i) (fakultativ) und den konjunktionalen Endungen -na, -myŏn, -mae erscheint es in der Form 오 -o- (wird auch als Bestandteil von Terminalformen angesehen, z.B. -orida, -onikka u.a.).

몹시 바쁘신 때인 줄을 잘 아옵기로 송구스럽사오니, 꼭 와주신다면 잊지못할 영광이 되올까 하옵니다.	Mopsi pappŭsin ttae-in=jur-ŭl chal aopkiro songgusŭrŏpsaona, kkok wa-jusindamyŏn itchi-mot-hal yŏnggwang-i toeolkka haomnida (ChK II-II, 91).	Da ich wohl weiß, daß Sie zur Zeit äußerst beschäftigt sind, hege ich Furcht (Sie einzuladen), aber wenn Sie auf alle Fälle kommen würden, so wird das, wie ich meine, eine unvergeßliche Ehre für mich werden.
바라옵건대 아바님은 만수무강 하옵소서.	Paraopkŏndae abanim-ŭn mansu-mugang haopsosŏ (KK II, 193).	Wie ich hoffe, mögen Sie, Herr Vater, zehntausend Jahre und in Ewigkeit leben!
마누하님, 가압사이다.	Manuhanim, kaapsaida (KK I, 89).	Gnädige Frau, lassen Sie uns gehen!

op ni kka   옵니까   2-omnikka   (§ 2.11.62)

Assertive Terminalform der 6. Soziativstufe im Interrogativ, veraltete S (> ㅂ니까 -mnikka). -omnikka steht nach Vokalstämmen, 사옵니까 1-saomnikka nach Konsonantenstämmen (> 습니까 -sŭmnikka). Siehe op ni ta.

복동이는 어이 되옵니까.	Poktongi-nŭn ŏi toeom=nikka? (HYSCh 4, 254).	Wie wird es mit Poktong?
그걸 보십쇼. 어떠하옵니까. 소인의 말씀에 하나 헛된 일이 있을리 있사옵니까.	Kŭ-gŏl posipsyo! Ŏttŏ=haomnikka? Soin-ŭi mal=ssŭm-e hana hŏttoen ir-i issŭl-li issaomnikka? (a.a.O. S. 242).	Schaut Euch das an! Was ist zu tun? Ist es möglich, daß in meinen Worten eine einzige Unwahrheit wäre?

op ni ta   옵니다   2-omnida   (§ 2.11.62)

Assertive Terminalform der 6. Soziativstufe im Deklarativ, veraltete S (>ㅂ니다 -mnida). -omnida steht nach Vokalstämmen, 사옵니다 1-saom=nida nach Konsonantenstämmen (> 습니다 -sŭmnida). Die assertive Terminalform -n(a)ida (s.d.) wird durch Vorsetzen des Honorativmorphems -(sa)op- (§ 1.31.2) honorativ verstärkt. Als Varianten treten auf: (사)옵나이다 -(sa)omnaida, (사)옵내다 -(sa)omnaeda, 삽내다 -sapnaeda.

오랫동안 문안드리지 못하여 죄송하옵	Orae-ttongan munan-dŭri=ji-mot-hayŏ choesong-ha=	Daß ich mich lange Zeit nicht nach Ihrem Wohler-

니다.	omnida (ChK I-I, 139).	gehen erkundigt habe, bedaure ich sehr (Briefstil).
여러 선생님께서 모두 안녕하시온지 두루 알고 십사옵니다.	Yŏrŏ-sŏnsaengnim-kkesŏ modu annyŏng-hasionji turu algo-sipsaomnida (a.a.O.).	Ob alle Herren (Lehrer) sich wohl befinden, möchte ich durchaus wissen.
장한 효성 비힐데 없삽내다.	Chang-han hyosŏng pi-hal-tte ŏpssamnaeda (ChK III-II, 104).	Es gibt nichts, womit man die großartige Pietät vergleichen könnte.

op ti kka　　옵디까　　2-optikka　　(§ 2.11.62)

Retrospektive Terminalform der 6. Soziativstufe im Interrogativ, veraltete S (> ㅂ디까 -ptikka). Siehe op ti ta.

백산서 내가 뭐라고 하옵디까 .	Paeksan-sŏ nae-ga muŏ-rago-haoptikka? (HYSCh 4, 522).	Was soll ich Ihnen auf dem Paeksan gesagt haben?

op ti ta　　옵디다　　2-optida　　(§ 2.11.62)

Retrospektive Terminalform der 6. Soziativstufe im Deklarativ, veraltete S (> ㅂ디다 -ptida). -optida steht nach Vokalstämmen,사옵디다 1-saoptida nach Konsonantenstämmen (> 습디다 -sŭptida). Die retrospektive Terminalform -tŏida (s.d.) > -tida wird durch Vorsetzen des Honorativmorphems -(sa)op- (§ 1.31.2) honorativ verstärkt. Als Varianten treten auf: (사)옵더이다 -(sa)optŏida, (사)옵데다 -(sa)opteda, (사)옵듸다 -(sa)optŭida, 삽데다 -sapteda.

쉰네를 보고는 문안을 드리며, 전수히 트집비탈이옵디다 .	Suinne-rŭl pogonŭn mun=an-ŭl tŭrimyŏ, chŏnsuhi t'ŭjippat'ar-ioptida (PY, 149).	Als er meine Wenigkeit erblickt hatte, entbot er seinen Gruß, und er hatte sehr die Neigung zu nörgeln (wie ich mich erinnere).
체격으로 욕심과 심술이 덕적덕적 하옵디다 .	Ch'egyŏg-ŭro yoksim-gwa simsur-i tŏkchŏk-tŏk=chŏk-haoptida (a.a.O.).	In seiner Erscheinung treten Selbstsucht und Boshaftigkeit stark hervor (wie ich mich erinnere).

<u>o ri i kka</u> 오리이까 2-oriikka (§ 2.11.6)

Interrogative Terminalform der 6. Soziativstufe zur Bezeichnung des Intentionalis oder Dubitativs, veraltete S. -oriikka steht nach Vokalstämmen, 사오리이까 1-saoriikka nach Konsonantenstämmen. Siehe o ri i ta.

그 부친을 부친이라 못하옵고 그 형을 형이라 못하오니, 어찌 사람이라 하오리이까.	Kŭ-buch'in-ŭl puch'in-ira mot-haopko kŭ-hyŏng-ŭl hyŏng-ira mot-haoni, ŏtchi saram-ira-<u>haoriikka</u>? (KK II, 188).	Da ich meinen Vater nicht Vater nennen kann, meinen (älteren) Bruder nicht Bruder, wie soll ich mich Mensch nennen?
이리 듣자 왔으니 이후는 부자간이 행여 낫사오리이까.	Iri tŭtchawassŭni i-hu-nŭn pujagan-i haengyŏ-nassa<u>oriikka</u>? (HMKT 14, 197).	So habe ich es gehört, aber vielleicht hat sich danach das Verhältnis zwischen Vater und Sohn gebessert?

<u>o ri i ta</u> 오리이다 2-oriida (§ 2.11.6)

Deklarative Terminalform der 6. Soziativstufe zur Bezeichnung des Intentionalis oder Dubitativs, veraltete S. Besteht aus dem Honorativmorphem -(sa)o- (§ 1.31.2), dem Futurmorphem -ri (§ 1.33.31) und der honorativen Terminalform -ida (deklarativ) bzw. -ikka (interrogativ). Die Form lautet nach Vokalstämmen -oriida, nach Konsonantenstämmen 사오리이다 1-saoriida. Vgl. o ri i kka.

신이 비록 재조 없사오나 한번 인간에 나가 토끼를 사로잡아 오리이다.	Sin-i pirok chaejo ŏpssaona hanbŏn in'gan-e naga t'okki-rŭl saro=jaba-<u>oriida</u> (< o<u>oriida</u>) (KK I, 92).	Obgleich ich, Ew. untertäniger Diener, kein Talent habe, will ich einmal unter die Menschen gehen, einen Hasen lebendig fangen und zurückkommen.
상하기를 이르오리이까. 은애를 드리오시면 그렇지 아니하오리이다.	Sang-hagi-rŭl irŭoriikka? Ŭnae-rŭl tŭriosimyŏn kŭ=rŏch'i ani-ha<u>oriida</u> (HMKT 14, 197).	Soll ich über mein Verletztsein sprechen? Wenn Sie mir Gunst und Neigung schenken, werde ich es nicht sein.

<u>o ri kka</u> 오리까 2-orikka (§ 2.11.5)

Interrogative Terminalform der 5. Soziativstufe (= -ryŏmnikka) zur Bezeichnung des Intentionalis oder Dubitativs. Siehe o ri ta.

서방님이 춘향을 아니 보아서야 인정이라 하오리까 .	Sŏbangnim-i Ch'unhyang-ŭl ani-poasŏya injŏng-ira-haorikka? (KK III, 141).	Wenn Sie (Herr) die Ch'unhyang nicht ansehen würden, wäre das menschlich zu nennen?
「모른다. 어서 죽여라.」 관창은 여전 하였다. 「장군, 어찌 하오리까.」	'Morŭnda. Ŏsŏ chugyŏra.' Kwanch'ang-ŭn yŏjŏn-ha=yŏtta. 'Changgun, ŏtchi haorikka?' (K 5-2, 38).	"Ich weiß es nicht. Los, töte mich!"- Kwanch'ang war wie immer. "General, wie soll ich es machen?"

o ri ta　　오리다　　2-orida　　(§ 2.11.5)

Deklarative Terminalform der 5. Soziativstufe (= -ryŏmnida), bestehend aus dem Honorativmorphem -(sa)o- (§ 1.31.2), dem Futurmorphem -ri (§ 1.33.31) und der Deklarativendung -ta. Bezeichnet die Aussage im Intentionalis oder Dubitativ. Die Form steht nach Vokalstämmen; nach Konsonantenstämmen steht 사오리다 1-saorida. Vgl. o ri kka.

예, 그렇게 하오리다.	Ye, kŭrŏk'e haorida (K 6-2, 50).	Ja, so will ich es machen.
진달래꽃 아름 따다 가실 길에 뿌리오리다.	Chindallae-kkot arŭm tta=da kasil kir-e ppuriori=da (KK II, 84).	Von Azaleenblüten will ich einen Armvoll pflükken und auf den Weg streuen, den du gehst.
가실 때에는 죽어도 아니 눈물 흘리오리다.	Kasil-ttae-enŭn chugŏdo ani nunmul hŭlliorida (a.a.O.).	Wenn du gehst, will ich keine Tränen vergießen, wenn ich auch sterbe.

o ta　　오다　　3-oda　　(§ 4.16)

oda "kommen" steht als Hilfsverb nach der Konverbalform zur Bezeichnung einer durativen Aktionsart, welche einen auf die Gegenwart oder Nähe gerichteten Vorgang betrifft.

거북이가 뒤에서 느릿 느릿 기어옵니다.	Kŏbugi-ga tui-esŏ nŭrit-nŭrit kiŏ-omnida (K 1-2, 77).	Die Schildkröte kommt ganz langsam hinterher gekrochen.
옛적부터 지구상의 산것들은 언제나 여린 놈을 센 놈이 잡아먹고 살아왔다.	Yetchŏk-put'ŏ chigusang-ŭi san'gŏttŭr-ŭn ŏnje-na yŏrin nom-ŭl sen nom-i chaba-mŏkko sara-watta (ChK I-I, 4).	Seit alters her haben, was die Lebewesen auf Erden betrifft, die Starken stets gelebt, indem sie die Schwachen fingen und fraßen.

ŏ s. a

ŏ ni (wa) s. kŏ ni (wa)

ŏn ma nŭn s. kŏn ma nŭn

ŏn tae s. kŏn tae

ŏ tŭn s. kŏ tŭn

p ㅂ 2-p (§ 1.31.2)

Honoratives Stammbildungsmorphem, verkürzt aus 읍 -op- (s.d.), dient zur Kennzeichnung des partnerbezogenen Honorativs, insbesondere der 5. Soziativstufe, und wird üblicherweise der Terminalform zugerechnet. Das Morphem steht nach Vokalbasen, dialektal auch nach Konsonantenbasen. Siehe sŭp.

오늘은 일요일입니다.	Onŭr-ŭn iryoir-imnida (< ipnita) (K 2-1, 12).	Heute ist Sonntag.
안녕히 돌아가십시오.	Annyŏnghi tora-gasipsio (K 2-2, 42).	Auf Wiedersehen! (wrtl. "gehen Sie in Frieden zurück!").
운전수, 갑시다 .	Unjŏnsu, kapsida! (K 2-2, 32).	Fahrer, fahren wir! (wrtl. "laßt uns gehen!").
구름이 그림을 그려 놓읍니다.	Kurŭm-i kŭrim-ŭl kŭryŏ-nohŭmnida (< nohŭpnita) (K 2-1, 59).	Die Wolken malen Bilder.

pa 바 5,6,7-pa (§ 4.3)

Nominalisator (Ort) zur Bezeichnung von Objektsätzen, Attributen oder Adverbien (im Lokativ: -pa-e "in Anbetracht"). Semantisch ähnlich allgemein wie 것 kŏt, entspricht es in seiner Funktion aber auch dem chin. so und jap. tokoro 所 (passivische Geltung).

신라 대장들은 어찌 할 바를 모르고. . .	Silla-taejangdŭr-ŭn ŏtchi halppa-rŭl morŭgo... (K 5-2, 31).	Die Generäle von Silla wußten nicht, was sie tun sollten...
인권 존중 사상은 예수의 가르침에 힘입은 바라 하겠읍니	Ingwŏn-chonjung-sasang-ŭn Yesu-ŭi karŭch'im-e him-ibŭnba-ra hagessŭm=	Was den Gedanken, die Menschenrechte zu respektieren, angeht, kann

다.	nida (K 6-2, 97).	man sagen, daß er der Lehre Jesu verdankt wird.
아시는 바와 같이 ...	Asinŭnba-wa-gat'i... (ad hoc).	Wie Sie wissen...
낸들 사내인 비에야 그러한 중대한 일을 어찌 경솔히 들을리 있나.	Naendŭl sanae-inba-eya kŭrŏ-han chungdae-han ir-ŭl ŏtchi kyŏngsorhi tŭrŭl-li inna (HYSCh 4, 311).	Warum sollte ein Grund bestehen, daß ich, in Anbetracht dessen, daß ich ein (rechter) Mann bin, eine so wichtige Angelegenheit leichtsinnig aufnehmc (anhöre)?

pa i ta   바이다   5,6-ba-ida   (§§ 4.31, 4.31.4)

Kompositionelle Verbalform, bestehend aus dem Nominalisator pa (s.o.) und dem Hilfsverb ida (sein); bezeichnet die Tatsächlichkeit eines Vorganges (jap.-suru-tokoro-dearu), mehr schriftsprachlich als das sinnentsprechende -kŏs-ida.

이미 세계가 다 아는바 입니다.	Imi segye-ga ta anŭnba-imnida (K 5-1, 114).	Es ist so, daß die Welt das alles schon weiß.
유우엔군의 눈부신 활약은 이미 우리가 잘 아는 비이어니와...	Yuuen'gun-ŭi nunbusin hwaryag-ŭn imi uri-ga chal anŭnba-iŏniwa... (K 6-1, 152).	Die glänzenden Aktionen der UN-Truppen kennen wir zwar schon gut...

pa ram e   바람에   5-barame   (§ 2.24.4)

Nominalwertige Konjunktionalform kausaler Geltung, welche begründende Nebensätze im Sinne der Folge oder Abhängigkeit bezeichnet: "infolge", "gemäß".

할머니가 야단을 치는바람에 할아버지는 또 바다로 나갔읍니다.	Halmŏni-ga yadan-ŭl ch'i=nŭnbarame harabŏji-nŭn tto pada-ro nagassŭmnida (K 3-1, 55).	Als Folge davon, daß die Alte ihn auszankte, fuhr der Alte wiederum auf das Meer hinaus.
영철이와 대식이는 동무들이 말리는바람에 그만 싸움을 그치고 헤어집니다.	Yŏngch'ŏri-wa Taesigi-nŭn tongmudŭr-i mallinŭn=barame kŭman ssaum-ŭl kŭ=ch'igo heŏjimnida (K 3-1, 23).	Infolge davon, daß die Kameraden (sie) zurückhalten, brechen Yŏngch'ŏl und Taesik den Kampf ab und gehen auseinander.

p ni kka ㅂ니까 2-mnikka (§ 2.11.5)

Assertive Terminalform der 5. Soziativstufe im Interrogativ, entstanden aus einer älteren Form -op-naikka (6. Soziativstufe). Nach Konsonantenbasen steht meist die Form 습니까 1-sŭmnikka. Siehe p ni ta.

깡충깡충 뛰는 짐승 입니까.	Kkangch'ung-kkangch'ung ttuinŭn chimsŭng-imnikka? (K 3-1, 40).	Ist es ein Tier, das weite Sprünge macht?
점심은 안가지고 갑니까.	Chŏmsim-ŭn an-gajigo kamnikka? (K 3-1, 14).	Gehen wir, ohne Mittagessen mitzunehmen?
헤엄을 배우러 가고 싶읍니까.	Heŏm-ŭl paeurŏ kago-sip'ŭmnikka? (K 3-1, 91).	Wollt ihr gehen, um schwimmen zu lernen?
여러분 생각은 어떻습니까.	Yŏrŏbun-saenggag-ŭn ŏttŏssŭmnikka? (K 5-1, 23).	Wie ist die Meinung von Ihnen allen?

p ni ta ㅂ니다 2-mnida (§ 2.11.5)

Assertive Terminalform der 5. Soziativstufe im Deklarativ, entstanden aus der älteren Form -op-naita (6. Soziativstufe, siehe na i ta, op, p). Nach Konsonantenbasen steht meist die Form 습니다 1-sŭmnida (<-saop-naita, siehe sŭp).

오늘은 일요일 입니다.	Onŭr-ŭn iryoir-imnida (K 2-1, 12).	Heute ist Sonntag.
이 책의 대강 줄거리는 다음과 같읍니다.	I-ch'aeg-ŭi taegang-jul=gŏri-nŭn taŭm-gwa kat'-ŭmnida (K 5-1, 96).	Folgendes ist eine Inhaltsübersicht dieses Buches (wrtl. "die I... gleicht Folgendem").
코끼리는 더운 나라에 삽니다.	K'okkiri-nŭn tŏun nara-e samnida (K 3-1, 84).	Elefanten leben in warmen Ländern.
인도에 사는 코끼리는 아주 순해서 사람의 말도 잘 듣습니다.	Indo-e sanŭn k'okkiri-nŭn aju sun-haesŏ saram-ŭi mal-do chal tŭssŭmnida (K 3-1, 85).	Der in Indien lebende Elefant ist sehr gehorsam und folgt auch den Worten des Menschen gut.

po ta 보다 3-boda (§ 4.16)

poda "sehen" steht als Hilfsverb nach der Konverbalform zur Bezeichnung der tentativen Aktionsart: "etwas zu tun versuchen", "sich anschicken zu" (jap. -te miru). Vgl. ko po ta.

혜영이는 걸레로 책상을 닦아 봅니다.	Hyeyŏngi-nŭn kŏlle-ro ch'aeksang-ŭl takka-bom=nida (K 4-1, 110).	Hyeyŏng versucht mit dem Lappen die Schulbank zu säubern.
영이는 달걀을 만져 보았읍니다.	Yŏngi-nŭn talgyar-ŭl manjŏ-boassŭmnida (K 1-2, 63).	Yŏngi versuchte, das Ei zu berühren.
나는 가만히 앉아 물을 쥐어 본다.	Na-nŭn kamanhi anja mur-ŭl chuiŏ-bonda (ChK I-I, 68).	Ich setze mich ruhig nieder und schicke mich an, Wasser in die Hand zu nehmen.

pŏn ha ta   번하다   7-ppŏn-hada   (§ 4.32)

Kompositionelle Prädikatsform, bestehend aus dem Nominalisator pŏn (SK 番 An-der-Reihe-sein?) nach dem l-Partizip und dem Hilfsverb hada; nach der Liquide l wird aussprachegemäß auch 뻔 geschrieben. Bezeichnet das unmittelbare Bevorstehen: "nahe daran sein zu". Nur im Präteritum gebräuchlich. Siehe pŏn i ta.

하마터면 속을번 하였다.	Hamat'ŏmyŏn sogŭlppŏn-hayŏtta (Uri malbon, 385).	Um Haaresbreite war er daran, betrogen zu werden.
우리 말까지도 빼앗길뻔 했다.	Uri-mal-kkajido ppaeak=kilppŏn-haetta (ChK I-I, 10).	Es war nahe daran, daß wir sogar unserer Sprache beraubt wurden.

pŏn i ta   번이다   7-ppŏn-ida   (§ 4.32)

Kompositionelle Prädikatsform, bestehend aus dem Nominalisator pŏn (s.o.) nach dem l-Partizip und der Kopula ida. Bezeichnet wie -pŏn-hada (s.o.) das unmittelbare Bevorstehen ("nahe daran sein zu"); seltener als -pŏn-hada, doch ebenfalls nur im Präteritum gebräuchlich.

형님의 도움이 없으면 낙제할번 이었다.	Hyŏngnim-ŭi toum-i ŏpsŭ=myŏn nakche-halppŏn-iŏt=ta (ad hoc).	Wenn es die Hilfe des Bruders nicht gegeben hätte, wäre ich nahe daran gewesen durchzufallen.

pŏp ha ta   법하다   5,6,7-pŏp-hada   (§ 4.32)

Kompositionelle Prädikatsform, bestehend aus dem Nominalisator pŏp (SK 法 Regel, Verfahren, Berechtigung) nach Partizipien und dem Hilfsverb hada. Bezeichnet die begründete Annahme oder Erwartung: "wahrscheinlich", "könnte sein".

덕기는 분명히 조부의 이런 목소리를 들은법 하다.	Tŏkki-nŭn punmyŏnghi chobu-ŭi irŏn moksori-rŭl tŭrŭnbŏp-hada (HMCh 3, 28).	Es ist wahrscheinlich (könnte sein), daß Tŏkki solche Stimme des Großvaters deutlich gehört hat.

pŏp (i) iss ta   법 (이) 있다   7-ppŏb-(i)itta   (§ 4.32)

Kompositionelle Prädikatsform, bestehend aus dem Nominalisator pŏp (s.o.), häufig im Nominativ (-i) nach dem l-Partizip und dem Hilfsverb itta (Neg.: ŏpta). Bezeichnet die Möglichkeit bzw. Unmöglichkeit eines Geschehens.

콩국만 먹고서야 사람이 그렇게 살이 찔법이 있나.	K'onggung-man mŏkkosŏya saram-i kŭrŏk'e sar-i tchilppŏb-i inna (HTMCh 3, 160).	Ist es möglich, daß ein Mensch so (viel) Fleisch ansetzt, wenn er nur Bohnensuppe ißt?

pŏp i ta   법이다   5,6-bŏb-ida   (§ 4.32)

Kompositionelle Prädikatsform, bestehend aus dem Nominalisator pŏp (s.o.) nach nicht futurischen Partizipien und der Kopula ida. Bezeichnet einen regelhaften Sachverhalt, ein gewähltes Verfahren oder eine Tatsachenbegründung.

세상은 언제나 여성한테는 더 냉혹한법이다.	Sesang-ŭn ŏnje-na yŏsŏng-hant'e-nŭn tŏ naenghok-hanbŏb-ida (HMCh 10, 387).	Es ist die Regel, daß die Welt den Frauen gegenüber immer noch grausamer ist.
사람은 자기가 실지로 느껴 보지 않고는, 제일 귀한 것을 모르는법 이거든.	Saram-ŭn chagi-ga silji-ro nŭkkyŏ-boji-ank'onŭn, cheil kui-han-gŏs-ŭl mo=rŭnŭn-bŏb-igŏdŭn (K 4-2, 3).	Wenn der Mensch es nicht selbst in der Realität zu fühlen versucht, so ist es (wahrlich) die Regel, das Wertvollste nicht zu erkennen.
허기가 너무 지면 눈에 허깨비가 보여 정말 찾을것도 못 찾는법 이라오.	Hŏgi-ga nŏmu chimyŏn nun-e hŏkkaebi-ga poyŏ chŏngmal ch'ajŭl kŏt-to mot-ch'annŭn-bŏb-irao (HYSCh 3, 232).	Wenn der Hunger sehr stark ist, so ist das, wie es heißt, die Ursache, daß man Halluzinationen vor Augen sieht und das, was man sucht, sicher nicht findet.

<u>pŏ ri ta</u> 버리다 3-bŏrida (§ 4.16)

pŏrida "wegwerfen" steht als Hilfsverb nach der Konverbalform zur Bezeichnung der perfektiven Aktionsart (jap. -te shimau).

아저씨, 저하고 약속하신 것 잊어버리셨어요.	Ajŏssi, chŏ hago yaksok-hasin-gŏt ijŏ-<u>bŏrisyŏs=sŏyo?</u> (K 4-1, 29).	Onkel, hast du ganz vergessen, was du mit mir vereinbart hast?
약한 수박 싹은 다 뽑아 버리자.	Yak-han subak ssag-ŭn ta ppoba-<u>bŏrija</u>! (KLR I, 8).	Laßt uns die schwachen Melonentriebe alle ausreißen!

<u>ppun a ni ra</u> 뿐아니라 7-ppun-anira (§ 2.24.11)

Konjunktionalform, zusammengesetzt aus dem nominalwertigen Morphem ppun (nur) nach dem l-Partizip und der Negationsform anira (S) der Kopula ida; kann durch die Postposition -man intensiviert werden: 뿐만 아니라-ppun-man anira. Sinnidentisch mit -ppundŏrŏ (s.u.): "nicht nur... (sondern auch)" (jap. -nomi-narazu, -dake-de-aru).

학교 뜰을 아름답게 할뿐 아니라, 자연관찰에도 좋은 재료가 된다.	Hakkyo-ttŭr-ŭl arŭmdap=ke-hal<u>ppun-anira</u>, cha=yŏn-gwanch'ar-edo cho=hŭn chaeryo-ga toenda (K 5-1, 13).	Nicht nur, daß es den Schulgarten schön macht, Es entsteht auch ein gutes Material zur Naturbeobachtung.
장군은 공훈을 세웠을 뿐 아니라, 기울어지는 고려를 굳이 붙들고 견디었다.	Changgun-ŭn konghun-ŭl sewŏssŭl<u>ppun-anira</u>, ki=urŏjinŭn Koryŏ-rŭl kudi puttŭlgo-kyŏndiŏtta (K 5-1, 126).	Der General hat nicht nur Heldentaten vollbracht, sondern auch das niedergehende Koryŏ tatkräftig unterstützt.
우리 나라에서 제일 큰 섬 일뿐만 아니라, 또 우리나라에서 가장 남쪽으로 멀리 떨어져 있는 외딸은 섬이기도 합니다.	Uri-nara-esŏ cheil k'ŭn sŏm-il<u>ppun-man anira</u>, tto uri-nara-esŏ kajang nam=tchog-ŭro mŏlli ttŏrŏjŏ-innŭn oettarŭn sŏm-igido-hamnida (K 4-1, 59).	(Chejudo) ist nicht nur die größte Insel in unserem Lande, sie ist auch ebenso die am weitesten nach Süden abgelegene und isolierte Insel in unserem Lande.

<u>ppun tŏ rŏ</u> 뿐더러 7-ppundŏrŏ (§ 2.24.11)

Konjunktionalform, zusammengesetzt aus dem nominalwertigen Morphem ppun (nur) nach dem l-Partizip und der Postposition -tŏrŏ (bezüglich);

fungiert additiv zur Bezeichnung kumulierender Sachverhalte: "nicht nur...(sondern auch)". Vgl. ppun a ni ra.

그는 어려서부터 성품이 곧을 뿐더러 효성이 지극하고, 또한 문장이 뛰어난, 공민왕 때의 사람 이었다.	Kŭ-nŭn ŏryŏsŏ-but'ŏ sŏngp'um-i kodŭlppundŏ=rŏ hyosŏng-i chigŭk-hago, ttohan munjang-i ttuiŏ-nan, Kongminwang-ttae-ŭi saram-iŏtta (K 4-1, 78).	Er hatte nicht nur von Kindheit an ein aufrechtes Wesen, auch seine Pietät war außerordentlich, und zudem war er ein literarisch hochgebildeter Mann aus der Zeit des Königs Kongmin.
이 이두는 배우기 어려울 뿐더러, 우리 말을 완전히 적을수 없어서, 쓰기에 여간 불편하지 않았다.	I-idu-nŭn paeugi ŏryŏul=ppundŏrŏ, uri-mar-ŭl wan=jŏnhi chŏgŭl-ssu-ŏpsŏsŏ, ssŭgi-e yŏgan pulp'yŏn-haji-anhatta (K 6-2, 14).	Diese Idu(schrift) war nicht nur schwer zu lernen, auch unsere Sprache konnte man nicht vollkommen aufzeichnen, und sie war ziemlich unbequem zu schreiben.

p se ta ㅂ세다 2-pseda (§ 2.11.53)

Terminalform der 5. und 4. Soziativstufe zur Bezeichnung des Propositivs; veraltete Nebenform (S) von -psida (s.d.). Nach Konsonantenbasen lautet die Form 습세다 1-sŭpseda, älter auch 사옵세다 1-saopseda.

오늘밤 나하고 우리 집으로 갑세다.	Onŭl-ppam na-hago uri-jib-ŭro kapseda! (HMCh 6, 521).	Laßt uns heute Nacht zusammen zu uns gehen!
갑시다 일편석 조차 세지 말라 합세다.	Kapsida ilp'yŏnsŏk-cho=ch'a seji-malla-hapseda! (< -mallago-hapseda, s. 2-rago) (HS, 32).	Laßt uns gehen! Laßt uns sagen, daß sie auch nicht einen Steinbrocken zählen sollen!

p si o ㅂ시오 2-psio (§ 2.11.5)

Terminalform der 5. Soziativstufe zur Bezeichnung des Imperativs, meist an den Honorativstamm auf -si angeschlossen (§ 2.11.52). Nach Konsonantenbasen steht auch die Form 습시오 1-sŭpsio (siehe sŭp). Vgl. o (2-o).

안녕히 계십시오.	Annyŏnghi kyesipsio! (K 2-2, 31).	Leben Sie wohl!

의견을 말씀해 주십시오.	Ŭigyŏn-ŭl malssŭm-hae-jusipsio (K 5-1, 22).	Sagen Sie Ihre Meinung!
말하기에 대하여 생각하여 보십시오.	Mar-hagi-e tae-hayŏ saenggak-hayŏ-posipsio! (KK I, 3).	Versuchen Sie, über das Sprechen nachzudenken !

p si ta ㅂ시다 2-psida (§ 2.11.5)

Terminalform der 5. Soziativstufe zur Bezeichnung des Propositivs; entstanden aus der älteren Form -op-saida (6. Soziativstufe, siehe sa i ta, op, p). Häufig an den Honorativstamm auf -si angeschlossen (§ 2.11.52). Nach Konsonantenbasen steht auch die Form 습시다 1-sŭpsida (siehe sŭp).

운전수, 갑시다.	Unjŏnsu, kapsida! (K 2-2, 32).	Chauffeur, lassen Sie uns fahren!
노래를 부릅시다.	Norae-rŭl purŭpsida! (K 1-2, 30).	Laßt uns ein Lied singen!
자동차 왔읍니다. 어서 가십시다.	Chadongch'a wassŭmnida. Ŏsŏ kasipsida! (K 2-2, 30).	Das Auto ist gekommen. Los, laßt uns fahren!

p ti kka ㅂ디까 2-ptikka (§ 2.11.4/5)

Retrospektive Terminalform der 4. und 5. Soziativstufe im Interrogativ (< -op-tŏikka, s.d.); nach Konsonantenstämmen steht 습디까 1-sŭpti=kka. Auch hier treten als Varianten des Retrospektivformans -ti (< -tŏi) 듸 -tŭi und 데 -te auf (§ 2.11.54). Siehe p ti ta.

좀 뒤에 재영이가 또 다시 입을 열었다: 「누굽디까.」	Chom tui-e Chaeyŏngi-ga tto tasi ib-ŭl yŏrŏtta: 'Nuguptikka?' (HYSCh 2, 28).	Etwas später öffnete Chaeyŏng wiederum den Mund: "Wer soll es sein? (wie Sie meinen)".
형님 형님 사촌 형님 싀집살이 엇덥듸까.	Hyŏngnim hyŏngnim sa=ch'on-hyŏngnim sŭijip=sari ŏttŏptŭikka? (Han=guk-minyojip, 141).	Schwester, Schwester, liebe Base, wie, meinst du, ist das Leben (als junge Frau) im Hause der Schwiegereltern?
뱃사람들의 그런 사정을 보자고 공장을 시작했읍데까.	Paessaramdŭr-ŭi kŭrŏn sajŏng-ŭl pojago kong=jang-ŭl sijak-haessŭp=tekka (HMCh 6, 101).	Meinen Sie, daß wir die Firma gegründet haben, um uns um diese Lage der Seeleute zu kümmern?

p ti ta   ㅂ디다   2-ptida   (§ 2.11.4/5)

Retrospektive Terminalform der 4. und 5. Soziativstufe im Deklarativ, entstanden aus 읍더이다 2-optŏida (siehe op ti ta). 2-ptida steht nach Vokalstämmen; nach Konsonantenstämmen steht 습디다 1-sŭptida (< -saop-tŏida). Als Varianten treten auf: 습/ㅂ듸다 -(sŭ)ptŭida, 습/ㅂ데다 (sŭ)pteda (§ 2.11.54).

활민당은 벌써 다 잡혀서 죽었답디다.	Hwalmindang-ŭn pŏlssŏ ta chaphyŏsŏ chugŏttaptida (HYSCh 2, 565).	Die (Leute der) Hwalmin-Partei sollen schon alle gefangen und tot sein (wie ich gehört habe).
그래도 큰 생이가 추석 세라고 아버지 몰래 돈을 보냈다 합디다.	Kŭraedo k'ŭn saengi-ga ch'usŏk serago abŏji mol=lae ton-ŭl ponaetta-hap=tida (HSiMCh 9, 417).	Doch es heißt (wie ich gehört habe), daß der große Bruder Geld geschickt hat, ohne daß der Vater es wußte, (mit den Worten) sie sollten das Erntefest feiern.
이복 형제간 이락 합데다.	Ibok-hyŏngjegan-irak-(= irago) hapteda (HMCh 6, 132).	Man sagt (wie ich gehört habe), daß es die Beziehung zweier Halbbrüder bezeichne.

ra   라   1-ra   (§§ 2.11.22.1, 2.12.5)

Deklarative Verbalform, der 2. Soziativstufe zuzuordnen, nur bei der Kopula (ida) nach Prädikatsnomen und bei der Negationsform der Kopula (anida). Als nicht erweiterte Terminalform mit emphatischer Nuance in der älteren S gebräuchlich (vgl. -inira, -iroda, -irora). In der Gegenwartssprache als Endungsmorphem bei Quotativformen und Konjunktionalformen der Kopula erhalten. Siehe ran ta, ra to, ppun a ni ra u.a.

서능은 장성현 사람이라.	Sŏnŭng-ŭn Changsŏng=hyŏn-saram-ira (ChK III-II, 126).	Sŏnŭng ist ein Mann aus dem Distrikt Changsŏng.
값 없은 청풍이요, 임자 없은 명월이라.	Kap ŏpsŭn ch'ŏngp'ung-iyo, imja ŏpsŭn myŏng=wŏr-ira (KK I, 106).	Es ist der kostenlose frische Wind, es ist der herrenlose helle Mond.
그것은 돈을 주고 사는것이 아니라, 제 손으로 만든것들	Kŭgŏs-ŭn ton-ŭl chugo sanŭn kŏs-i anira, che son-ŭro mandŭn kŏttŭr-	Das sind nicht Dinge, die man mit Geld kauft, sondern das sind Dinge,

이어요.	iŏyo (K 4-1, 30).	die mit den eigenen Händen angefertigt sind.

ra 라 2,3-ra (§ 2.11.2/24.1)

Terminalform der 2. Soziativstufe, bezeichnet nach der Konverbalform (3-ra) a) den Imperativ (bei Tätigkeitsverba), b) die Interjektion (insb. bei qualitativen Verba); nach der thematischen Stammform (2-ra) c) den indirekten Imperativ in abhängigen Sätzen (Typ 먹으라고 하였다 mŏgŭrago-hayŏtta "er sagte (ihm), er solle essen").

어서 네가 숨어라.	Ŏsŏ ne-ga sumŏra! (K 5-1, 62).	Los, versteck du dich!
날아라, 새들아.	Narara, saedŭr-a! (K 3-1, 16).	Fliegt, ihr Vögel!
아이, 착해라.	Ai, ch'ak-haera! (SS 2-1, 4).	Ja, du bist brav!
하나 밖에 없어라.	Hana pakk-e ŏpsŏra! (ChK II-I, 39).	Nichts gibt es außer einem!
조심하라는 뜻입니다.	Chosim-haranŭn-ttŭs-imnida (K 5-2, 23).	Es bedeutet, daß man vorsichtig sein soll.
앗다 싣는대로 실으라지.	Atta sinnŭn-daero sirŭraji (< -rago-haji) (HYSCh 4, 39).	Ach, er soll aufladen, soviel er aufladen (kann).

ra 라 7-la

Terminalform eines Verbs, die aus dem Futurpartizip (§ 3.14) und dem prospektiven Morphem -ra besteht und eine auf die Zukunft gerichtete Befürchtung ausdrückt: "es ist zu befürchten, daß". Die Endung -(ŭ)lla ist vielleicht aus der Futurform -(ŭ)rira (2-rira, s.d.) entstanden.

각시방 영창에 바람이 들면 손 시려 발 시려 감기 드실라.	Kaksibang-yŏngch'ang-e param-i tŭlmyŏn son si=ryŏ pal siryŏ kamgi tŭ=silla (K 6-1, 55).	Wenn der Wind durch die Papierfenster des Brautzimmers dringt, werden Hände und Füße kalt, und es ist zu befürchten, daß sie sich erkältet.

ra chi 라지 1-raji (§ 2.12.5)

Erweiterte Terminalform des Quotativs (< -rago-haji) in Aussage und

Frage, der 1. Soziativstufe zuzuordnen (§ 2.11.14); nur nach der Kopula (ida) gebräuchlich. Bei allen sonstigen Verben steht -taji. Siehe ta chi.

저 곳이 우리들의 고향 이라지.	Chŏ-gos-i uridŭr-ŭi kohyang-iraji? (K 3-1, 73).	Jener Ort soll unsere Heimat sein?
네가 김제남의 계집이라지 응. 대빈지 큰 빈지의 어미라지.	Ne-ga Kim Chenam-ŭi kyejib-iraji ŭng? Taebi-nji k'ŭn pi-nji-ŭi ŏmi=raji (HYSCh 4, 234).	Wie es heißt, bist du das Weib von Kim Chenam, nicht wahr? Man sagt, du seist die Mutter der Gemahlin des (verstorbenen) Königs.

ra chi　　　라지　　　2-raji　　　(§ 4.13.4)

Erweiterte Terminalform des Quotativs der 1. Soziativstufe (s.o.), enthält das Formans 2-ra des indirekten Imperativs (s.d., § 2.11.24.1) und bezeichnet die Aufforderung durch eine nicht erste Person.

앗다 싣는대로 실으라지.	Atta sinnŭn-daero sirŭ=raji (HYSCh 4, 39).	Ach, er soll aufladen, soviel er aufladen (kann).

rae (yo)　　　래(요)　　　1-rae(yo)　　　(§§ 2.12.5, 4.13.1)

Kontrahierte Terminalform des Quotativs nach der Kopula in der 1. Soziativstufe. Entstanden aus (i)rago-hae. Mit der Endung -yo entspricht die Form der 4. Soziativstufe (§ 2.11.41). Siehe ra ko ha ta.

우리 고장의 앞 바다에서는 고기가 많이 잡히는 까닭이래.	Uri-gojang-ŭi ap pada-esŏ=nŭn kogi-ga manhi chaphi=nŭn-kkadalg-irae (SS 4-1, 33).	Der Grund ist, so heißt es, daß im Meer vor unserer Heimat viele Fische gefangen werden.
요전에 우리 이웃으로 이사 왔어. 영희도 삼학년 이래.	Yojŏn-e uri-ius-ŭro isa-wassŏ. Yŏnghŭi-do sam-hangnyŏn-irae (SS 3-1, 19).	Er ist kürzlich in unsere Nachbarschaft gezogen. Yŏnghŭi soll auch im dritten Schuljahr sein.
우리 우리 설날은 오늘 이래요.	Uri uri sŏllar-ŭn onŭr-iraeyo (K 6-1, 54).	Unser, unser Neujahrstag soll der heutige Tag sein.

<u>rae (yo)</u> 래 7-lae(yo) (§ 4.12)

Kontraktionsform des Intentionalis in der 1. Soziativstufe. Entstanden aus -ryŏ(go)hae. Mit der Endung -yo entspricht die Form der 4. Soziativstufe (§ 2.11.41). Siehe ryŏ ko ha ta.

나는 아버지께 요새 온 서어커스 구경을 식혀 딜랄래.	Na-nŭn abŏji-kke yosae on sŏŏk'ŏsŭ kugyŏng-ŭl sik'yŏ talla<u>llae</u> (ChK I-II, 108).	Ich möchte den Vater bitten, daß er (mich) den kürzlich gekommenen Zirkus ansehen läßt.
저도 내일부터 안갈래요.	Chŏ-do naeil-but'ŏ an-ga<u>llaeyo</u> (HMCh 6, 478).	Auch ich möchte von morgen an nicht gehen.

<u>rae to</u> 래도 1,2-raedo (§§ 2.12.5, 2.24.5, 4.13.4)

Konzessive Konjunktionalform des Quotativs, kontrahiert aus -rago-haedo. Steht a) nach der Kopula in der Form 1-raedo (statt -taedo, s.d., bei allen übrigen Verben) in der Bedeutung: "obgleich/selbst wenn man sagt, daß ist"; b) nach prozessiven Verben in der Form 2-raedo in der Bedeutung: "obgleich/selbst wenn man sagt, du sollst" (indirekter Imperativ auf 2-ra, s.d.).

당신이 아무리 날보고 도적이래도, 나는 남의 물건을 결코 훔친 일이 없읍니다.	Tangsin-i amuri nal-bogo tojŏg-i<u>raedo</u>, na-nŭn nam-ŭi mulgŏn-ŭl kyŏl=k'o humch'in-ir-i ŏpsŭm=nida (ad hoc).	Wenn du mich auch noch so sehr als einen Dieb bezeichnest, ist es doch niemals vorgekommen, daß ich eines anderen Sachen gestohlen hätte.
「기쇼」 불렀소, 일어나래두 . . .	'Kisyo' pullŏsso. Irŏna=<u>raedu</u> (= -raedo)... (HTMCh I, 77).	Ich habe "Aufstehen" gerufen. Obgleich ich sagte, daß du aufstehen sollst...

<u>ra ha ta</u> 라하다 1-ra-hada (§§ 2.12.5, 4.13)

Kompositionelle Quotativform nach der Kopula ida mit Elision der koordinativen Endung -ko (§ 3.35): -rago-hada > -ra-hada (> ra(n)da): "es heißt, daß ist". Siehe ra ko, ran ta.

읍사무소는 우리 고장의 살림을 맡아서 하는 곳이라 합니다.	Ŭpsamuso-nŭn uri-gojang-ŭi sallim-ŭl mat'asŏ-ha=nŭn kos-i<u>ra-hamnida</u> (K 2-1, 39).	Das Stadtamt ist, wie es heißt, die Stelle, an der man für den Haushalt unseres Ortes Sorge trägt.

분주하게 무엇을 쓰고있는 분은 프로그램을 짜는 중이라한다.	Punju-hage muŏs-ŭl ssŭgo-innŭn pun-ŭn p'ŭrogŭraem-ŭl tchanŭn-jung-irahanda (K 6-1, 12).	Die Person, die emsig etwas schreibt, soll (wie es heißt) dabei sein, ein Programm aufzustellen.

rak   락   2-rak   (§ 2.24.8)

Konjunktionalform, entstanden aus dem l-Partizip (§ 3.14) und dem Nominalisator ak (을악-ŭl-ak); tritt paarig zur Bezeichnung alternativer Prädikate auf, deren letztes Glied mit einer Form des Hilfsverbs hada abgeschlossen wird (jap. -tari...-tari-suru): "mal... mal...".

날마다 그 사람이 집으로 가락 오락 합니다.	Nal-mada kŭ-saram-i chibŭro karak orak-hamnida (Uri malbon, 313).	Jeden Tag geht er im Hause aus und ein (wrtl. "mal geht er, mal kommt er").
얼굴이 붉으락 희락 부끄러워한다.	Ŏlgur-i pulgŭrak hŭirak pukkŭrŏwŏ-handa (a.a.O. S. 498).	Er wird vor Schüchternheit mal rot, mal blaß.

ra ki po ta (to)   라기보다(도)   1-ragi-boda(do)   (§ 2.24.12)

Kompositionelle Konjunktionalform auf der Grundlage des Quotativs nach der Kopula (-ragi < -rago-hagi, § 4.13), bestehend aus dem Kopulamorphem -ra, der nominalisierenden Verbalendung -ki (§ 3.21) und der Postposition -poda(do). Bezeichnet eine mutative Nebenordnung: "statt zu sagen, daß sei", "ist weniger... als vielmehr".

제주도는 섬이라기보다도 바다에 높이 솟은 한라산이라는 것이 가장 적당합니다.	Chejudo-nŭn sŏm-iragibodado pada-e nop'i sosŭn Hallasan-iranŭn-gŏsi kajang chŏktang-hamnida (K 4-1, 58).	Statt zu sagen, daß Cheju eine Insel sei, ist es viel angemessener zu sagen, daß es der hoch aus dem Meere aufgestiegene Halla-Berg ist.
밤꽃 향기는 향기라기보다 독한 냄새다.	Pamkkot-hyanggi-nŭn hyanggi-ragi-boda tokhan naemsae-da (ChK I-I, 32).	Der Duft der Kastanienblüten ist weniger ein Duft als ein durchdringender Geruch.

ra ko   라고   2-rago   (§§ 2.11.24.1, 4.13.4)

Verbindung der Verbalendung 2-ra zur Bezeichnung des indirekten Imperativs (s.d.) mit der koordinativen Verbalendung -ko vor Verben des Sagens und Denkens: "(sagen) daß soll". Vgl. 2-ra, 2-raji, 2-ranŭn.

어머니가 조퇴하고 오라고 하시더냐.	Ŏmŏni-ga chot'oe-hago orago-hasidŏnya? (ChK II-I, 113).	Hat (dir) die Mutter gesagt, du sollst vorzeitig weggehen und (nach Haus) kommen?
추석 세라고 아버지 몰래 돈을 보냈다 합디다.	Ch'usŏk serago (= soerago) abŏji mollae tonŭl ponaetta-haptida (HSiMCh 9, 417).	Es heißt, daß er, ohne daß der Vater es wußte, Geld geschickt hat (mit den Worten) sie sollten das Erntefest feiern.

ra ko (yo)   라고 (요)   1-rago(yo)   (§ 4.13)

Adverbialform der Kopula ida, bestehend aus dem Kopulamorphem -ra (§ 2.12.5) und der koordinativen Verbalendung -ko (§ 2.24.1); steht vor Verben des Sagens und Denkens zur Bezeichnung des Quotativs, auch als Terminalform in Verbindung mit -yo (U), kontrahiert aus -rago-haeyo (4. Soziativstufe, § 2.11.41). Die Form hat die Bedeutung: "heißen (daß)", "sagen (daß)". Vgl. ko ha ta, ra ha ta, ta ko (yo).

이야기를 할때도, 나라고 하지않고 저라고 하여야한다.	Iyagi-rŭl hal-ttae-do, 'na'-rago-haji-ank'o 'chŏ'-rago-hayŏya-handa (K 2-2, 46).	Auch wenn du erzählst, darfst du für "ich" nicht "na" sagen, sondern du mußt "chŏ" sagen.
아무도 나를 거지라고 업신여기지는 않을 거야.	Amudo na-rŭl kŏji-rago ŏpsinyŏgiji-nŭn anhŭl-kkŏya (K 5-1, 78).	Niemand wird mich als einen Bettler mißachten.
사람들은 헛소문이라고 떠들었다.	Saramdŭr-ŭn hŏssomun-irago ttŏdŭrŏtta (K 5-2, 101).	Die Leute bezeichneten es erregt als ein falsches Gerücht.
여기 쓰이어 있어요. 「방정환선생엮음」이라고요.	Yŏgi ssŭiŏ-issŏyo: 'Pang-Chŏnghwan-sŏnsaeng-yŏkkŭm'-iragoyo (K 4-1, 120).	Hier ist es geschrieben. Es heißt: "Zusammengestellt von Herrn Pang Chŏnghwan".

ra ko nŭn (ra kon) 라고는 (라곤) 1-ragonŭn (-ragon)   (§ 2.24.3)

Kombinierte Konjunktionalform auf der Basis des Quotativs, bestehend aus dem Endungsmorphem -ra der Kopula zur Bezeichnung des Quotativs (§ 2.12.5) und der konditionalen Endung -konŭn > -kon (s.d.): "wenn die Rede ist von...". Vgl. 1-ra, ko nŭn.

집을 지을 재목이라고는 하나도 없읍니다.	Chib-ŭl chiŭl chaemog-iragonŭn hana-do ŏpsŭm=nida (K 3-1, 76).	Wenn von Bauholz, um Häuser zu bauen, die Rede ist, so gibt es (dort) nicht ein (Stück).
사람이라고는 한사람도 없는 얼음나라입니다.	Saram-iragonŭn han-saram-do ŏmnŭn ŏrŭm-nara-imni=da (a.a.O.).	Wenn von Menschen die Rede ist, so ist es ein Land des Eises, in dem es keinen einzigen Menschen gibt.
아무도 왔다간 사람이라곤 없다.	Amudo watta kan saram-iragon ŏpta (K 3-2, 92).	Niemand ist gekommen und (wieder) gegangen (wrtl. "wenn die Rede von jem. ist, der gekommen u. gegangen wäre, so gibt es niemanden").

ran　　란　　1-ran　　(§§ 2.12.5, 3.12)

a) Kontraktionsform aus dem Kopulamorphem -ra des Quotativs (s.d.) und der elativen Postposition -nŭn (-ranŭn > -ran); bezeichnet die thematische Herausstellung eines nominalen Ausdrucks (jap. -to-iu-no-wa). b) Verkürzte Partizipialform des Quotativs nach der Kopula. Siehe ra nŭn.

방송이란 워낙 어느 한 사람만 위한것이 아니다.	Pangsong-iran wŏnak ŏnŭ han-saram-man wihan-gŏs-i anida (K 6-1, 12).	Was den Rundfunk anlangt, so ist er eigentlich nicht nur für irgendeinen einzelnen da.
말이란것은 자기의 생각과 감정을 남에게 전달하는 수단의 한가지 입니다.	Mar-iran-gŏs-ŭn chagi-ŭi saenggag-gwa kamjŏng-ŭl nam-ege chŏndal-hanŭn su=dan-ŭi han-gaji-imnida (KK I, 1).	Das, was man Sprache nennt, ist eine Art der Mittel, mit denen man einem anderen die eigenen Gedanken und Gefühle mitteilt.

ra ni yo　　라니요　　1-raniyo　　(§ 2.12.5)

Kontrahierte Interrogativform des Quotativs der 4. Soziativstufe (< -rago-haniyo) nach der Kopula ida, zusammengesetzt aus dem Kopulamorphem -ra, der Interrogativendung -ni (§ 2.11.2) und der o-Form der Kopula (yo, 4. Soziativstufe, § 2.11.41).

아드님을 위해서 라니요.	Adŭnim-ŭl wi-haesŏ-rani=yo? (K 4-2, 83).	Sie sagen: wegen des Herrn Sohnes?

이렇게 이른 아침부터. - 이른 아침이라니요.	Irŏk'e irŭn ach'im-bu= t'ŏ. - Irŭn ach'im-ira= niyo? (K 5-1, 56).	So vom frühen Morgen an. - Sie sagen: früher Morgen?

ran ka   란가   7-lan'ga

Kompositionelle Interrogativform des Intentionalis, zusammengesetzt aus dem Prospektivmorphem -ra nach dem Futurpartizip (7-ra, s.d.) und der Interrogativform -n'ga (5,6-ka, s.d.). Entspricht der 2. und 3. Soziativstufe und ist der Form 2-ryŏgo-hanŭn'ga gleichzusetzen: "willst du (etwa)?" Siehe ryŏ ko ha ta.

한 말이나 딸란가.	Han-mar-ina ttallan'ga? (HSiMCh 9, 117).	Willst du wirklich ein Mal (Hohlmaß, ca. 18 l.) pflücken?
죄없는 날보고 화풀이 할란가.	Choe-ŏmnŭn nal-bogo hwa= p'ur-i hallan'ga? (a.a. O., 151).	Willst du deinen Zorn gegen mich, der ich ohne Schuld bin, loslassen?

ran ta   란다   1-randa   (§ 2.12.5)

Erweiterte Terminalform der 3. Soziativstufe im assertiven Deklarativ, entstanden aus -rago-handa; zusammengesetzt aus dem Kopulamorphem -ra und der Endung -nda (siehe ta). Nur nach der Kopula ida (statt -tanda, s.d.) zur Bezeichnung des Quotativs gebräuchlich: "es heißt, daß ist". Die entsprechende Frageform lautet 란가 -ran'ga.

오늘 하루를 어린이날로 정한데는 까닭이 있는 것이란다.	Onŭl haru-rŭl ŏrini- nal-lo chŏng-hande-nŭn kkadalg-i innŭn-gŏs-i= randa (K 3-1, 17).	Daß man den heutigen Tag zum Kindertag bestimmt hat, hat einen Grund, wie man sagt.
어두운 데서 책을 읽으면 눈이 나빠지는 거란다.	Ŏduun te-sŏ ch'aeg-ŭl ilgŭmyŏn nun-i nappaji= nŭn-gŏranda (< -kŏs- iranda) (K 2-1, 50).	Wenn man an einem dunklen Ort ein Buch liest, werden die Augen schlecht, heißt es.

ra nŭn   라는   1-ranŭn   (§§ 2.12.5, 3.11)

Partizipialform des Quotativs (< -rago-hanŭn), bestehend aus dem Kopulamorphem -ra und der Partizipialendung -nŭn (s.d., § 3.11); nur bei der Kopula ida gebräuchlich: "besagend, daß ist", "heißend" (jap. -to-iu). Eine verkürzte Form lautet -ran (s.d.).

무식한 사람이라는 뜻이다.	Musik-han saram-iranŭn ttŭs-ida (K 4-2, 30).	Es bedeutet, daß es ein unwissender Mensch ist.
불을 땠기때문에 연기가 난 것이라는 말이다.	Pur-ŭl ttaekki-ttaemun-e yŏn'gi-ga nan-gŏs-iranŭn mar-ida (K 4-2, 32).	Es ist ein Ausspruch, der besagt, daß Rauch entstanden ist, weil Feuer angezündet wurde.

ra nŭn   라는   2-ranŭn   (§ 4.13.4)

Partizipialform des Quotativs (< -rago-hanŭn) nach dem indirekten Imperativ, bestehend aus der Form des indirekten Imperativs 2-ra (§ 2.11.24.1) und der Partizipialendung -nŭn (§ 3.11) vor Ausdrücken des Sagens und Denkens: "besagend, daß soll" (jap. -seyo-to-iu).

아버지와 어머니들께 오시라는 편지를 내기로 하였읍니다.	Abŏji-wa ŏmŏnidŭl-kke osiranŭn p'yŏnji-rŭl naegiro-hayŏssŭmnida (K 2-2, 36).	Wir entschlossen uns, den Vätern und Müttern einen Brief zu schreiben, welcher besagte, daß sie kommen sollen.
한 올의 머리카락이라도 보이면 술래한테 들킬테니 꼭꼭 잘 숨으라는 말이다.	Han or-ŭi mŏrik'arag-irado poimyŏn sullae-hant'e tŭlk'ilt'eni kkok-kkok chal sumŭranŭn mar-ida (K 6-2, 26).	Es besagt, daß er sich unbedingt gut verstecken soll, da er wahrscheinlich vom Suchenden (im Versteckspiel) gefangen wird, wenn auch nur ein Härchen vom Kopf zu sehen ist.

ra o   라오   1,2-rao   (§ 2.12.5)

Erweiterte Terminalform der 4. Soziativstufe im Assertiv (< -rago-hao), gebraucht als Deklarativ oder Interrogativ. In der Form 1-rao, gekennzeichnet durch das Kopulamorphem 1-ra (s.d.), steht die Verbindung bei der Kopula als Quotativ in der Bedeutung: "es heißt/man sagt, daß ist" (vgl. ran ta); in der Form 2-rao, gekennzeichnet durch das Morphem 2-ra des indirekten Imperativs (s.d.), bezeichnet die Verbindung eine indirekte Aufforderung im Quotativ: "es heißt (heißt es), daß ich soll". Siehe rap ni kka.

다른 게 (<것이) 아니라 우리가 진도에 머무를때 신세지고 온 길정공주에 대	Tarŭn ke (< kŏs-i) anira uri-ga Chindo-e mŏmurŭl-ttae sinse-jigo on Kiltchŏng-gongju-e tae-	Es ist, wie es heißt, nichts anderes als die Geschichte von der Prinzessin Kiltchŏng, in de-

한 이야기라오.	han iyagi-rao (HYSCh 8, 150).	ren Dankesschuld wir kamen, als wir uns in Chindo aufhielten.
허기가 너무 지면 눈에 허깨비가 보여 정말 찾을 것도 못 찾는 법이라오.	Hŏgi-ga nŏmu chimyŏn nun-e hŏkkaebi-ga poyŏ chŏngmal ch'ajŭl kŏt-to mot ch'annŭn-bŏb-irao (HYSCh 3, 232).	Wenn der Hunger sehr stark ist, so ist es, wie es heißt, in der Regel, daß man Halluzinationen vor Augen sieht, und das, was man sucht, sicher nicht finden kann.
어떻게 하랍니까, 응. 구만두라오.	Ŏttŏk'e haramnikka, ŭng? Kumandurao? (HMCh 6, 159).	Was soll ich machen, he? heißt es, daß ich aufhören soll?

rap ni kka　랍니까　2-ramnikka　(§ 4.13.4)

Erweiterte Terminalform der 5. Soziativstufe im Assertiv (< -ragohamnikka); bezeichnet den interrogativen Quotativ in Verbindung mit dem indirekten Imperativ (vgl. 2-ra) und beinhaltet die Frage nach der Erlaubnis: "heißt es, daß ich soll?" "darf ich?"

조금 앉았다 가랍니까.	Chogŭm anjatta karamnikka? (K 5-2, 3).	Darf ich mich ein wenig setzen und dann gehen?
어떻게 하랍니까.	Ŏttŏk'e haramnikka? (HMCh 6, 159).	Was (sagen Sie) soll ich machen?

rap ni ta　랍니다　1-ramnida　(§ 2.12.5)

Erweiterte Terminalform der 5. Soziativstufe im Assertiv (< -ragohamnida), zusammengesetzt aus dem Kopulamorphem -ra (s.d.) und der Terminalform -pnita (s.d.); steht statt -tamnida nach der Kopula -ida zur Bezeichnung des Quotativs in deklarativen Aussagen: "es heißt, daß ist", "es soll sein". Siehe tap ni ta.

지금도 우리가 해마다 지키는 이 어린이날은 이때부터 시작된 것이랍니다.	Chigŭm-do uri-ga haemada chik'inŭn i ŏrininar-ŭn i-ttae-but'ŏ sijak-toen-gŏs-iramnida (K 4-1, 124).	Der Tag der Jugend, an dem wir jetzt auch jedes Jahr festhalten, soll von dieser Zeit an begonnen haben.
오늘날의 영화는 결코 연극만으로 그치는 것이 아니랍니다.	Onŭllar-ŭi yŏnghwa-nŭn kyŏlk'o yŏn'gŭng-man-ŭro kŭch'inŭn-gŏs-i aniramnida (K 5-1, 111).	Der heutige Film ist keineswegs, wie es heißt, nur als ein Schauspiel anzusehen.

<u>rap te kka</u> s. <u>rap ti kka</u>

<u>rap ti kka</u> 랍디까 1-raptikka (§§ 2.11.5, 2.12.5)

Erweiterte Terminalform der 5. Soziativstufe im Retrospektiv (< -ra=go-haptikka); steht statt -taptikka (s.d.) nach der Kopula ida, gekennzeichnet durch das Kopulamorphem 1-ra (s.d.), und bezeichnet den Quotativ in der Frageform: "heißt es, daß ist? (wie erinnerlich, wie andere sagen)", "sagt man?". Phonetische Nebenformen lauten 랍데까 -raptekka und 랍듸까 raptŭikka. Siehe rap ti ta.

그래 아까 그 기생 방에 앉아 있던 이방이란 자는 뭐랍디까.	Kŭrae akka kŭ-gisaeng-bang-e anja-ittŏn Ibang-iran cha-nŭn muŏ<u>raptikka</u>? (HYSCh 10, 114).	Nun, was sagt denn der Kerl, der Ibang heißt und der vor einer Weile in diesem Kisaeng-Zimmer gesessen hat?
딸이면 어머니가 짓는것이지. 웃긴다. 누가 그런법 이랍데까.	Ttar-imyŏn ŏmŏni-ga chinnŭn-gŏs-iji. - Uk=kinda! Nu-ga kŭrŏn pŏb-i<u>raptekka</u>? (HMCh 6, 75).	Wenn es eine Tochter ist, ist es so, daß die Mutter (den Namen) gibt. Das ist lächerlich! Wer sagt denn (nach deiner Erinnerung), daß es ein solches Verfahren sei?

<u>rap ti ta</u> 랍디다 1-raptida (§§ 2.11.5, 2.12.5)

Erweiterte Terminalform der 5. Soziativstufe im Retrospektiv (< -rago-haptida). Steht statt -taptida (s.d.) nach der Kopula und bezeichnet den Quotativ in deklarativer Aussage: "es heißt, daß ist (wie erinnerlich, wie andere sagen)", "man sagt". Phonetische Nebenformen lauten 랍듸다 -raptŭida, 랍데다 rapteda (< -ra-op-tŏ-ita). Vgl. op ti ta.

공주는 아니고 공녀 랍디다.	Kongju-nŭn anigo kongnyŏ-<u>raptida</u> (HYSCh 8, 142).	Man sagt, daß es keine Prinzessin, sondern ein Mädchen niederen Standes sei.
그리고 또한 사람은 이곳 대부의 딸이랍디다.	Kŭrigo tto han-saram-ŭn igot-taebu-ŭi ttar-i<u>rap=tida</u> (a.a.O.).	Und eine andere Person soll die Tochter des hiesigen reichen Mannes sein.

<u>ra te</u> 라데 1-rade (§ 2.12.5)

Erweiterte Terminalform der 3. Soziativstufe im Retrospektiv (< -ra=go-hade). Die Form wird deklarativ statt -tade (s.d.) nach der Kopula zur Bezeichnung des Quotativs im Sinne der Rückerinnerung gebraucht: "es heißt, daß ist (wie erinnerlich, wie andere sagen)". Siehe -te (1,4-te).

수남이가 부지런한 학생이라데.	Sunami-ga pujirŏn-han haksaeng-irade (ad hoc).	Es heißt, (wie ich mich erinnere) daß Sunam ein fleißiger Schüler ist.

ra te　　라데　　2-rade　　(§§ 2.11.24.1, 2.12.5)

Erweiterte Terminalform der 3. Soziativstufe im Retrospektiv (s.o.), jedoch aus dem Morphem 2-ra des indirekten Imperativs (s.d.) und der Retrospektivendung -te (s.d., 1,4-de) zusammengesetzt. Tritt im Deklarativ und im Interrogativ (Steigton) auf: "es heißt/ heißt es, wie erinnerlich, daß soll".

명철이가 내일 당신 하고 같이 오라데.	Myŏngch'ŏri-ga naeil tangsin-hago kat'i orade (ad hoc).	Myŏngch'ŏl hat gesagt (wie ich gehört habe), ich soll morgen mit Ihnen kommen.
너는 그냥 사무실에 있으라데.	Nŏ-nŭn kŭnyang samusir-e issŭrade? (HMCh 6, 478).	Heißt es, daß du weiter im Büro bleiben sollst?

ra to　　라도　　1-rado　　(§ 2.24.5)

Konzessivform der Kopula ida, zusammengesetzt aus dem Kopulamorphem 1-ra (s.d.) und der konzessiven Konjunktionalendung -to (s.d.): "selbst wenn ist".

아무리 큰 기선이라도, 조각 조각 부서져 버리고 맙니다.	Amuri k'ŭn kisŏn-irado, chogak-chogak pusŏjŏ-pŏrigo-mamnida (K 3-1, 78).	Ein wie großer Dampfer es auch sein mag, er zerbricht schließlich ganz in Stücke.
기남이는 같이 이야기라도 하고싶도록 산이 좋아 보였읍니다.	Kinami-nŭn kat'i iyagi-rado hago-sipttorok san-i choha-poyŏssŭmnida (K 4-1, 7).	Der Berg erschien ihm so lieb, daß Kinam sich mit (ihm) sogar unterhalten wollte (wrtl. "selbst wenn es ein Gespräch wäre, wollte er es machen").
흉이라도 보셨나요.	Hyung-irado posyŏnnayo? (K 5-1, 57).	Habt ihr etwa sogar schlecht über mich ge-

redet (hyung poda: an jem. einen Makel sehen, schlecht über jen. reden).

ra tŏn s. ra tŏ nya

ra tŏn ka   리던가   1-radŏn'ga   (§ 2.12.5)

Retrospektive Interrogativform des Quotativs in der 3. Soziativstufe, statt -tadŏn'ga (s.d.) nach der Kopula gebräuchlich , auch als indirekte Frageform, bei distributiven Prädikaten und abgeschwächt im Sinne von "oder", "und". Phonetische Variante ist 라든가-radŭn'ga. Siehe ra tŏ nya.

그 품사를 형용사라던가, 부사라던가.	Kŭ-p'umsa-rŭl hyŏngyong=sa-radŏn'ga, pusa-radŏn=ga? (ad hoc).	Heißt diese Wortart Adjektiv, oder heißt sie Adverb?
우리들 고장에는 요새도 산마루에 있는 바위라든가, 마을의 큰 고목에 관한 전설들이 있다.	Uridŭl-gojang-enŭn yosae-do sammaru-e innŭn pawi-radŭn'ga, maŭr-ŭi k'ŭn komog-e kwan-han chŏn=sŏldŭr-i itta (K 6-2, 40).	In unserem Ort gibt es auch heute noch Sagen über (heißt es) einen Felsen, der sich auf dem Bergrücken befindet (? -) und über einen großen alten Baum im Dorfe.

ra tŏ nya   라더냐   1-radŏnya   (§ 2.12.5)

Retrospektive Interrogativform des Quotativs in der 2. Soziativstufe, statt -tadŏnya (s.d.) nach der Kopula gebräuchlich. -ra ist Kopulamorphem, -tŏ Retrospektivmorphem, -nya Interrogativform (s.d.). Eine verkürzte Nebenform lautet 라던 -radŏn, eine phonetische Variante 라드냐 -radŭnya. Vgl. ra tŏn ka.

그 학생 집이 어디라더냐.	Kŭ-haksaeng-jib-i ŏdi-radŏnya? (ChK II-I, 95).	Wo soll denn das Haus dieses Schülers sein?
그래 뭐라던.	Kŭrae muŏ-radŏn? (a.a.O., 94).	Ja, aber was hat er gesagt? (wie du dich erinnerst).

<u>ra tŏ ra</u> 라더라 1-radŏra (§ 2.12.5)

Retrospektive Deklarativform des Quotativs in der 2. Soziativstufe, statt -tadŏra (s.d.) nach der Kopula gebräuchlich. Phonetische Variante ist 라드라 -radŭra. Siehe 1-ra, 1-tŏra.

내가 덕이 없어서 날 마다 좌상에게 잔소리 — (아차 잔소리가 아니라 충간이라더라) 충간을 듣는것은 세소 공지어든 곁에 사람이 있기로 어떠하오.	Nae-ga tŏg-i ŏpsŏsŏ nal-mada chwasang-ege chansori - (ach'a chan= sori-ga anira ch'unggan- i<u>radŏra</u>) ch'unggan-ŭl tŭnnŭn-gŏs-ŭn seso-gong= ji-ŏdŭn kyŏt'-e saram-i ikkiro ŏttŏhao? (HYSCh 1, 366).	Wenn es etwas allgemein Bekanntes ist, daß ich täglich vom Vizekanzler, da ich nichts Gutes an mir habe, Vorhaltungen - ach nein, nicht Vorhal- tungen sind es, ich soll- te sie loyale Ermahnun- gen nennen - loyale Er- mahnungen höre, was soll es mir ausmachen, wenn auch Leute dabei sind?

<u>ra ya (man)</u> 라야(만) 1-raya(-man) (§§ 2.12.5, 2.24.3)

Konditionalform der Kopula ida, zusammengesetzt aus dem Kopulamorphem 1-ra (s.d.) und dem konditionalen Endungsmorphem -ya, mitunter durch die Postposition -man verstärkt; bezeichnet eine einschränkende Bedingung: "nur wenn ist".

나라의 고마운것을 아는 사람이라야 애 국자라고 할수있다.	Nara-ŭi komaun-gŏs-ŭl anŭn saram-i<u>raya</u> aeguk= cha-rago hal-ssu-itta (K 4-2, 8).	Nur wenn es ein Mensch ist, der Dankbarkeit ge- genüber dem Vaterland kennt, kann man (ihn) einen Patrioten nennen.
그 때에 잡히는 조기 라야 크고 알을 가득 품고있다.	Kŭ-ttae-e chaphinŭn cho= gi-<u>raya</u> k'ŭgo ar-ŭl kadŭk p'umgo-itta (K 4-1, 57).	Nur wenn es in dieser Zeit gefangener Chogi- Fisch ist, ist er groß und mit Rogen vollge- füllt.

<u>ri</u> 리 2-ri (§ 1.33.31)

Futurisches Stammbildungsmorphem, enthält das futurische l-Formans (vgl. l-Partizip, § 3.14); in der älteren S auch in der Funktion einer deklarativen oder interrogativen Terminalform der 2. und 3. Soziativstufe im Dubitativ oder Intentionalis gebraucht. Siehe ri ra, ri rap ti ta.

명월이 만공산하니 쉬어 간들 어떠리.	Myŏngwŏr-i man'gongsan-hani suiŏ kandŭl ŏttŏ<u>ri</u> (Ye, 19).	Da der helle Mond voll am Himmel über den Bergen ist, wie wäre es, wenn du dich ausruhtest und (dann) gingest?
돋으려 터지려고 곳곳마다 움직이리.	Todŭryŏ t'ŏjiryŏgo kot=kot-mada umjig-i<u>ri</u> (KK I, 67).	Um sich zu erheben, um aufzubrechen, wird er wohl sich allerorten regen.
손톱에 꽃물 들이던 그 날 생각하시리.	Sont'ob-e kkommul tŭri=dŏn kŭ-nal saenggak-hasi<u>ri</u> (K 6-2, 38).	Wohl werden Sie sich des Tages erinnern, da wir uns an den Fingernägeln mit Blumenblättern färbten.

<u>ri (ka) iss ta</u> 리(가) 있다 7-li(-ga) itta (§ 4.32.1)

Kompositionelle Prädikatsform, bestehend aus dem Nominalisator ri (SK 理 Grund) im Nominativ (fakultativ) und dem Befindlichkeitsverb itta bzw. ŏpta (Neg.): "es ist (k)ein Grund vorhanden, daß", "es ist möglich, daß" (itta), "es kann nicht sein, daß" (ŏpta).

공연히 그런 말씀을 하시지, 없으실 리가 있겠어요.	Kongyŏnhi kŭrŏn malssŭm-ŭl hasiji. Ŏpsŭsil-<u>li-ga ikkessŏyo</u>? (K 4-2, 90).	Grundlos sagt ihr das. Sollte es möglich sein, daß ihr nichts habt?
논이 많을 리가 없습니다.	Non-i manhŭl-<u>li-ga ŏpsŭm=nida</u> (K 4-1, 60).	Es kann nicht viele Reisfelder geben.
그러나, 붓뚜껑 속에 든 목화씨를 알 리가 없어, 문익점은 무사히 고국에 돌아왔던 것이다.	Kŭrŏna, puttukkŏng-soge tŭn mokhwassi-rŭl al-<u>li ga ŏpsŏ</u>, Mun Ikchŏm-ŭn musahi kogug-e torawat-tŏn-gŏs-ida (K 4-1, 81).	Da er (der Beamte) aber nichts von dem Baumwollsamen wissen konnte, den er (Ikchŏm) in der Pinselhülle trug, kehrte Mun Ikchŏm friedlich in seine Heimat zurück.

<u>ri kka</u> 리까 2-rikka (§ 2.11.4)

Interrogative Terminalform der 4. Soziativstufe im Dubitativ und Intentionalis. Siehe ri ta.

술국을 다시 데어 올리리까.	Sulkkug-ŭl tasi teŏ olli=<u>rikka</u>? (HYSCh 10, 30).	Soll ich wieder eine Brühe (nach dem Weintrinken)

		heiß machen und ihnen bringen?
당대의 양장으로 그 이름이 후세까지 혁혁하지 않으리까.	Tangdae-ŭi yangjang-ŭro kŭ-irŭm-i huse-kkaji hyŏk=hyŏk-haji-anhŭrikka? (HYSCh 8, 18).	Wird sein Name nicht als der eines guten Generals unserer Zeit bis in spätere Geschlechter strahlen?

ri ra   리라   2-rira   (§§ 1.33.31, 2.12.5)

Futurform, zusammengesetzt aus dem Futurmorphem -ri (s.d.) und dem Kopulamorphem -ra (-rira < -ri-ira). Die Form wird deklarativ gebraucht und ist mit der Form 겠다 -ketta sinnidentisch, jedoch als Terminalform veraltet (S): "wird (wohl)".

언제든지 니의 훌륭힘을 사람들이 알아줄 때가 오리라.	Ŏnje-dŭnji na-ŭi hullyung=ham-ŭl saramdŭr-i ara-jul-ttae-ga orira (K 4-2, 56).	Irgendwann wird wohl die Zeit kommen, da die Menschen meine Vortrefflichkeit erkennen werden.
봄 소풍도 이달안에 있으리라고 한다.	Pom-sop'ung-do i-dar-ane issŭrirago-handa (K 5-1, 14).	Es heißt, daß auch der Frühlingsausflug wohl in diesem Monat stattfinden wird.

ri rap ti ta   리랍디다   2-riraptida   (§ 1.33.31, 2.12.5)

Erweiterte Terminalform der 5. Soziativstufe im deklarativen Retrospektiv, bezogen auf Futurum oder Dubitativ. Die Form ist aus dem Futurmorphem -ri (s.d.) und der Retrospektivform -raptida des Quotativs (s. d.) zusammengesetzt und bezeichnet einen zukünftigen oder ungewissen Vorgang, von dem man Kenntnis erhalten hat: "wird wohl" (wie man gesagt hat / wie ich mich erinnere).

차 선생이 교장선생님께 이책을 전하리랍디다.	Ch'a-sŏnsaeng-i kyojang-sŏnsaengnim-kke i-ch'aeg-ŭl chŏn-hariraptida (ad hoc).	Herr Ch'a wird (wie man mir sagte) dies Buch dem Herrn Schulrektor übergeben.

ri ra tŏ nya   리라더냐   2-riradŏnya   (§§ 1.33.31, 2.12.5)

Erweiterte Terminalform der 1. und 2. Soziativstufe im interrogativen Retrospektiv, bezogen auf Futurum oder Dubitativ; zusammengesetzt aus dem Futurmorphem -ri (s.d.) und der Retrospektivform -radŏnya des Quotativs (s.d.). Vgl. ri rap ti ta.

김 의원이 서울 운동장에서 선거연설을 하리라더냐.	Kim-ŭiwŏn-i Sŏul-un=dongjang-esŏ sŏn'gŏ-yŏnsŏr-ŭl hariradŏnya? (ad hoc).	Das Parlamentsmitglied Kim wird im Stadion von Seoul eine Wahlrede halten? (du erinnerst dich, dies gehört zu haben?).

ri ra tŏ ra   리라더리   2-riradŏra   (§§ 1.33.31, 2.12.5)

Erweiterte Terminalform der 1. und 2. Soziativstufe im deklarativen Retrospektiv, bezogen auf Futurum oder Dubitativ; zusammengesetzt aus dem Futurmorphem -ri (s.d.) und der Retrospektivform -radŏra des Quotativs (s.d.). Vgl. ri ra tŏ nya.

이 대통령께서 독일로 서독 대통령의 정식 초청을 받고 친선방문을 하리라더라.	Yi-daet'ongnyŏng-kkesŏ togil-lo sŏdok-taet'ong=nyŏng-ŭi chŏngsik-ch'o=ch'ŏng-ŭl pakko ch'in=sŏn-bangmun-ŭl harira=dŏra (ad hoc).	Präsident Yi soll (wie ich mich erinnere, gehört zu haben) eine offizielle Einladung des westdeutschen Präsidenten erhalten haben und einen Freundschaftsbesuch nach Deutschland machen.

ri ro ta   리로다   2-riroda   (§§ 1.33.31, 2.13.11)

Emphatische Terminalform der älteren S im Dubitativ, entstanden aus der Verbindung des Futurmorphems -ri (s.d.) mit der emphatischen Terminalform (i)roda der Kopula. Siehe ro ta.

그러므로, 내 공이 으뜸 되리로다.	Kŭrŏmŭro, nae kong-i ŭt=tŭm toeriroda (ChK III-II, 115).	Deshalb dürfte wohl meine Leistung die beste werden.
내가 아니면 너희 암만 애써도 낯이 없으리로다.	Nae-ga animyŏn nŏhŭi am=man ae ssŏdo nach'i ŏpsŭ=riroda (ChK III-II, 116).	Wenn ich nicht wäre, würdet ihr euch wohl, trotz aller Anstrengungen, blamieren.

ri ta   리다   2-rida   (§ 2.11.4)

Deklarative Terminalform der 4. Soziativstufe im Intentionalis oder Dubitativ. -ri ist Futurmorphem (s.d., § 1.33.31).

여보 내가 말하리다.	Yŏbo nae-ga mar-harida (KLR 1, 12).	Hallo, ich möchte sprechen.
제가 성심껏 해 보리다.	Che-ga sŏngsimkkŏt hae-borida (K 6-2, 51).	Ich möchte es aufrichtig versuchen.

ri yo 리요 2-riyo (§ 2.11.4)

Deklarative und interrogative Terminalform der 4. Soziativstufe im Intentionalis oder Dubitativ, entstanden aus der Verbindung des Futurmorphems -ri (s.d., § 1.33.31) mit der Terminalform iyo der Kopula (vgl. § 2.11.41). Gleichbedeutend mit -rida (s.o.).

어머니란 말 조차가 이와같이 쭈그러 들고 오그라 들었거늘, 그 나머지의 말들이야 일러 무엇하리요.	Ŏmŏni-ran mal-joch'a-ga i-wa-gat'i tchugŭrŏ-dŭl=go ogŭra-dŭrŏkkŏnŭl, kŭ-namŏji-ŭi maldŭr-iya illŏ muŏt-hariyo (ChK III-II, 8).	Da sogar das Wort ŏmŏni 'Mutter' auf diese Weise zusammengedrückt wird und schrumpft, was soll man da noch zu den übrigen Wörtern sagen.
내 몸이 이만큼 강건하기로 부지하는 것을 생각지 아니하니, 어찌 섧지 아니하리요.	Nae mom-i i-mank'ŭm kang=gŏn-hagiro puji-hanŭn-gŏs-ŭl saenggak-chi-ani-hani, ŏtchi sŏlpchi-ani-hariyo? (ChK III-II, 117).	Da du nicht glaubst, daß meine Person mit einer solchen Robustheit standhält, wie sollte ich nicht traurig sein?

ro ku na 로구나 -roguna (§ 2.13.8)

Emphatische Terminalform der 2. Soziativstufe im Assertiv; funktionell identisch mit -kuna (s.d.), jedoch nur nach der Kopula gebräuchlich. Das Morphem -ro steht in emphatischen Formen der Kopula (vgl. -ra).

참, 닭이로구나.	Ch'am, talg-iroguna! (K 1-2, 71).	Wirklich, es ist ein Huhn!
아, 이게 우리 집이로구나.	A, ige uri-jib-iroguna! (K 3-1, 56).	Ah, das ist unser Haus!
그거 아주 재미있고 잘된 묘어로구나.	Kŭgŏ aju chaemi ikko chal-doen p'yoŏ-roguna! (K 4-2, 42).	Das ist eine sehr interessante und gelungene Losung!

ro ra 로라 1-rora (§ 2.13.11)

Emphatische Terminalform der älteren S nach der Kopula ida, bestehend aus dem emphatischen Kopulamorphem -ro und der (emphatischen) Terminalform -ra (vgl. 1-ra); in Schlußpositionen oder beim Quotativ (-rora (go)-hada) gebräuchlich.

제상이 가로대: 신라 신해로라.	Chesang-i karodae: 'Silla-sinhae-<u>rora</u>' (ChK III-II, 123).	Chesang sprach: "Ich bin ein Untertan von Silla."
네 감히 신라 신해로라하면 반드시 죽이리라.	Ne kamhi Silla-sinhae-<u>rora</u>-hamyŏn pandŭsi chugirira! (a.a.O.).	Wenn du es wagst zu sagen, daß du ein Untertan von Silla bist, werde ich (dich) wohl notwendigerweise töten!

<u>ro se</u> 로세 1-rose (§§ 2.11.35, 2.13.11)

Deklarative Terminalform der Kopula in der 3. Soziativstufe. Gehört zur älteren S und ist im Vergleich zu 일세 ilsse emphatisch. Vgl. ro ra, se.

대대로 이에 사는 우리 삼천만, 복되도다. 그 이름 대한 이로세.	Taedae-ro i-e sanŭn uri-samch'ŏnman, pok-toedoda. Kŭ-irŭm Taehan-<u>irose</u> (K 6-1, 59).	Wir 30 Millionen, die wir hier generationenlang leben, sind glücklich, ja. Sein Name ist Korea!
퍽 어려운 바로세.	P'ŏk ŏryŏumba-<u>rose</u> (ad hoc).	Es ist etwas sehr Schweres.

<u>ro so i ta</u> 로소이다 1-rosoida (§ 2.11.68)

Deklarative Terminalform der Kopula in der 6. Soziativstufe, veraltete S neben -olsida (s.d.), emphatisch verstärkt. Vgl. ro ra, ro ta usw.

이는 나의 소원이로소이다.	I-nŭn na-ŭi sowŏn-i<u>ro</u>=<u>soida</u> (Uri malbon, 535).	Dies ist (fürwahr) mein Wunsch.
창세 전부터 아버지께서 나를 사랑하신것 이로소이다.	Ch'angse chŏn-but'ŏ abŏ=ji-kkesŏ na-rŭl sarang-hasin-gŏs-i<u>rosoida</u> (Uri malbon, 540).	Es ist so, daß der Vater uns liebte von (der Zeit) vor Erschaffung der Welt an.

<u>ro ta</u> 로다 1-roda (§ 2.13.11)

Emphatische Terminalform der älteren S nach der Kopula ida; veraltet statt -roguna (s.d.).

태산이 높다 하되 하늘 아래 메 이 로다.	T'aesan-i nopta-hadoe hanŭl arae me-i<u>roda</u> (K 6-2, 35).	Obgleich sie sagen, die Berge seien hoch, sind es (doch nur) Hügel un- ter dem Himmel.
누구나 쉬배우며 쓰기 편하니, 세계 의 글자중에 으뜸 이로다.	Nugu-na sui paeumyŏ ssŭ= gi p'yŏn-hani, segye-ŭi kŭltcha-jung-e ŭttŭm- i<u>roda</u> (K 6-2, 1).	Da sie ein jeder leicht erlernt und da das Schreiben einfach ist, sind sie unter den Schriftzeichen der Welt die besten.

<u>ro toe</u> 로되 1-rodoe (§ 2.24.5)

Konzessive Konjunktionalform der Kopula ida: (i)rodoe "ist, aber...". Zusammengesetzt aus dem emphatischen Kopulamorphem -ro (vgl. ro ra) und dem Konzessivmorphem -toe (s.d.). Gehört zur älteren S (=이 되 idoe).

곧 목을 벨것 이로 되 용맹스러운것이 상줄만 하니, 죽이 기 전에 얼굴과 성 명이나 알고 처벌 하라.	Kot mog-ŭl pel-kkŏs-i<u>ro</u>= <u>doe</u> yongmaeng-sŭrŏun-gŏs- i sang chulman-hani, chu= gigi-jŏne ŏlgul-gwa sŏng= myŏng-ina algo ch'ŏbŏl- hara (K 5-2, 37).	Obgleich man (ihm) den Kopf abschlagen muß, ist es doch angemessen, die Unerschrockenheit zu be- lohnen; deshalb gebe man vor dem Töten Gesicht und Namen zur Kenntnis und bestrafe (ihn dann).

<u>rŏ</u> 러 2-rŏ (§ 2.24.9)

Konjunktionalform finaler Funktion, die vor Verba motionis den Zweck der Bewegung bezeichnet. Eine Nebenform lautet 라 2-ra.

밀레는 꿈꾸던 미술 의 서울 파리로 그 림 공부를 하러 떠 나게 되었읍니다.	Mille-nŭn kkum kkudŏn misur-ŭi sŏul P'ari-ro kŭrim-kongbu-rŭl ha<u>rŏ</u> ttŏnage-doeŏssŭmnida (K 5-1, 67).	Es kam so, daß Millet in die Hauptstadt der Kunst, von der er geträumt hatte, nach Paris auf- brach, um Malerei zu studieren.
소금바다에, 헤엄을 배우러 가고 싶읍니 까.	Sogŭm-bada-e, heŏm-ŭl paeu<u>rŏ</u> kago-sip'ŭmnikka? (K 3-1, 91).	Möchtest du zum Salzmeer gehen, um schwimmen zu lernen?

rŏ ni 러니 1-rŏni (§§ 1.33.11.1, 2.24.4/6)

Retrospektive Konjunktionalform der Kopula ida (ältere S), bestehend aus dem Retrospektivmorphem -rŏ (= -tŏ, nach der Kopula) und der konjunktionalen Verbalendung -ni zur Bezeichnung kausaler, temporaler, hier auch adversativer Unterordnung.

발밑에 우는 폭포 백이요 천이러니, 박연을 이르고 보니 하나 밖에 없어리.	Pal-mit'e unŭn p'okp'o paeg-iyo ch'ŏn-irŏni, Pagyŏn-ŭl irŭgo poni hana pakk-e ŏpsŏra (Ch II-I, 39).	Die Wasserkaskaden, die unter den Füßen rauschen, hundert sind es, tausend sind es (so meinte man), doch wenn man in Pagyŏn ankommt und sich umschaut, gibt es nichts außer einem (Wasserfall).

rŏn ka 런가 1-rŏn'ga (§ 2.11.35)

Interrogative Terminalform der 3. Soziativstufe (S), retrospektiv statt -tŏn'ga (s.d.) nach der Kopula (§ 1.33.11.1).

어즈버 태평연월이 꿈이런가 하노라.	Ŏjŭbŏ t'aep'yŏng-yŏn=wŏr-i kkum-irŏn'ga hano=ra! (K 6-2, 35).	Ich frage mich, oh weh, ob die Zeiten des Friedens ein Traum waren!
도라다 보면은 고국이 천리런가.	Torada pomyŏn-ŭn kogug-i ch'ŏlli-rŏn'ga? (ChK I-II, 11).	Wenn ich mich umblicke, ist denn die Heimat tausend Meilen (fern)?

rŏ ra 러라 1-rŏra (§ 2.11.26)

Retrospektive Terminalform der 1. und 2. Soziativstufe im Deklarativ, nur nach der Kopula ida gebräuchlich und gekennzeichnet durch das Retrospektivmorphem -rŏ statt -tŏ (§ 1.33.11.1).

그 때는 참아 잊지 못할 때러라.	Kŭ-ttae-nŭn ch'ama itchi mot-hal-ttae-rŏra (Sowŏl-sijip, 112).	Diese Zeit ist eine Zeit, die man wirklich nicht vergessen kann.

rya 랴 2-rya (§ 2.11.1/2)

Interrogative Terminalform des Dubitativs und Intentionalis in der 1. und 2. Soziativstufe. Sie ist entstanden aus der Verbindung des Futurmorphems -ri (s.d.) mit der Interrogativform -ya der Kopula (s.d.).

공든 탑이 무너지랴.	Kongdŭn t'ab-i munŏji<u>rya</u>? (K 4-2, 33).	Wird eine sorgfältig gearbeitete Pagode zusammenfallen?
세상을 떠난 사람들의 ᄆᆞ음이야 어떠하였으랴.	Sesang-ŭl ttŏnan saram=dŭr-ŭi maŭm-iya ŏttŏhayŏssŭ<u>rya</u>! (K 6-1, 130).	Wie wird wohl den Menschen ums Herz gewesen sein, die die Welt verließen!
ᄂᆡ 원통한 말이야 이루 측량하랴.	Nae wŏnt'ong-han mar-iya iru ch'ŭngnyang-ha<u>rya</u>? (ChK III-II, 118).	Meine Worte der Verärgerung, nun, kann man sie überhaupt ermessen?

<u>ryo</u> 료 2-ryo (§ 2.11.4)

Interrogative Terminalform der 4. Soziativstufe im Dubitativ und Intentionalis, verkürzt aus -riyo (s.d.); gehört zur älteren S.

이런들 어떠하며, 저런들 어떠하료.	Irŏndŭl ŏttŏ-hamyŏ, chŏ=rŏndŭl ŏttŏ-ha<u>ryo</u>? (PY, 134).	Wenn es so ist, was macht es aus? Wenn es anders ist, was macht es aus?
하물며 천석고황을 고쳐 므삼하료.	Hamulmyŏ ch'ŏnsŏk-ko=hwang-ŭl koch'ŏ mŭsam ha<u>ryo</u>? (a.a.O.).	Mehr noch, wie soll ich die unstillbare Sehnsucht nach der Natur heilen?

<u>ryŏ</u> 려 2-ryŏ (§§ 1.33.31, 2.24.9)

Konverbalform des Futurmorphems -ri (s.d.) (<-ri + iŏ = Konverbalform der Kopula ida), fungiert als a) Anschlußbasis zahlreicher Terminal-, Konjunktional- und Partizipialformen mit intentionaler Bedeutung (s.u.), b) selbständige Konjunktionalform der älteren S, auch in Verbindung mit dem koordinativen -ko, zur Bezeichnung eines finalen Nebensatzes: "um zu" (< "in der Absicht zu"). Als ältere Nebenform fungiert -rya.

돋으려 터지려고 곳곳마다 움직이리.	Todŭ<u>ryŏ</u> t'ŏji<u>ryŏgo</u> kotkot-mada umjig-iri (KK I, 617).	Um sich zu erheben, um aufzubrechen, wird er wohl sich allerorten regen.

<u>ryŏ (ko) ha ta</u> 려 (고) 하다 2-ryŏ(go)-hada (§ 4.12)

Kompositionelle Verbalform zur Bezeichnung des Intentionalis, bestehend aus der futurischen Konverbalform -ryŏ (s.o.), der fakultativ gebrauchten koordinativen Endung -ko (§ 2.24.1) und dem Hilfsverb hada (vgl. jap. -yô-to-suru). Die Verbindung kann zu -ryŏ(n)da verkürzt werden: -ryŏgo-hada > -ryŏ-hada > -ryŏda. Siehe ryŏn ta.

전차는 떠나려고 하였읍니다.	Chŏnch'a-nŭn ttŏnaryŏgo-hayŏssŭmnida (K 2-1, 66).	Die Straßenbahn war im Begriff abzufahren.
재주가 있어 보였기 때문에, 그를 공부시켜 주려 한것이 었읍니다.	Chaeju-ga issŏ poyŏkki-ttaemun-e, kŭ-rŭl kongbu-sik'yŏ-juryŏ-han-gŏs-iŏssŭmnida (K 4-1, 134).	Da sich das Vorhandensein von Talent zeigte, beabsichtigte ich, ihn studieren zu lassen.

ryŏ kŏ tŭn　　려거든　　2-ryŏgŏdŭn　　(§§ 1.33.31, 2.24.3)

Kompositionelle Konjunktionalform, bestehend aus der futurischen Konverbalform -ryŏ (s.o.) und der Konditionalform -kŏdŭn (s.d.); bildet konditionale Nebensätze im Intentionalis: "falls...will". Siehe ryŏ myŏn.

벌레를 잡으ㄹ거든 메뚜기 같은 걸 잡아라.	Pŏlle-rŭl chabŭryŏgŏdŭn mettugi-gat'ŭn-gŏl (<-kŏs-ŭl) chabara! (K 4-1, 138).	Wenn du Insekten fangen willst, dann fange solche wie Grashüpfer!
술래가 되려거든 져도 좋아요.	Sullae-ga toeryŏgŏdŭn chŏ-do chohayo (K 5-1, 59).	Falls du der Suchende (im Versteckspiel) werden willst, darfst du ruhig verlieren.

ryŏm　　렴　　2-ryŏm　　(§ 2.13)

Emphatische Terminalform (Affektiv) der 2. Soziativstufe, bestehend aus der futurischen Konverbalform -ryŏ (s.d.) und der nominalisierenden Verbalendung -m (§ 3.22). Bezeichnet die emphatische Aufforderung. Eine erweiterte Form lautet -ryŏmŭna, -ryŏmuna (s.d.).

새 물동이 하나만 주렴.	Sae-multtongi hana-man churyŏm! (K 3-1, 54).	Gib mir wenigstens einen neuen Wasserkrug!
아까 사슴이 이리 지나갔으니, 만나거든 물어보렴.	Akka sasŭm-i iri china-gassŭni, mannagŏdŭn murŏ-boryŏm! (K 3-1, 66).	Vor einer Weile ist der Hirsch hier vorübergegangen; wenn ihr (ihn) trefft, solltet ihr (ihn) zu fragen versuchen.

ryŏ mu na　　려무나　　2-ryŏmuna　　(§ 2.13.7)

Emphatische Terminalform (Affektiv) der 2. Soziativstufe, erweitert aus der gleichwertigen Form -ryŏm (s.o.). -ryŏmuna ist phonetische Variante einer älteren Nebenform -ryŏmŭna 려므나 (< 렴으나). Bezeichnung einer emphatischen Aufforderung.

가고말고 보려무나, 아저씨에게서 네게 답장이 올테니.	Kago-malgo. Poryŏmuna, ajŏssi-egesŏ ne-ge tap=chang-i olt'eni (K 2-2, 50).	Natürlich geht er. Schau mal, vom Onkel wird für dich wohl ein Antwortbrief kommen.
그래라, 내 네가 원하는 크레용을 줄테니, 마음대로 그려 보려므나.	Kŭraera, nae ne-ga wŏnhanŭn k'ŭreyong-ŭl chul=t'eni, maŭm-daero kŭryŏ-poryŏmŭna! (K 4-1, 11).	Nun gut, ich möchte (dir) die Buntstifte, die du wünschtest, geben; male mal nach Herzenslust!

ryŏ myŏn　　려면　　2-ryŏmyŏn　　(§§ 1.33.31, 2.24.3)

Kompositionelle Konjunktionalform, bestehend aus der futurischen Konverbalform -ryŏ (s.d.) und der Konditionalform -myŏn (s.d.). Bildet konditionale Nebensätze im Intentionalis: "wenn...will". Vgl. ryŏ kŏ tŭn.

나쁜 병에 걸리지 않으려면, 예방주사를 맞아야 하는 거야.	Nappŭn pyŏng-e kŏlliji-anhŭryŏmyŏn, yebang-chusa-rŭl majaya-hanŭn-gŏya (K 2-1, 46).	Wenn du nicht von einer schlimmen Krankheit befallen werden willst, mußt du dich wirklich einer Schutzimpfung unterziehen.
가장 아름다운 우리말을 하려면... 참된 마음과 뜻을 나타내어야 합니다.	Kajang arŭmdaun uri-mar-ŭl haryŏmyŏn... ch'am-doen maŭm-gwa ttŭs-ŭl nat'anaeŏya-hamnida (K 5-2, 23).	Wenn man unsere Sprache am schönsten sprechen will, muß man eine aufrichtige Gesinnung und Absicht zum Ausdruck bringen.

ryŏn　　련　　2-ryŏn　　(§ 2.11.2)

Interrogative Terminalform der 2. Soziativstufe im Intentionalis, gekürzt aus 려느냐 -ryŏnŭnya (s.d.).

내가 비행사 노릇	Nae-ga pihaengsa-norŭt	Ich will den Piloten

할테니, 너희들 손님이 되지 않으련.	halt'eni, nŏhŭidŭl son=nim-i toeji-anhŭryŏn? (K 2-2, 23).	machen; möchtet ihr nicht Passagiere werden?

ryŏ na 려나 2-ryŏna (§ 2.11.3)

Interrogative Terminalform der 3. Soziativstufe im Intentionalis, bestehend aus der futurischen Konverbalform -ryŏ (s.d.) und der Interrogativendung -na (s.d.). Gleichbedeutend mit -ryŏnŭn'ga (s.d.).

언제쯤 꽃이 피려나.	Ŏnje-tchŭm kkoch'i p'i=ryŏna? (K 3-1, 45).	Wann etwa will die Blume blühen?
저놈들은 비둘기들에게도 도이칠란드말로 울게하지 않으려나.	Chŏ-nomdŭr-ŭn pidulgidŭr-egedo Toich'illant'ŭ-mal-lo ulge-haji-anhŭryŏna? (ChK I-I, 22).	Ob die Burschen da nicht auch die Tauben in deutscher Sprache gurren lassen wollen?

ryŏ ne 려네 2-ryŏne (§ 2.11.3)

Deklarative Terminalform der 3. Soziativstufe im Intentionalis. Vgl. ne, ryŏ, ryŏ na.

자네들은 현주를 도와 나라를 태평케 (<하게) 하소. 삼문은 지하에 돌아가 옛 임군께 뵈오려네.	Chanedŭr-ŭn hyŏnju-rŭl towa nara-rŭl t'aep'yŏng-k'e (<hage)-haso. Sammun-ŭn chiha-e toraga yed-imgun-kke poeoryŏne (Yi Kwangsu: Tanjong-aesa, 74).	Ihr helft dem tugendsamen Herrscher und bringt dem Land den großen Frieden. (Sŏng) Sammun kehrt in die Unterwelt zurück und möchte (dort) dem einstigen König in Ehrfurcht gegenübertreten.

ryŏ ni 려니 2-ryŏni (§ 4.12.1)

Aus der kompositionellen Prädikatsform 려고하니 -ryŏ(go)-hani gekürzte, abhängige Verbalform; bezeichnet den Dubitativ vor Verba des Sagens und Denkens und steht für die Annahme der ersten Person. Vgl. ryŏ (ko) ha ta.

다만 지구의 반대쪽에는, 인도니 중국이 있는 아시아가 있으려니 하고 생각할 뿐이었읍니다.	Taman chigu-ŭi pandae-tchog-enŭn, Indo-na Chunggug-i innŭn Asia-ga issŭryŏni-hago saenggak-hal-ppun-iŏssŭmnida (K 4-1, 77).	Er dachte nur, daß vermutlich Asien, wo sich Indien und China befinden, auf der entgegengesetzten Seite der Erdkugel liegen werde.

우리들의 일상생활에 필요한 무명 옷감이 되려니 생각하면...	Uridŭr-ŭi ilsang-saeng=hwar-e p'iryo-han mumyŏng otkam-i toeryŏni saenggak-hamyŏn... (K 4-1, 77).	Wenn man bedenkt, daß (daraus) wohl der Baum-wollkleiderstoff ent-steht, der für unser tägliches Leben notwen-dig ist...

ryŏ ni kka 려니까 2-ryŏnikka (§§ 1.33.31, 2.24.4)

Kompositionelle Konjunktionalform, bestehend aus der futurischen Konverbalform -ryŏ (s.d.) und der temporalen oder kausalen Endung -nikka (s.d.) eines Nebensatzprädikates: "da...will", "als / wie (gerade)...will".

저녁때 집으로 돌아가려니까, 바지가 함빡 젖어있읍니다.	Chŏnyŏk-ttae chib-ŭro tora-garyŏnikka, paji-ga hamppak chŏjŏ-issŭmnida (K 2-2, 57).	Wie er zur Abendzeit nach Haus zurückkehren will, ist die Hose ganz durchnäßt.
강가를 거닐고 있으려니까, 별안간 강물위에서 때아닌 비명이 들려 왔읍니다.	Kangga-rŭl kŏnilgo-is=sŭryŏnikka, pyŏran'gan kangmur-ui-esŏ ttae-anin pimyŏng-i tŭllyŏ-wassŭm=nida (K 5-2, 47).	Als er sich gerade an-schickte, am Flußufer einen Spaziergang zu machen, war plötzlich vom Wasser des Flusses her ein unzeitiger Angstschrei zu hören.

ryŏ ni wa 려니와 2-ryŏniwa (§§ 1.33.31, 2.24.5)

Kompositionelle Konjunktionalform, bestehend aus der futurischen Konverbalform -ryŏ (s.d.) und der konzessiven Endung -ŏniwa (vgl. -kŏ=niwa) eines Nebensatzprädikates; hier konzessiver Dubitativ vor folgen-der Steigerung: "mag (zwar) sein, aber (mehr noch)".

이 꽃은 곱기도 하려니와 싱싱하게 연달아 피기때문에 봄철부터 가을까지 언제나 새로운 모습을 보여줍니다.	I-kkoch'ŭn kopkido-ha=ryŏniwa singsing-hage yŏndara p'igi-ttaemun-e pomch'ŏl-but'ŏ kaŭl-kka=ji ŏnjena saeroun mosŭb-ŭl poyŏ-jumnida (K 5-1, 115).	Diese Blume mag zwar (an sich) schön sein, aber da sie dauernd frisch erblüht, zeigt sie uns (vor allem) von der Frühlingszeit bis zum Herbst stets ein neues Aussehen.

그 자세한 것은 일러두기에 특히 밝히어 있으려니와, 대개는 먼저 첫소리마디의 자모순에 따름이 보통이다.	Kŭ chase-han kŏs-ŭn il=lŏdugi-e t'ŭkhi palkhiŏ-issŭryŏniwa, taegae-nŭn mŏnjŏ ch'ŏs-sorimadi-ŭi chamosun-e ttarŭm-i po=t'ong-ida (ChK I-I, 128).	Die Einzelheiten davon mögen zwar in den Vorbemerkungen besonders erklärt sein, aber im allgemeinen ist vor allem die Anordnung in der alphabetischen Folge der ersten Silbe üblich.

ryŏn ma nŭn   련마는   2-ryŏnmanŭn   (§ 2.24.6)

Adversative Konjunktionalform, verbunden mit der Dubitativform eines Nebensatzprädikats: "sollte eigentlich, aber" (jap. -hazu-de-arô-no-ni). -manŭn wird oft zu 만 -man gekürzt. Siehe ryŏn ta.

그려 놓은 것이라도 있으면 알 도리가 있으련만, 우리들이 배우는 책에는 도무지 그러한것이 없으니...	Kŭryŏ-nohŭn-gŏs-irado issŭmyŏn al tori-ga is=sŭryŏnman, uridŭr-i paeunŭn ch'aeg-enŭn to=muji kŭrŏ-han kŏs-i ŏp=sŭni... (K 5-1, 118).	Wenn es wenigstens gezeichnet wäre, sollte es eigentlich ein Mittel geben, es zu wissen; da aber so etwas in dem Buch, aus dem wir lernen, überhaupt nicht vorhanden ist...
돌도 응당 원통한 느낌이 있으련마는, 어찌 말 한마디 없이 이제까지 서서 보고만 왔단 말인가.	Tol-do ŭngdang wŏnt'ong-han nŭkkim-i issŭryŏn=manŭn, ŏtchi mar-han madi ŏpsi ije-kkaji sŏsŏ pogo-man wattan mar-in'ga! (K 6-1, 94).	Selbst die Steine sollten sicherlich ein Gefühl des Bedauerns haben; aber warum denn, ach, stehen sie nur bis jetzt wortlos und schauen zu!

ryŏn ta   련다   2-ryŏnda   (§§ 2.11.2, 4.12.1)

Deklarative Terminalform der 2. Soziativstufe zur Bezeichnung des Intentionalis. Entspricht der kompositionellen Form -ryŏgo-handa und ist gekennzeichnet durch die futurische Konverbalform -ryŏ (§ 1.33.31). Vgl. ryŏ ko ha ta.

얘, 넌 어디로 가려느냐. 큰 도회지로 가련다.	Yae, nŏ-n ŏdi-ro karyŏnŭ=nya? - K'ŭn tohoeji-ro karyŏnda (K 3-1, 70).	He, wohin willst du gehen? - ich möchte in eine große Stadt gehen.

ryŏ nŭn 려는 2-ryŏnŭn (§§ 1.33.31, 3.11)

Partizipialform im Intentionalis, zusammengesetzt aus der futurischen Konverbalform -ryŏ (s.d.) und der Partizipialendung -nŭn (s.d.).

새 나라 새 세상을 탐험하려는 모험가뿐이었다.	Sae-nara sae-sesang-ŭl t'amhŏm-haryŏnŭn mohŏmga-ppun-iŏtta (K 5-2, 102).	Nur Abenteurer waren es, die ein neues Land, eine neue Welt erforschen wollten.
모든 생물은 자연속에서 살려는 노력을 계속하고있다.	Modŭn saengmur-ŭn chayŏn-sog-esŏ sallyŏnŭn noryŏg-ŭl kyesok-hago-itta (K 6-1, 76).	Alle Lebewesen setzen (ihre) Anstrengungen in der Absicht fort, inmitten der Natur zu leben.

ryŏ nŭn ka 려는가 2-ryŏnŭn'ga (§ 2.11.3)

Interrogative Terminalform der 3. Soziativstufe im Intentionalis, bestehend aus der futurischen Konverbalform -ryŏ (§ 1.33.31) und der Interrogativendung -nŭn'ga (§ 2.11.3). Gleichbedeutend mit -ryŏna (s.d.).

그대는 어디로 가려는가.	Kŭdae-nŭn ŏdi-ro karyŏ=nŭn'ga? (HYSCh 10, 182).	Wohin willst du gehen?
생기는 안주까지 버리려는가.	Saengginŭn anju-kkaji pŏriryŏnŭn'ga? (HMCh 2, 91).	Willst du sogar die Zukost zum Wein, die du bekommst, vertun?

ryŏ nŭn te 려는데 2-ryŏnŭnde (§§ 1.33.31, 2.24.4)

Kompositionelle Konjunktionalform, bestehend aus der futurischen Konverbalform -ryŏ (§ 1.33.31), der Partizipialendung -nŭn (§ 3.11) und dem nominalwertigen Endungsmorphem -te (vgl. 5,6-de). Bezeichnet den Intentionalis im temporalen Nebensatz zum Ausdruck der Gleichzeitigkeit bei einem hinzutretenden Vorgang: "gerade wie / als ... will".

학교 교문을 막 들어서려는데, 내 뒤에서 누가 ㄴ기홍아ㄱ 하고 불렀다.	Hakkyo-kyomun-ŭl mak tŭrŏ-sŏryŏnŭnde, nae tui-esŏ nu-ga 'Kihong-a' hago pullŏtta (K 2-2, 17).	Gerade als ich durch das Tor der Schule treten wollte, rief jemand hinter mir "Kihong!"

ryŏ nŭ nya 려느냐 2-ryŏnŭnya (§ 2.11.2)

Terminalform der 2. Soziativstufe im Intentionalis, bestehend aus der futurischen Konverbalform -ryŏ (§ 1.33.31) und der Interrogativendung -nŭnya (§ 2.11.2).

얘, 넌 어디로 가려느냐.	Yae, nŏ-n ŏdi-ro karyŏ=nŭnya? (K 3-1, 70).	He, wohin willst du gehen?

ryŏ o 려오 2-ryŏo (§ 2.11.4)

Terminalform der 4. Soziativstufe, bestehend aus der futurischen Konverbalform -ryŏ (§ 1.33.31) und der assertiven Terminalfom -o (vgl. 2-o). Bezeichnet den Intentionalis im Deklarativ oder Interrogativ.

떡 사오, 떡 사오, 떡 사려오.	Ttŏk sao, ttŏk sao! Ttŏk saryŏo? (Ye, 41).	Kauft Reiskuchen, kauft Reiskuchen! Wollt ihr Reiskuchen kaufen?
도덕 높은 우리 아가씨를 어찌하여 살리시려오.	Todŏk nop'ŭn uri-agassi-rŭl ŏtchi-hayŏ sallisi=ryŏo? (KK III, 140).	Wie wollt ihr unser Fräulein, das von hoher Tugend ist, erretten?

ryŏp ni kka 렵니까 2-ryŏmnikka (§ 2.11.5)

Interrogative Terminalform der 5. Soziativstufe im Intentionalis. Siehe ryŏp ni ta.

정말 행복을 누구에게 나누어 주시렵니까.	Chŏngmal haengbog-ŭl nugu-ege nanuŏ-jusiryŏm=nikka? (K 4-2, 122).	Wem beabsichtigt Ihr eigentlich das Glück zuzuteilen?
대체 그까짓 유리조각은 무엇에 쓰시렵니까.	Taech'e kŭ-kkajit yuri-jogag-ŭn muŏs-e ssŭsi=ryŏmnikka? (K 6-1, 134).	Wozu überhaupt wollen Sie so einen Glassplitter verwenden?

ryŏp ni ta 렵니다 2-ryŏmnida (§ 2.11.5)

Deklarative Terminalform der 5. Soziativstufe im Intentionalis, bestehend aus der futurischen Konverbalform -ryŏ (§ 1.33.31) und der deklarativen Terminalform -mnida (< -pnita, s.d.). Siehe ryŏn ta.

내일 집으로 돌아가렵니다.	Naeil chib-ŭro tora-ga=ryŏmnida (HYSCh 10, 86).	Morgen will ich nach Haus zurückkehren.
죽어도 울지를 않으렵니다.	Chugŏdo ulji-rŭl anhŭ=ryŏmnida (HMCh 24, 368).	Selbst wenn ich stürbe, würde ich nicht weinen.

ryŏ ta ka 　　려다가 　　2-ryŏdaga 　　(§§ 1.33.31, 2.24.6)

Adversative Konjunktionalform im Intentionalis, bestehend aus der futurischen Konverbalform -ryŏ (s.d.) und der adversativen Konjunktionalform -taga: "beabsichtigen / wollen, aber". Siehe ta (ka).

앉으려다가는 못 앉고...	Anjŭryŏdaga-nŭn motankko... (K 5-2, 4).	Sie möchte sich setzen, aber kann sich nicht setzen.
물에 빠진 사람들을 구하려다가 목숨을 바친것은 바로 이때였읍니다.	Mur-e ppajin saramdŭrŭl ku-haryŏdaga moksumŭl pach'in-gŏs-ŭn paro i-ttae-yŏssŭmnida (K 5-2, 44).	Daß er die ins Wasser gefallenen Menschen retten wollte, aber das Leben opferte, war gerade zu der Zeit.

ryŏ tŏn 　　려던 　　2-ryŏdŏn 　　(§ 3.13)

Kompositionelle Partizipialform, bestehend aus der futurischen Konverbalform -ryŏ (§ 1.33.31) und der retrospektiven Partizipialendung -tŏn (s.d.). Bezeichnet den Intentionalis präteriti im attributiven Prädikat.

어느날 아침, 밭으로 나가려던 흥부가 깜짝 놀랐읍니다.	Ŏnŭ-nal ach'im, pat'-ŭro nagaryŏdŏn Hŭngbu-ga kkamtchak nollassŭmnida (K 4-1, 87).	Eines Morgens erschrak Hŭngbu, der (= als er) auf das Feld hinausgehen wollte.
자기 집 문안에 들어서려던 석봉이는 문득 발을 멈췄읍니다.	Chagi-jip mun-ane tŭrŏsŏ=ryŏdŏn Sŏkpongi-nŭn mun=dŭk par-ŭl mŏmch'uŏssŭm=nida (K 4-2, 78).	Sŏkpong, der in die Tür seines Hauses treten wollte, blieb plötzlich stehen.

sa 　　사 　　1-sa 　　(§ 2.13.11)

Emphatisches Verbalsuffix der älteren S mit honorativer Geltung (siehe -saida). Tritt in assertiver oder in desiderativer Funktion (= -saida) auf. Gebraucht als Terminalform, zuweilen zum nächsten Satz überleitend ("und").

하나님이 빛과 어두움을 나누사.	Hananim-i pik-kwa ŏduumŭl nanusa (SCh, 1).	Gott schied Licht und Finsternis.
하나님이 궁창을 만드사.	Hananim-i kungch'ang-ŭl mandŭsa (a.a.O.).	Gott machte die Feste.
하느님께 그를 살려	Hanŭnim-kke kŭ-rŭl sal=	Nachdem ich zu Gott ge-

줍시사 빌고나서, 나의 온 기술과 정성을 다 했다.	lyŏ-jupsisa pilgo-nasŏ, na-ŭi on-gisul-gwa chŏng=sŏng-ŭl ta-haetta (K 5-2, 107).	betet hatte, er möge ihn (den Patienten) erretten, brachte ich meine ganze Kunstfertigkeit und Hingabe zur Wirkung.

sa i (e) 사이 (에) 5,6,7-sai(e) (§ 2.24.2/4)

Nominalwortige Konjunktionalform, bestehend aus dem Nomen sai (Zwischenraum, Zeitspanne) in der Stellung nach Partizipien, fakultativ mit der lokativen Postposition -e verbunden. Bildet temporale Nebensätze der Gleichzeitigkeit (5-sai: "während"), der Vorzeitigkeit (6-sai: "nachdem", "wenn"), zuweilen auch kausale Nebensätze (7-sai: "da"). Vgl. jap. -aida. Eine ältere Kontraktionsform lautet 새 -sae.

처자들 어미 되고 동자들 아비된 사이 인생의 가는 길이 나뉘어 이렇구나.	Ch'ŏjadŭl ŏmi toego tong=jadŭl abi toensai insaeng-ŭi kanŭn kir-i nanuiŏ irŏ=k'una (HS, 175).	Wenn die Mädchen Mütter und die Jungen Väter geworden sind, teilt sich so eben der Weg, den man im Leben geht.
품어가 반기리 업슬새 글로 설워 하나이다.	P'umŏ-ga pan'gir-i ŏpsŭl=sae kŭllo sŏrwŏ-hanaida (SMS, 209).	Da es niemanden gibt, der sich freuen wird, wenn ich (die Zitronen) einstecke und (ihm) bringe, bin ich also traurig.

sa i ta 사이다 1-saida (§ 2.11.6)

Terminalform der 6. Soziativstufe im Propositiv, veraltet (S); bestehend aus dem emphatischen Verbalsuffix -sa (s.d.) und der honorativen Endung -ida. Die Form wird auch mit dem Honorativmorphem 사옵 -(sa)op- (§ 1.31.2) verbunden. Die Kontraktionsform lautet 습 / ㅂ시다 -(sŭ)psida (< -(sa)opsaida). Vgl. p si ta.

지금은 문을 닫았으니, 바리 치거든 가사이다.	Chigŭm-ŭn mun-ŭl tadas=sŭni, para ch'igŏdŭn kasaida! (KK III, 141).	Jetzt hat man das Tor geschlossen, aber wenn man zum Ende der nächtlichen Ausgangssperre läutet, laßt uns gehen!
마누하님, 큰 병환 ᄂᆡ실것이니, 어서 가압사이다.	Manuhanim, k"ŭn pyŏnghwan nasil-gŏs-ini, ŏsŏ kaapsa=ida! (ap = op) (KK I, 89).	Gnädige Frau, da Sie sehr krank werden könnten, lassen Sie uns gehen!

sa o s. sa op

sa op 사옵 1-saop- (§ 1.31.2)

Stammbildungsmorphem der älteren S zur Bezeichnung des aussageobjekt- oder partnerbezogenen Honorativs (6. Soziativstufe); steht nach Konsonantenbasen (außer t, ch, ch'), wird verkürzt zu 삽 -sap-, neukor. 습 -sŭp-, und hat vor vokalischen Endungen sowie den Endungsmorphemen -r(i), -n(i) (fakultativ) und den konjunktionalen Endungen -na, -myŏn und -mae die Form 사오 -sao-. Vgl. cha op, op.

여러 선생님께서 모두 안녕하시온지 두루 알고십사옵 니다.	Yŏrŏ-sŏnsaengnim-kkesŏ modu annyŏng-hasionji turu algo-sipsaomnida (ChK I-I, 139).	Ob alle Herren (Lehrer) sich wohl befinden, möchte ich rundum wissen.
낭자 말씀 듯자오 니, 거룩하고 장한 효성 비할데 없삽 내다.	Nangja-malssŭm tŭtchaoni, kŏruk-hago chang-han hyo= sŏng pi-hal te ŏpssam= naeda (< -saopnaita) (ChK III-II, 104).	Da ich des Fräuleins Worte höre, gibt es nichts, womit ich die erhabene und großartige Pietät vergleichen könnte.
소자의 일편지한 을 아비님이 물어 주옵시니 죽사와 도 한이 없도소 이다.	Soja-ŭi ilp'yŏn-jihan- ŭl abanim-i p'urŏ-juop= sini chuksawado (< -sao= ato) han-i ŏptosoida (KK II, 193).	Da Ihr, Herr Vater, ein Stück Groll meiner We- nigkeit mir löset, gibt es, mag ich auch ster- ben, keinen Groll mehr.

sa o ri i ta s. o ri i ta

sa o ri ta s. o ri ta

sap s. saop

se 세 1-se (§ 2.11.3)

Terminalform der 3. Soziativstufe im Propositiv.

잠을 깨세 잠을 깨 세, 사천년이 꿈속 이라.	Cham-ŭl kkaese cham-ŭl kkaese, sach'ŏn-nyŏn-i kkum-sog-ira (Ye, 3).	Laßt uns aus dem Schlaf erwachen, aus dem Schlaf erwachen! 4000 Jahre sind (wir) im Traum.
구구세절 다 버리고,	Kugu-sejŏl ta pŏrigo,	Laßt uns alle unbedeu-

상하 동심동덕하세.	sangha tongsim-tongdŏkhase (a.a.O.).	tenden Kleinigkeiten fortwerfen, und laßt uns, Hoch und Niedrig, eines Sinnes gemeinsam das Gute tun!

se 세 7-sse (§ 2.11.35)

Assertive Terminalform der 3. Soziativstufe im Deklarativ, nur bei der Kopula ida gebräuchlich; zuweilen auch aussprachegemäß 쎄 geschrieben.

흥부 듣고, 기가 막히어, 「자네 말은 풍년일세」.	Hŭngbu tŭkko, ki-ga mak=hiŏ, 'chane-mar-ŭn p'ung=nyŏn-ilsse (Ye, 110).	Hŭngbu hörte (das) und war verblüfft: "Deine Rede ist (wie) eine reiche Ernte."
원래 예술은 손님에게 금방 그 뜻을 전달 할수 있어야 하는걸세.	Wŏllae yesur-ŭn sonnim-ege kŭmbang kŭ-ttŭs-ŭl chŏndar-hal-ssu-issŏya-hanŭn-gŏlsse (< kŏs-il=sse) (KK II, 110).	Es ist an sich so, daß die Kunst sofort ihren Sinn dem Publikum übermitteln können muß.
자네 밭에 몇 뭇인고. 내논 소출이뿐일세.	Chane-pat'-e myŏn-mus-in'go? - Nae non-soch'ul i-ppun-ilsse (PY, 91).	Wieviel Garben sind auf deinem Feld? - Das ist alles, was ich von meinem Reisfeld geerntet habe.

sem i ta 셈이다 5,6,7-sem-ida (§ 4.31)

Kompositionelle Verbalform, bestehend aus dem Nominalisator sem (< seda, Verbalnomen: "Rechnung") nach Partizipien aller Zeitstufen und der Kopula ida. Bezeichnet Annahme, begründeten Anschein oder auch Absicht.

사람들은 한라산을 에워싸고 산기슭에 살고있는 셈입니다.	Saramdŭr-ŭn Hallasan-ŭl ewŏssago san'gisŭlg-e salgo-innŭn-sem-imnida (K 4-1, 58).	Man kann sagen, daß die Menschen rings um den Hallasan am Fuße des Berges leben.
지금 생각하면, 매우 딱한 사정아래 있었던 셈이다.	Chigŭm saenggak-hamyŏn, maeu ttak-han sajŏng-arae issŏttŏn-sem-ida (K 5-2, 57).	Wenn man es jetzt bedenkt, darf man annehmen, daß er sich unter sehr schwierigen Umständen befand.

si 시 2-si (§ 1.31.1)

Morphem zur Bildung des subjektbezogenen Honorativstammes, bezeichnet ehrerbietig die Handlung einer nicht ersten Person, die als Subjekt der Aussage erscheint (stoffbezogener Honorativ). Der Honorativstamm auf -si wird als vokalische Anschlußbasis auf -i behandelt (§ 1.11): die Konverbalform lautet 셔 -syŏ (§ 1.32.2).

어머니는 바느질을 하시고, 아버지는 신문을 읽으시고, 우리들은 공부를 시작합니다.	Ŏmŏni-nŭn panŭjir-ŭl hasigo, abŏji-nŭn sinmun-ŭl ilgŭsigo, uridŭr-ŭn kongbu-rŭl sijak-ham=nida (K 5-1, 37).	Mutter macht Nadelarbeiten, Vater liest die Zeitung, und wir beginnen zu lernen.
할머니, 무엇인가 알아 내셔요.	Halmŏni, muŏs-in'ga ara-naesyŏyo! (K 1-2, 66).	Großmutter, errate, was es ist!

si chak ha ta s. ki si chak ha ta

si k'i ta 시키다 3-sik'ida (§ 4.15.1)

sik'ida "(veran)lassen" steht als Hilfsverb zur Bezeichnung des Faktitivs bei prozessiven Verben, meist bei sinokoreanischen Bildungen (-hada: Aktiv, -sik'ida: Faktitiv; vgl. jap. -suru, -saseru), aber auch nach der Konverbalform koreanischer Verba.

그래 내가 널 공부시켜주지.	Kŭrae nae-ga nŏ-l kongbu-sik'yŏ-juji (K 4-1, 133).	Dann laß ich dich studieren.
말을 듣지아니하면, 강습소를 폐쇄 시키겠다.	Mar-ŭl tŭtchi-ani-hamyŏn, kangsŭpso-rŭl p'yeswae-sik'igetta (KK I, 197).	Wenn ihr nicht hört, wird man die Trainingskurse schließen lassen.

si o s. o (2-o)

si p'i s. ta si p'i

so 소 1-so (§ 2.11.4)

Assertive Terminalform der 4. Soziativstufe nach konsonantischen Verbalstämmen. Variante zu 2-o (s.d.) in denselben Funktionen: Deklarativ, Interrogativ, Imperativ. Eine dialektale Nebenform lautet 수 -su.

이 화살로 당신 머리를 꿰뚫으려고	I-hwasal-lo tangsin-mŏri-rŭl kkwetturhŭryŏgo-hayŏs=	Mit diesem Pfeil wollte ich Ihren Kopf durch-

하였소.	so (K 5-2, 9).	bohren.
고맙소. 죽기는 싫지만, 이젠 별수가 없소.	Komapso. Chukki-nŭn sil=ch'iman, ijen pyŏlsu-ga ŏpso (K 5-2, 90).	Danke. Ich hasse es zu sterben, aber jetzt bleibt mir kein Ausweg.
세상에는 일하기 싫어하는 사람이 있지않소.	Sesang-enŭn ir-hagi sir=hŏ-hanŭn saram-i itchi-ansso? (K 5-2, 31).	Gibt es auf der Welt keinen Menschen, der das Arbeiten verabscheut?
잠 깨구 일어나소.	Cham kkaegu irŏnaso! (HT MCh I, 76).	Wach auf und erhebe dich!

so kŭ ryŏ   소그려   1-so-kŭryŏ   (§ 2.13)

Terminalform des Affektivs in der 5. Soziativstufe, bestehend aus der Terminalform -so (s.o.) und der emphatischen Postposition -kŭryŏ (s.d.). Bezeichnet eine emphatische Aufforderung.

누가 밖에 왔나 내다 보소그려.	Nu-ga pakk-e wanna naeda-poso-kŭryŏ (ad hoc).	Schauen Sie (bitte) nach, ob jemand draußen ist.

son ka   손가   7-sson'ga   (§§ 2.11.33, 4.31.5)

Kompositionelle Terminalform des Interrogativs in der älteren S, dem dubitativ-intentionalen 7-ka (§ 2.11.3) der 3. Soziativstufe ähnlich (phonetisch auch 쏜가 geschrieben); besteht aus dem Nominalisator son (< ᄉᆞᆫ ?) oder so (?) in der Stellung nach dem Futurpartizip und aus der Interrogativform -(n)ka. Eine Nebenform lautet 손고 7-sson'go (vgl. 7-ka - 7-ko). Siehe so nya.

이몸을 허한휘니 왕사를 꺼릴손가.	I-mom-ŭl hŏ-hanhuini (< -hu-ini) wangsa-rŭl kkŏrilsson'ga? (Ye, 148).	Nachdem Ihr es mir zugestanden habt, wollt Ihr des Königs Pflichten Euch entziehen?
이 말씀 들을적에 내마음 어떨손고.	I-malssŭm tŭrŭl-jŏge nae maŭm ŏttŏlsson'go? (Ye, 17).	Wenn ich diese Worte höre, was soll mein Herz empfinden?

so nya   소냐   7-ssonya   (§§ 2.11.23.1, 4.31.5)

Kompositionelle Terminalform des Interrogativs in der älteren S, dem dubitativ-intentionalen 2-rya (§ 2.11.2) der 2. Soziativstufe ähnlich (auch phonetisch 쏘냐 geschrieben). Eine Nebenform lautet

7-ssonyo. Vgl. son ka.

여름 바람 정할소냐.	Yŏrŭm-baram chŏng-halssonya? (KK II, 206).	Ist der Sommerwind bestimmt (in seinem Wehen)?
물아 일체어니 흥이 애 다를소냐.	Mura-ilch'e-ŏni, hŭng-i ae tarŭlssonya? (KK III, 162).	Da die Dinge und das Ich eine Einheit sind, sollte die Freude unterschiedlich sein?

so nyo s. so nya

so sŏ　　소서　　2-sosŏ　　(§ 2.11.6)

Terminalform der 6. Soziativstufe zur Bezeichnung des Imperativs; kann durch das honorative Stammbildungsmorphem -(sa)op- honorativ verstärkt werden. -so ist ein altes Honorativmorphem (§ 1.31.22). -sosŏ wird auch als Wunschform verwendet.

내내 건강하소서. 이만.	Naenae kŏn'gang-hasosŏ! I-man (ChK II-II, 91).	Bleiben Sie allzeit gesund! Soviel (für heute). (Briefschluß)
내내 안녕하시옵소서.	Naenae annyŏng-hasiop=sosŏ! (ChK I-I, 140).	Leben Sie allzeit in Frieden!
차라리 외로울망정 이밤 더디 새소서.	Ch'arari oeroulmangjŏng i-bam tŏdi saesosŏ! (ChK II-I, 28).	Wenn ich auch einsam bin, brich lieber langsam an, du Nacht!
바라옵건대 아바님은 만수무강 하옵소서.	Paraopkŏndae abanim-ŭn mansu-mugang-haop=sosŏ! (KK II, 193).	Wie ich hoffe, mögen Sie, Herr Vater, zehntausend Jahre und in Ewigkeit leben!

sŏ　　서　　3-sŏ　　(§ 2.24.3/4)

Konjunktionalform, entstanden aus der Konverbalform des Befindlichkeitsverbs itta (있어 > 서); bezeichnet anderen Handlungen vorangehende Vorgänge in temporaler oder kausaler Abhängigkeit: "nachdem", "da". -sŏ kann durch die Postposition -nŭn verstärkt werden, wobei häufig eine Funktionsverschiebung zum Konditionalis hin eintritt: "wenn".

마당에 나가서 하늘을 쳐다봅니다.	Madang-e nagasŏ hanŭr-ŭl ch'ŏda-bomnida	Ich gehe in den Hof ("in den Hof gegangen

	(K 3-1, 103).	seiend") und schaue zum Himmel hinauf.
꼭꼭 들어맞아서 아주 유쾌하였다.	Kkok-kkok tŭrŏ-majasŏ aju yuk'wae-hayŏtta (K 2-2, 53).	Da ich genau getroffen hatte, war ich sehr froh.
호박꽃을 따서는 무얼 만드나.	Hobak-kkoch'-ŭl ttasŏnŭn muŏl mandŭna? (K 3-1, 50).	Wenn Sie die Kürbisblüten gepflückt haben, was machen Sie damit?

sŏ choh ta　　서 좋다　　3-sŏ-jot'a　　(§ 4.11)

Kompositionelle Verbalform modaler Funktion, bestehend aus der kausalen Verbalendung -sŏ (s.o.) und dem (Hilfs)Verb chot'a: "da (es so ist), ist es gut" = "es ist gut (erfreulich, schön), daß".

여러분이 정각에 다 도착을 해서 좋습니다.	Yŏrŏbun-i chŏnggag-e ta toch'ag-ŭl haesŏ-jossŭmnida (ad hoc).	Es ist gut, daß Sie alle pünktlich eingetroffen sind.
당신이 일찍 돌아오셔서 좋습니다.	Tangsin-i iltchik tora-osyŏsŏ-jossŭmnida (ad hoc).	Es ist schön, daß Sie frühzeitig zurückgekommen sind.

sŏ ka a ni ta　　서가아니다　　3-sŏ-ga anida　　(§ 4.21.02)

Kompositionelle Verbalform, bestehend aus der Konjunktionalform -sŏ (s.o.), der subjektbildenden Postposition -ga und der Kopula in der Negation, häufig als Nebensatzprädikat in der Konverbalform -anira. Die Verbindung hat die einschränkende Bedeutung: "nicht so sein, daß".

파아브르가 벌레를 잡는것은 구워 먹으려고 해서가 아닙니다.	P'aapŭrŭ-ga pŏlle-rŭl chamnŭn-gŏs-ŭn kuwŏ-mŏgŭryŏgo-haesŏ-ga animnida (K 4-1, 139).	Daß Fabre Insekten fing, geschah nicht deshalb, weil er sie rösten und essen wollte.
그 말의 뜻을 알아서가 아니라, 그림을 보니 스파이를 막아 내자는 뜻쯤은 곧 알수 있었다.	Kŭ-mar-ŭi ttŭs-ŭl arasŏ-ga anira, kŭrim-ŭl poni sŭp'ai-rŭl maga-naejanŭn ttŭt-tchŭm-ŭn kot al-ssu-issŏtta (K 4-2, 39).	Es war nicht so, daß ich die Bedeutung dieses Wortes verstand; aber als ich das Bild ansah, konnte ich sofort die ungefähre Bedeutung verstehen, daß man Spione abwehren soll.

sŏng sip' ta 성십다 5,6,7-ssŏng-sipt'a (§ 4.31)

Kompositionelle Verbalform, bestehend aus dem Nominalisator sŏng (= sang, SK 相 Aussehen) nach Partizipien sowie dem als Hilfsverb verwendeten sipta (wollen, hier: scheinen). Bezeichnet den Anschein. Nebenform 상 십 다 7-ssang-sipta. Siehe tŭs sipta.

무슨 일이 닥쳐도 문제가 없을성십었다.	Musŭn ir-i takch'ŏdo mun=je-ga ŏpsŭlssŏng-sip'ŏtta (ChK I-I, 71).	Mit welcher Sache ich auch in Berührung kam, ein Problem schien es nicht zu geben.
굴속에서 베를 짜던 마귀 할머니도 나와서, 다닐성십은 이런 밤엔 헛간 지붕위에핀 박꽃의 하얀 빛이 니는 무서워진다.	Kulsog-esŏ pe-rŭl tchadŏn magui-halmŏni-do nawasŏ, tanilssŏng-sip'ŭn irŏn pam-en hŏkkan-jibung-uie p'in pakkoch'ŭi hayan pich'-i na-nŭn musŏwŏjin=da (ChK I-I, 71).	An einem solchen Abend, da auch die alte Hexe, die im Innern der Höhle einen Kleidungsstoff wob, herauskommen und herumlaufen konnte, erschreckte mich die grell weiße Farbe der Kürbisblüten, die auf dem Schuppendach erblüht waren.

sŏ nŭn s. **sŏ**

sŏ nŭn a ni toe ta 서는아니되다 3-sŏ-nŭn ani-doeda (§ 4.11)

Kompositionelle Verbalform, bestehend aus der konditionalen Konjunktionalform -sŏ-nŭn und der Negationsform des (Hilfs)Verbs toeda (werden): "wenn man (das tut), dann wird es nicht" = "nicht dürfen".

우리는 신화나 전설이나 동화를 거짓말이라고 생각해서는 아니된다.	Uri-nŭn sinhwa-na chŏn=sŏr-ina tonghwa-rŭl kŏ=jinmar-irago saenggak-haesŏ-nŭn ani-doenda (K 6-2, 41).	Wir dürfen Mythen, Sagen oder Märchen nicht als Lügen auffassen.
그렇지만, 누가 보내더란 말을 해서는 안돼.	Kŭrŏch'iman, nu-ga ponae=dŏran mar-ŭl haesŏ-nŭn andwae (< ani-doeŏ) (K 6-2, 79).	Doch wer es geschickt hat, darfst du nicht sagen.

sŏ to 서도 3-sŏdo (§ 2.24.5)

Kompositionelle Konjunktionalform, bestehend aus der temporalen Verbalendung -sŏ (s.d.) und der konzessiven Verbalendung -to (s.d.). Bezeichnet einen konzessiven Nebensatz.

죽어서도 한곳에 묻히더라.	Chugŏsŏdo han-gos-e mut=hidŏra (Sowŏl-sijip, 85).	Wenn wir auch sterben, werden wir an einem Ort begraben sein (wie ich weiß).

sŏ ya 서야 3-sŏya (§ 2.24.2/3)

Kompositionelle Konjunktionalform, zusammengesetzt aus der temporalen Verbalendung -sŏ (s.d.) und der konditionalen Verbalendung -ya (s.d.). Bezeichnet temporal die bedingende Beendigung eines Vorganges vor Beginn eines anderen ("erst wenn"), konditional die nachdrücklich formulierte Bedingung ("wenn").

이거 원, 지도가 있어도 모두 이래서야 무슨 소용이 있겠나.	Igŏ wŏn, chido-ga issŏdo modu iraesŏya musŭn so=yong-i ikkenna? (K 5-1, 120).	Nun ja, eine Landkarte ist es zwar, aber wenn alle so sein sollten, welchen Nutzen würden sie haben?
서방님이 춘향을 아니보아서야 인정이라 하오리까.	Sŏbangnim-i Ch'unhyang-ŭl ani-poasŏya injŏng-ira-haorikka? (KK III, 141).	Wenn Sie (Herr) die Ch'unhyang nicht ansehen würden, wäre das menschlich zu nennen?

ss ㅆ 3-ss/tt- (§ 1.33.1)

Endung des Präteritalstammes, entstanden aus dem Verbalstamm -iss- des Hilfsverbs der Befindlichkeit. Kann Vergangenheit oder Vollendung ausdrücken (Präteritum, Perfektum).

대문 앞에서 우체부를 만났읍니다.	Taemun-ap'esŏ uch'ebu-rŭl mannassŭmnida (K 2-2, 50).	Vor der Pforte traf sie den Briefträger.
흰 나비를 찾았다.	Hŭin nabi-rŭl ch'ajatta (< -assta)(K 5-1, 61).	Ich habe den weißen Schmetterling gefunden.

ssah ta 쌓다 3-ssat'a (§ 4.16)

Kompositionelle Verbalform mit dem hier als Hilfsverb gebrauchten ssat'a (aufhäufen) zur Bezeichnung einer durativ-intensiven Aktionsart.

문밖에는 아이들이 놀아 쌓는다.	Mun-bakk-enŭn aidŭr-i nora-ssannŭnda (Uri malbon, 381).	Die Kinder spielen draußen tüchtig.
그따위는 여기도 흔해 쌓았다.	Kŭ-ttawi-nŭn yŏgi-do hŭn=hae-ssahatta (a.a.O.).	Diese Sorte war hier auch reichlich vorhanden.

ss kess ㅆ겠 3-kkess/kkett- (§ 1.33.4)

Endung des Dubitativperfektstammes, gebildet aus dem Präteritalmorphem -ss- (s.d.) und dem Futurmorphem -kess- (s.d.). Bezeichnet die auf die Vergangenheit bezogene Ungewißheit, Möglichkeit oder Absicht.

할아버지와 할머니가 오늘은 퍽 기쁘셨겠다.	Harabŏji-wa halmŏni-ga onŭr-ŭn p'ŏk kippŭsyŏk=ketta (K 2-2, 65).	Großvater und Großmutter werden sich heute sehr gefreut haben.
전화를 매는 맡에 공교히도 그 애가 어제 아침에 전화를 걸었겠지.	Chŏnhwa-rŭl mae-nŭn mat'-e konggyohi-do kŭ-ae-ga ŏje ach'im-e chŏnhwa-rŭl kŏrŏkketchi (HTMCh I, 184).	Er wird wohl gestern morgen gerade zu der Zeit telefoniert haben, als man eine Telefonverbindung herstellte.
그 때의 주상의 심사는 어떠하시었겠나이까.	Kŭ-ttae-ŭi chusang-ŭi simsa-nŭn ŏttŏ-hasiŏk=kennaikka! (HYSCh 6, 574).	Wie wäre es denn mit der Besorgnis des damaligen Herrschers gewesen!

ss ŏss ㅆ었 3-ssŏss/ssŏtt- (§ 1.33.2)

Endung des Plusquamperfektstammes, gebildet durch Reduplizierung des Präteritalmorphems -ss- (s.d.), verbunden durch konverbales -ŏ (§ 1.32). Bezeichnet die Vorvergangenheit oder die Vollendung einer Handlung in der Vergangenheit.

나는 5월 28일 아주머니 댁에 갔었읍니다.	Na-nŭn owŏl isipp'aril ajumŏni taeg-e kassŏss=ŭmnida (K 4-1, 43).	Am 28. Mai war ich zur Tante gegangen.
걱정이 되어서 지팡이를 더듬거리며 마중을 나갔었다.	Kŏkchŏng-i toeŏsŏ chi=p'angi-rŭl tŏdŭm-gŏrimyŏ majung-ŭl nagassŏtta (K 6-2, 48).	Besorgt hatte er zu seinem Stock gegriffen und war (ihr) entgegengegangen.

ss ŏss kess ㅆ었겠 3-ssŏkkess/ssŏkkett- (§ 1.33.41)

Endung des Dubitativplusquamperfektstammes, zusammengesetzt aus den Endungen des Plusquamperfektes (-ssŏss-, s.o.) und des Futurs bzw. Dubitativs (-kess-, s.d.). Bezeichnet die auf Vollendung in der Vergangenheit oder auf die Vorvergangenheit bezogene Ungewißheit, Möglichkeit oder Absicht.

장군이·대학에 도착 했을때는 이미 강의 가 끝났었겠다.	Chang-gun-i taehag-e to= ch'ak-haessŭlttae-nŭn imi kangŭi-ga kkŭnnassŏkketta (ad hoc).	Als der Chang in der Universität ankam, war die Vorlesung wohl schon beendet.

su (ka/nŭn) iss ta 수(가/는) 있다 7-ssu-(ga/nŭn)itta (§ 4.31)

Kompositionelle Verbalform, die aus dem Nominalisator su (SK 手 Hand, Handhabe) nach dem l-Partizip, der Postposition -ga oder -nŭn (fakultativ) sowie dem Hilfsverb itta (affirmativ) oder ŏpta (negativ) besteht. Bezeichnet die Möglichkeit bzw. Unmöglichkeit: "(nicht) können". In Verbindung mit voranstehender Negation des Hauptverbs bezeichnet 7-ssu-ŏpta die Notwendigkeit (Necessativ): "nicht anders können als" = "unbedingt müssen".

나쁜 말을 쓰는 사람은 마음이 나쁜 사람이라고 할수 있읍니다.	Nappŭn mar-ŭl ssŭnŭn sa= ram-ŭn maŭm-i nappŭn sa= ram-irago-hal-ssu-issŭm= nida (K 5-2, 21).	Einen Menschen, der schlechte Worte gebraucht, kann man einen Menschen mit schlechtem Herzen nennen.
도끼가 없으면 나무를 찍을수 없고, 나무를 찍지 않으면 먹고 살수가 없읍니다.	Tokki-ga ŏpsŭmyŏn namu-rŭl tchigŭl-ssu-ŏpko, namu-rŭl tchikchi-anhŭ= myŏn mŏkko sal-ssu-ga ŏpsŭmnida (K 2-1, 70).	Wenn er keine Axt hat, kann er kein Holz schlagen, und wenn er kein Holz schlägt, kann er nicht essen und nicht leben.
따뜻한 우정에 대하여 감사를 드리지 않을수 없읍니다.	Ttattŭt-han ujŏng-e tae-hayŏ kamsa-rŭl tŭriji-anhŭl-ssu-ŏpsŭmnida (K 6-2, 143).	Ich kann nicht anders als den warmen Freundschaften gegenüber Dankbarkeit zu erweisen.
참으로 우리문자사상 일대 혁명이 아닐수없다.	Ch'amŭro uri-munjasa-sang ilttae-hyŏngmyŏng-i anil-ssu-ŏpta (ChK I-I, 11).	Es kann nichts anderes als eine große Revolution in unserer Schriftgeschichte sein.

sung 숭 5,6-sung (§ 2.24.7)

Nominalwertige Konjunktionalform distributiver Geltung, deren zweites Glied eine Negationsform des ersten Gliedes enthält, meist durch das Hilfsverb malda vertreten (vgl. -kka malkka). Als Schlußverb folgt in der Regel eine Form von hada: "ob .... oder ob nicht". Siehe tung.

정식으로 구혼을 하나 그 모친조차도 들은숭 만숭하였다.	Chŏngsig-ŭro kuhon-ŭl hana kŭ-moch'in-joch'a=do tŭrŭnsung mansung hayŏtta (Sin Yimkkŏk=chŏng-jŏn I, 255).	Er freite zwar offiziell (um sie), aber selbst ihre Mutter nahm es nicht ernst (wrtl. "sie hörte darauf oder auch nicht").

su ŏps ta s. su iss ta

su pakk e ŏps ta 수밖에 없다 5,7-su-bakke ŏpta (§ 4.31)

Kompositionelle Verbalform zur Bezeichnung der Notwendigkeit, zusammengesetzt aus dem Nominalisator su (s.o.) nach dem Präsens- oder Futurpartizip, dem postpositionellen Nomen pakk-e (außer) und dem Hilfsverb ŏpta: "außer zu ... gibt es nicht" = "man muß" (jap. -zaru-wo enai).

다만 자꾸 심고 가꾸는 수 밖에 없읍니다.	Taman chakku simgo ka=kkunŭn-su-bakke ŏpsŭm=nida (K 4-1, 4).	Es bleibt uns nichts anderes übrig als tüchtig zu pflanzen und zu kultivieren.
할아버지는 터벅터벅 집으로 돌아오는 수밖에 없었읍니다.	Harabŏji-nŭn t'ŏbŏk-t'ŏbŏk chib-ŭro tora-onŭn-su-bakke ŏpsŏssŭm=nida (K 3-1, 62).	Der Alte mußte niedergeschlagen nach Hause zurückkommen.
기선이 아니라 군함이라도 깨어질 수 밖에 없지 않읍니까.	Kisŏn-i anira kunham-irado kkaeŏjil-ssu-bakke ŏpchi-anhŭmnikka? (K 3-1, 78).	Mußte nicht selbst ein Kriegsschiff, geschweige denn ein Dampfer, zerstört werden?

su rok 수록 7-ssurok . (§ 2.24.11)

Nominalwertige Konjunktionalform, die einen adverbialen Nebensatz des Ausmaßes oder Grades bezeichnet (gradativ): "in dem Maße wie (daß)" (jap. -hodo); z.B. 갈수록 kalssurok "in dem Maße wie (die Zeit) vergeht". Satzkonstruktionen vom Typ "je ... desto" werden im Nebensatz durch zweifache Setzung des Verbs, zuerst in der Konditionalform, dann in der Gradativform, gebildet; z.B. 먹으면 먹을수록 mŏgŭmyŏn mŏgŭl=ssurok "je mehr man ißt, desto ..." (wrtl. "wenn man ißt, in dem Grade wie man ißt") (vgl. jap. tabereba taberu-hodo).

먹을수록 많아지는 것이 무엇입니까.	Mŏgŭlssurok manha-jinŭn-gŏs-i muŏs-imnikka? (K 3-1, 37).	Etwas, das in dem Maße mehr wird, wie man ißt, was ist das?
살피면 살필수록 우스운 일이 많을 것입니다.	Salp'imyŏn salp'ilssurok usŭun ir-i manhŭl-gŏs-imnida (KK I, 4).	Je mehr man es untersucht, desto zahlreicher werden wohl die komischen Dinge.

sŭp 습 1-sŭp- (§ 1.31.2)

Honoratives Stammbildungsmorphem, verkürzt aus 사옵 (ᄉᆞ옵 > ᄉᆞᆸ > 삽/습) -saop- (s.d.), dient zur Kennzeichnung des partnerbezogenen Honorativs, insbesondere der 5. Soziativstufe, und wird üblicherweise der terminalen Endungsform zugerechnet. Bei s-Auslaut der Verbalbasis wird orthographisch 읍 geschrieben: 없읍니다 ŏpsŭmnida, 있읍니다 issŭmnida, 하겠읍니다 hagessŭmnida usw. Das Morphem steht nur nach Konsonantenbasen. Nach Vokalbasen siehe -p-.

인도에 사는 코끼리는 아주 순해서 사람의 말도 잘 듣습니다.	Indo-e sanŭn k'okkiri-nŭn aju sun-haesŏ saram-ŭi mal-do chal tŭssŭmnida (< tŭtsŭpnita) (K 3-1, 85).	Der in Indien lebende Elefant ist sehr gehorsam und folgt auch den Worten des Menschen gut.
선생님, 어떻습니까.	Sŏnsaengnim, ŏttŏssŭm=nikka? (< ŏttŏhsŭpnikka) (K 2-1, 36).	Herr Lehrer, wie ist es?
바삐 학교로 갔읍니다.	Pappi hakkyo-ro kas=sŭmnida (K 2-1, 28).	Er ging rasch in die Schule.

sŭp ni kka s. p ni kka

sŭp ni ta s. p ni ta

sŭp ti kka s. p ti kka

sŭp ti ta s. p ti ta

sŭ ra	스라	-sŭra	(§ 2.13.11)

Postpositionelle emphatische Terminalform der älteren S, im Anschluß an Imperativ- oder Propositivformen zur Bezeichnung der emphatischen Aufforderung verwendet. Vgl. 2,3-ra.

산수구경 가자스라.	Sansu-kugyŏng kaja-sŭra (KT, 33).	Laßt uns gehen, die Landschaft zu betrachten!
이 기음 매자스라, 기음노래 부름세.	I-kiŭm maeja-sŭra, kiŭm-norae nae purŭm=se (PY, 89).	Laßt uns dies Unkraut jäten! Das Lied vom Unkraut wollen wir singen.

ta	다	1,4,5,6-ta	(§§ 2.11.2 - 2.11.21.2)

Deklaratives Verbalsuffix (selten in interrogativer Funktion, veraltet), meist beim terminalen Prädikat in der Stellung a) unmittelbar nach den Basen von qualitativen Verba, Befindlichkeitsverba (itta, ŏpta) und der Kopula (ida), b) nach den n(ŭn)-Partizipien prozessiver Verba (postvokalisch -n: ka-n-ta > kanda, postkonsonantisch -nŭn: mŏk-nŭn-ta > mŏngnŭnda), c) nach Temporalstämmen (-ss-ta, -kess-ta), d) am Ende kompositioneller Verbalendungen (-p-ni-ta > -mnida, -tŏ-i-ta > tŏida), e) im Verbande quotativer Verbalformen (-tanda, -tamyŏn), f) nach allen primären und sekundären Verbalbasen zur Bezeichnung der lexikalischen Form in der Gegenwartssprache ("Infinitiv"). In konjunktionaler Funktion (temporal, adversativ, alternativ, iterativ) wird es häufig mit der Postposition -ka verbunden (-ta-ka > -taga, s.d.). Vgl. n ṭa, nŭn ta.

학교는 우리들의 집이다.	Hakkyo-nŭn uridŭr-ŭi chib-ida (K 5-1, 13).	Die Schule ist unser Haus.
서리는 눈과같이 희다.	Sŏri-nŭn nun-gwa kat'i hŭida (K 2-2, 13).	Der Reif ist weiß wie Schnee.
코스모스가 아직 피어있다.	K'osŭmosŭ-ga ajik p'iŏ-itta (K 2-2, 17).	Die Cosmea blüht noch.
학교가 보인다.	Hakkyo-ga poinda (K 2-2, 16).	Die Schule ist zu sehen.
전혀 움직이지를 않는다.	Chŏnhyŏ umjigiji-rŭl annŭnda (K 4-1, 37).	Es bewegt sich überhaupt nicht.
이번 미술시간엔 저 예쁜 가을산을	I-bŏn misul-sigan-en chŏ yeppŭn kaŭl-san-ŭl	In der nächsten Zeichenstunde müssen wir ver-

그려보아야 겠다.	kŭryŏ-boayagetta (K 2-2, 14).	suchen, diese schönen herbstlichen Berge zu zeichnen.
네 어찌 가만히 왕제를 보내었는다.	Ne ŏtchi kamanhi wang=je-rŭl ponaeŏnnŭnda? (ChK III-II, 123).	Warum hast du heimlich des Königs Bruder weggeschickt?

ta chi (yo) 다지(요) 1,4,5,6-taji(yo) (§ 2.12)

Erweiterte Terminalform der 1. Soziativstufe (< -tago-haji), deklarativer und interrogativer Assertiv. Bezeichnet den Quotativ zum Ausdruck des Hörensagens. Durch den Anschluß von -yo wird die Form in die höfliche Sprechweise der 4. Soziativstufe transponiert (§ 2.11.41).

아침에 까치가 와서 울면 반가운 손님이 오신다지.	Ach'im-e kkach'i-ga wasŏ ulmyŏn pan'gaun sonnim-i osindaji (K 5-1, 5).	Wenn am Morgen eine Elster kommt und singt, sagt man, ein lieber Gast wird kommen.
너는 노래를 잘 부른다지.	Nŏ-nŭn norae-rŭl chal pu=rŭndaji? (K 2-1, 82).	Es heißt doch, daß du Lieder gut singst?
용문 아버지는 장사 나가셨다지요.	Yongmun-abŏji-nŭn chang=sa nagasyŏttajiyo? (ChK I-II, 116).	Es heißt, daß der Vater von Yongmun in Geschäften fortgegangen sei?

tae 대 1,4,5,6-tae (§ 2.12)

Quasiterminalform der älteren S in quotativer Funktion, auch in der Form 되 -toe gebräuchlich (beide < 듸), identisch mit der Terminalform -tae (siehe -tae(yo)) des Quotativs (?). Bezeichnet den Beginn der direkten Rede in stereotypen Verbindungen wie 가로대 karodae "sagt", 가리사대 karasadae "sagt", 엿자오되 yŏtchaodoe "sagt", 말씀하되 malssŭm-hadoe "sagt" (die drei letzten honorativ). Vgl. jap. iwaku, notamawaku.

제상이 가로대 「신리 신해로라」.	Chesang-i karodae: 'Silla-sinhae-rora' (ChK III-II, 123).	Chesang sagte: "Ich bin ein Untertan Sillas."
이때 용왕이 만조를 모아 하교하여 가라사대.	I-ttae Yongwang-i manjo-rŭl moa hagyo-hayŏ kara=sadae (KK I, 92).	In dieser Zeit versammelte der Drachenkönig den ganzen Hof, gab eine Order und sprach:

<u>tae ro</u> 대로 5,6,7-taero (§ 2.24.2/4)

Nominalwertige Konjunktionalform, bestehend aus dem Formalnomen tae (SK 對 Gegenüber) nach einem Verbalpartizip und der Postposition -ro; bezeichnet kausale Nebensätze im Sinne der Entsprechung ("so wie") oder temporale Nebensätze im Sinne der Gleichzeitigkeit ("sobald als"). Vgl. jap. -dōri, -shidai.

선생이 오는대로 시작 하겠읍니다.	Sŏnsaeng-i onŭn<u>daero</u> si=jak-hagessŭmnida (ad hoc).	Sobald der Lehrer kommt, werde ich anfangen.
옥희는 어머니께서 가르쳐주신대로 편지를 고쳐쓰고, 봉투까지 다 썼읍니다.	Okhŭi-nŭn ŏmŏni-kkesŏ ka=rŭch'ŏ-jusin<u>daero</u> p'yŏn=ji-rŭl koch'ŏ-ssŭgo, pong=t'u-kkaji ta ssŏssŭmnida (K 2-2, 47).	Okhŭi verbesserte den Brief so, wie es sie die Mutter gelehrt hatte, und schrieb alles bis zum Briefumschlag.

<u>tae sin (e)</u> 대신 (에) 5,6-daesin(e) (§ 2.24.12)

Das Nomen taesin (SK 代身 Vertretung) bildet nach nicht futurischen Partizipien und meist im Lokativ (-e) eine konjunktionale Verbalform, welche einen mutativen Nebensatz bezeichnet: "anstatt daß", "statt dessen".

백성에게는 내려가지 못하는 대신에, 백성들은 뱀과 같은 소인무리의 밥이 되는것 이었다.	Paeksŏng-egenŭn naeryŏ-gaji-mot-hanŭn<u>daesine</u>, paeksŏngdŭr-ŭn paem-gwa kat'ŭn soin-muri-ŭi pab-i toenŭn-gŏs-iŏtta (HYSCh 1, 122).	(Des Königs Wohltaten) kamen nicht zum Volk hinab; statt dessen wurde das Volk das Opfer einer kleinlichen Clique, die Schlangen glich.

<u>taess cha</u> 댔자 1,4,5,6-taetcha (§§ 2.12, 2.11.2)

Kompositionelle Terminalform in konjunktionaler Funktion, kontrahiert aus 다(고)(했자 -ta(go)-haetcha: der Präteritalbasis der Quotativform -ta(go)ha- (§ 2.12) und der Propositivendung -cha (§ 2.11.2). Bezeichnet die indirekte Aufforderung zur Annahme: "Laßt uns sagen, es sei" = "angenommen, daß".

하루동안에 겪고 느낀 일을 모두 적는다면 한이없고, 또 적어놓았댔자 별 소용이 없다.	Haru-dongane kyŏkko nŭk=kin ir-ŭl modu chŏngnŭn=damyŏn han-i ŏpko, tto chŏgŏ-nohat<u>taetcha</u> pyŏl-soyong-i ŏpta (ChK I-I, 56).	Wenn es so wäre, daß man alles, was man den Tag über erlebt und gefühlt hat, notiert, gibt es kein Ende; und außerdem angenommen, man hätte

		es niedergeschrieben, hat es keinen besonderen Wert.

tae ta 대다 3-daeda (§ 4.16)

Hilfsverb in Verbindung mit der Konverbalform zur Bezeichnung einer durativen oder iterativen Aktionsart. Vgl. kŏ ri ta.

어제는 내가 넘어지는것을 보고 웅길이가 웃어대더니, 오늘은 제가 넘어졌읍니다.	Ŏje-nŭn nae-ga nŏmŏjinŭn-gŏs-ŭl pogo Unggiri-ga usŏ-daedŏni, onŭr-ŭn che-ga nŏmŏjŏssŭmnida (K 2-2, 57).	Gestern lachte Unggil anhaltend, als er sah, wie ich hinfiel, aber heute fiel er (selber) hin.
아이들은 한스를 시골뜨기라고 놀려대었읍니다.	Aidŭr-ŭn Hansŭ-rŭl sigolttŭgi-rago nollyŏ-daeŏssŭmnida (K 4-1, 134).	Die Kinder verspotteten den Hans dauernd als Bauerntölpel.

tae to 대도 1,4,5,6-taedo (§§ 2.24.5, 2.12)

Konzessive Konjunktionalform des Quotativs, kontrahiert aus -ta(go)-haedo und gekennzeichnet durch das Quotativformans -tae (siehe tae(yo)) und die konzessive Verbalendung -to (s.d.): "obgleich/ selbst wenn man sagt/ es heißt, daß" (jap. -to-ittemo, -to-shitemo). Nach der Kopula steht die Form -raedo (s.d.).

이렇게 대답하고 싶은 생각이 불현듯 치밀었읍니다. 사실, 그렇게 대답한대도 거짓은 아니었을 것 입니다.	Irŏk'e taedap-hago-sip'ŭn saenggag-i purhyŏndŭt ch'imirŏssŭmnida. Sasil, kŭrŏk'e taedap-handaedo kŏjis-ŭn aniŏssŭl-kkŏs-imnida (KK III, 40).	Der Gedanke, daß er so antworten wollte, stieg plötzlich auf. Selbst zu sagen, er hätte so geantwortet, wäre wohl de facto keine Lüge gewesen.

tae (yo) 대 (요) 1,4,5,6-tae(yo) (§§ 2.12.3, 4.13.1)

Assertive Deklarativform des Quotativs der 1. bzw. 4. Soziativstufe, kontrahiert aus -ta(go)-hae, honorativ erweitert mit der Form -yo (4. Soziativstufe) der Kopula ida (§ 2.11.41).

농산물도 많이 난대. 산에서는 나무도 나고 바다에서는 고기도 잡는대.	Nongsanmul-do manhi nandae. San-esŏnŭn namu-do nago pada-esŏnŭn kogi-do chamnŭndae (ad hoc).	Es heißt, daß man auch viel Agrarprodukte erzeugt. Es heißt, daß man im Gebirge Holz gewinnt

		und im Meere Fische fängt.
빌려 달라니까 싫대요.	Pillyŏ-dallanikka sil=t'aeyo (ChK I-II, 112).	Wenn ich (ihn) bitte, es (mir) zu leihen, sagt er, daß er das nicht will (silt'a "zuwider sein").
국군이 왔대요.	Kukkun-i wattaeyo (K 3-1, 110).	Die Regierungstruppen sollen gekommen sein (es heißt, daß...).

ta (ka) 다 (가) 1,(3),4-ta(ga) (§ 2.24.2/6/8)

Konjunktionalform, bestehend aus der deklarativen Verbalendung -ta (s.d.) und der interrogativen Postposition -ka (fakultativ). Die Form weist generell auf eine Wendung des Vorganges hin und fungiert zur Bezeichnung untergeordneter Prädikate a) temporal ("kaum daß", "und dann"), b) adversativ ("aber"), c) alternativ ("mal ... mal"), d) iterativ ("immer wieder"). Zur temporalen Funktion von -ta(ga) gehören auch die Verbindungen mit Verba motionis wie 섰다 가다 sŏtta kada "aufstehen und ("kaum aufgestanden") gehen", 놀다 가다 nolda kada "spielen und (dann) gehen". Bei der alternativen und iterativen Funktion wird die Form bei den betreffenden Prädikaten wiederholt. Siehe ta ka nŭn.

콩씨를 갖다 쪼개어 보았읍니다.	K'ongssi-rŭl katta tcho=gaeŏ-boassŭmnida (K 4-1, 33).	Ich nahm die Bohnensamen und versuchte, sie (dann) zu zerteilen.
나리 나리 개나리 입에 따다 물고요.	Nari nari kaenari ib-e ttada mulgoyo (K 2-1, 21).	Die Forsythienblüten picken sie mit dem Schnabel ab (wrtl. "pikken und dann beißen").
밤마다 밤마다 온 하룻밤. 쌓았다 헐었다 긴 말리성.	Pam-mada pam-mada, on haruppam! Ssahatta hŏr=ŏtta kin mallisŏng! (Sowŏl-sijip, 138).	Jede Nacht, jede Nacht, die ganze Nacht hindurch! hab' ich immer wieder aufgebaut und niedergerissen die lange Tausendmeilen-Mauer!
고기를 잡아다가 넣어도 곧 죽어버	Kogi-rŭl chabadaga nŏhŏ=do kot chugŏ-bŏrimnida	Selbst wenn man einen Fisch, den man kaum ge-

립니다.	(K 3-1, 90).	fangen hat, hineintut, stirbt er sofort.

ta ka nŭn 다가는 1,4-taganŭn (§ 2.24.2/3/6)

Konjunktionalform, mit der elativen Postposition -nŭn aus der Konjunktionalform -taga (s.o.) abgeleitet; verkürzt auch 다간 -tagan. Bildet konditionale, adversative und temporale (Vorzeitigkeit) Nebensätze: "wenn..., aber/dann".

내 동생은 마당에 나가서, 좋다고 뛰어 다니다가는 하늘을 쳐다 봅니다.	Nae tongsaeng-ŭn madang-e nagasŏ, chot'ago ttui=ŏ-tanidaganŭn hanŭr-ŭl ch'ŏda-bomnida (K 2-1, 26).	Mein jüngerer Bruder ging in den Hof hinaus, sprang frohsinnig umher und schaute dann zum Himmel empor.
앉으려다가는 못 앉고.	Anjŭryŏdaganŭn mot-ankko (K 5-2, 4).	Sie möchte sich setzen, aber kann sich nicht setzen.
지금 부르다간 공산군한테 큰 일 난다.	Chigŭm purŭdagan kong=san'gun-hant'e k'ŭn il nanda (K 3-1, 107).	Wenn du jetzt rufst, gibt es mit den kommunistischen Truppen große Schwierigkeiten.

ta ko (3-dago) s. **tal ta**

ta (ko) ha ta 다(고)하다 4,5-ta(go)-hada (§ 4.13)

Kompositionelle Verbalform, bestehend aus der deklarativen Verbalendung -ta (s.d.), dem koordinativen -ko (fakultativ) und dem Verb hada "sagen". Bezeichnet den Quotativ: "sagen, daß", "heißen, daß", "sollen" (jap. -sō-da); Vorstufe der kontrahierten Quotativform vom Typ -tanda (§ 2.12). Kann auch mit modifizierenden Postpositionen verbunden werden, z.B. 다고만하다 -tago-man hada "nur sagen/heißen, daß", 다고도하다 -tago-do hada "auch sagen/heißen, daß", 다거나하다 -ta-gŏna hada "oder sagen/heißen, daß" (vgl. kŏ na). Vgl. ko ha ta.

책을 읽고 감격하였다고한다.	Ch'aeg-ŭl ikko kamgyŏk-hayŏttago-handa (K 5-2, 119).	Er soll das Buch gelesen haben und sehr bewegt gewesen sein.
사람들의 생각과 지내온 일을 적어서 서로 전하고,	Saramdŭr-ŭi saenggak-kwa chinae-on ir-ŭl chŏ=gŏsŏ sŏro chŏn-hago, tto	Es heißt, daß sie die Gedanken und Erlebnisse der Menschen aufzeichne-

또 뒤에 남겼었다 한다.	tui-e namgyŏssŏtta-handa (K 6-2, 14).	ten und sie miteinander überlieferten, und daß sie es auch der Nachwelt hinterlassen hatten.
우리는 꽃을 보고 그냥 곱다고만 하지만...	Uri-nŭn kkoch'-ŭl pogo kŭnyang koptago-man ha=jiman... (K 6-1, 63).	Wir schauen die Blumen an und sagen nur, sie seien schön, so wie sie sind, jedoch...
알레스와 권투를 하여 이겼다고도 한다.	Allesŭ-wa kwŏnt'u-rŭl hayŏ igyŏttago-do handa (K 6-2, 109).	Es heißt auch, daß er mit Ares einen Faustkampf gemacht und gesiegt habe.

ta ko (yo) 다고(요) 4,5-tago(yo) (§§ 4.13, 4.13.2)

Gekürzte Quotativform (= -tago-hada, s.o.), fungiert a) als Konjunktionalform vor Verben des Sagens und Denkens, b) als Terminalform bei abgebrochenem Zitat, c) als interrogative Terminalform ("sagt man, daß?"). Kann mit der Form -yo honorativ erweitert werden (< -tago-haeyo, 4. Soziativstufe, U). Vgl. ra ko (yo).

너는 잘 했다고 생각하느냐.	Nŏ-nŭn chal haettago saenggak-hanŭnya? (ChK I-II, 112).	Glaubst du, daß du gut gehandelt hast?
조그만 한 집을 하나 사 주었다고.	Chogŭman-han chib-ŭl hana sa-juŏttago (ChTK, 216).	Sie soll ihm ein kleines Haus gekauft haben (dies und anderes sagt man).
무어. 돌아 간다고.	Muŏ? Tora-gandago? (HTMCh, III, 344).	Was? Du sagst, daß du zurückgehst?
최군이 오늘 저녁에 서울로 돌아 간다고요.	Ch'oe-gun-i onŭl chŏnyŏg-e Sŏul-lo tora-gandagoyo? (ad hoc).	Sie sagen, daß der Ch'oe heute abend nach Seoul zurückkehrt?

ta ku s. **tal ta**

tal ra s. **tal ta**

tal ra ta 달라다 3-dallada (§ 4.16.5)

tallada "bitten" (< talda "geben": "sich etw. geben lassen") steht nach der Konverbalform in einer kompositionellen Verbalform mit der Bedeutung "etw. zu tun bitten".

빌려달라니까 싫대요.	Pillyŏ-dallanikka silt'ae=yo (ChK I-II, 112).	Wenn ich (ihn) bitte, es (mir) zu leihen, sagt er, daß es ihm nicht recht sei.
어머니에게 저금을 하게 해달라고 졸라보고도 십었읍니다.	Ŏmŏni-ege chŏgŭm-ŭl hage-hae-dallago cholla-bogodo sip'ŏssŭmnida (K 5-1, 30).	Ich wollte versuchen, die Mutter zu bedrängen, indem ich sie bat, mich Geld sparen zu lassen.

tal ta 달다 3-dalda (§ 4.16.4)

talda "geben" ist ein defektives Verb, das als Hilfsverb zur Bildung von Imperativformen für Aktionen fungiert, die im Interesse des Auffordernden geschehen sollen (vgl. jap. -te-kudasai, -te-kure). Nach der Konverbalform des Hauptverbs fungieren als Imperativform 다고 -dago (dialektal auch 다구 -dagu), 다오 -dao und 달라 -dalla.

향단아, 담배 한대 붙여다구.	Hyangdan-a, tambae handae put'yŏdagu! (KK III, 137).	Hyangdan, zünde mir eine Pfeife an!
내게도 희망이 있다고 그래다오.	Nae-gedo hŭimang-i itta=go kŭrae-dao! (K 6-2, 76).	Sage, daß auch ich voll Hoffnung bin!
모두 네 아름다운 노래를 듣고싶어 한단다. 한마디만이라도 들려다오.	Modu ne arŭmdaun norae-rŭl tŭkko-sip'ŏ-handanda. Han-madi-man-irado tŭllyŏ-dao! (K 2-1, 83).	Alle wollen deine schönen Lieder hören, wie es heißt. Wenn es auch nur eines ist, laß es mich hören!
공주에게 그런 뜻이나마 전하여달라.	Kongju-ege kŭrŏn ttŭs-inama chŏn-hayŏ-dalla! (HYSCh 12, 49).	Teile es der Prinzessin nur mit, daß ich eine solche Absicht habe!

tam 담 4-dam (§ 3.22.3)

Nominalform des Quotativs (< -tago-ham, § 2.12), gekennzeichnet durch die nominalisierende Endung -m (§ 3.22). Die Form hat die spezielle Bedeutung des exklamatorischen Interrogativs: "heißt das etwa, daß?" (= -tan mar-in'ga, jap. -to iu-no-ka).

글쎄 어쩌면 자식이 그렇담, 자식도 다 쓸데없어.	Kŭlsse ŏtchŏmyŏn chasig-i kŭrŏt'am? Chasik-to ta ssŭltte-ŏpsŏ (ChTK, 215).	Nun, so also sind Kinder? Auch Kinder sind alle ohne Nutzen.
저렇게 다 깨어진 물동이로 어떻게 물을 긷는담.	Chŏrŏk'e ta kkaeŏjin multtongi-ro ŏttŏk'e mur-ŭl kinnŭndam? (K 3-1, 54).	Wie soll ich denn mit einem so ganz zerbrochenen Krug Wasser schöpfen?
그래 젊은 놈은 타고가고, 늙은 아버지가 터덜터덜 걸어가야 한담.	Kŭrae chŏlmŭn nom-ŭn t'ago-gago, nŭlgŭn abŏ=ji-ga t'ŏdŏl-t'ŏdŏl kŏ=rŏ-gaya-handam? (K 3-2, 21).	Also ist denn zu sagen, daß ein junger Bursche reitet und ein alter Mann trottend zu Fuß geht?

ta ma nŭn   다마는   -ta-manŭn   (§ 2.24.6)

Die Postposition -manŭn (만 은) "nur", "aber", auch in der einfachen Form 만 -man gebräuchlich, bildet im Anschluß an Deklarativformen auf -ta (s.d.) adversative Nebensätze. Vgl. chi man.

한동안 행복하게 지낼수 있었읍니다마는, 또 다시 여러 검둥이들과 함께 다른 주인에게 팔리게 되었읍니다.	Han-dongan haengbok-hage chinael-ssu-issŏssŭmnida-manŭn, tto tasi yŏrŏ-kŏmdungidŭl-gwa hamkke tarŭn chuin-ege p'alli=ge doeŏssŭmnida (K 5-1, 99).	Eine Zeitlang konnte er glücklich leben, aber (dann) kam es wieder dazu, daß er mit vielen Negern zusammen einem anderen Herrn verkauft wurde.
그 의기는 장하다만, 어려운 이 싸움에 어린 네가 어떻게...	Kŭ-ŭigi-nŭn chang-hada-man, ŏryŏun i-ssaum-e ŏrin ne-ga ŏttŏk'e... (K 5-2, 32).	Diese Beherztheit ist großartig, aber wie (willst) du junger Mensch in diesem schweren Kampfe...

ta myŏn   다면   1-tamyŏn   (§§ 2.24.3, 4.13.3)

Kontraktionsform aus -tago-hamyŏn, bezeichnet das Prädikat eines konditionalen Nebensatzes im Quotativ: "wenn es heißt, daß", "wenn es so wäre, daß". Vgl. myŏn.

그렇다면...	Kŭrŏt'amyŏn... (K 6-2, 124).	Wenn es heißt, daß es so ist (= also).
나도 저 잠자리처럼 날아다닐수 있	Na-do chŏ-jamjari-ch'ŏ=rŏm nara-danil-ssu-itta=	Wenn es so wäre, daß auch ich wie jene Li-

다면... 감을 마음대로 딸수 있을 거라고 생각했다.	myŏn... kam-ŭl maŭm-daero ttal-ssu-issŭl-kkŏrago saenggak-haetta (K 3-2, 10).	belle umherfliegen könnte, könnte ich wohl nach Herzenslust die Persimonien pflücken.
내 눈만 뜨게 해주신다면, 공양미 삼백석을 부처님앞에 바치고 말고요.	Nae-nun-man ttŭge-hae-jusindamyŏn, kongyangmi sambaek-sŏg-ŭl puch'ŏ=nim-ap'e pach'igo-malgo=yo (K 6-2, 50).	Wenn Ihr mir nur, wie Ihr sagt, die Augen öffnen werdet, werde ich auf jeden Fall 300 Pikul Opferreis vor dem Buddhastandbild darbringen.

tang ha ta 당하다 tang-hada (§ 4.32)

Kompositionelle Verbalform, bestehend aus dem Formalnomen tang (SK 當 Betroffensein) und dem Hilfsverb hada. Steht nach nominalem Objekt und bezeichnet das Passiv, insb. bei sinokoreanischen Verbalnomina.

이 탐험대의 대장인 만젤란은 아깝게도 필리핀에서 비참한 죽음을 당하고 말았던것 이다.	I-t'amhŏmdae-ŭi taejang-in Manjellan-ŭn akkapke-do P'illip'in-esŏ pi=ch'am-han chugŭm-ŭl tang-hago-marattŏn-gŏs-ida (K 6-2, 89).	Es ist so, daß der Führer dieser Expedition, Magellan, bedauerlicherweise auf den Philippinen schließlich einen tragischen Tod erlitt.
한동안 일본에게 침략을 당하였는데, 이것은 반만년 우리 역사에 처음 받은 부끄러움 이었다.	Han-dongan Ilbon-ege ch'imnyag-ŭl tang-hayŏn=nŭnde, igŏs-ŭn panman=nyŏn uri-yŏksa-e ch'ŏ=ŭm padŭn pukkŭrŏum-iŏt=ta (K 6-2, 130).	Eine Weile wurde es von Japan okkupiert, und dies war die erste Demütigung, die wir in unserer 5000-jährigen Geschichte erlitten haben.

ta ni 다니 1,4,5,6-tani (§§ 2.12.4, 2.13.10)

Quotativform, kontrahiert aus -tago-hani, bezeichnet speziell einen zweifelhaften oder unvorhergesehenen Sachverhalt, der einem vom Hörensagen bekannt ist (jap. -to-wa). Die Form tritt auf a) in konjunktionaler Stellung beim Prädikat eines Subjekt- oder Objektsatzes: "zu sagen/denken/hören, daß" (< -tan-i), häufig von einer rhetorischen Frage gefolgt, b) in terminaler Stellung zur Formulierung einer rhetorischen Frage von stark emotionaler Färbung: "ist es denn möglich, daß", "wie denn" (< -tan-i), c) auch regelmäßig als kausale Konjunktionalform beim Quotativ: "da man sagt, daß" (< -ta-ni). Vgl. ni.

발달한 문화를 등지고, 멀리 원시지대로 살러 간다니 말이 될것인가.	Paldar-han munhwa-rŭl tŭngjigo, mŏlli wŏnsi-jidae-ro sallŏ kandani mar-i toel-kkŏs-in'ga? (K 5-2, 101).	Zu sagen, daß (jemand) einer entwickelten Kultur den Rücken kehrt und weit weg in ein urtümliches Gebiet geht, um (dort) zu leben, kann davon (überhaupt) die Rede sein?
그렇게 많은 돈을 기부 하신다니 감사하기 짝이 없읍니다.	Kŭrŏk'e manhŭn ton-ŭl kibu-hasindani kamsa-hagi tchag-i ŏpsŭmnida (K 6-2, 81).	Zu denken, daß Sie soviel Geld beitragen, hat die Dankbarkeit nichts ihresgleichen.
그렇지만, 멀쩡한 처녀를 바다에 던지다니.	Kŭrŏch'iman, mŏltchŏng-han ch'ŏnyŏ-rŭl pada-e tŏnjidani (K 6-2, 52).	Ist es denn möglich, daß man ein gesundes Mädchen ins Meer wirft?
염불이나 모시면 좋다니 그러지.	Yŏmbur-ina mosimyŏn chot'ani kŭrŏji (ChTK, 218).	Da es heißt, daß es gut sei, wenn man zu Buddha betet, wollen wir es tun.

ta ni kka s. ni kka, ta myŏn

tan ka 단가 1,4,5,6-tan'ga (§ 2.12)

Erweiterte Terminalform (< -tago-han'ga) der 2. und 3. Soziativstufe im interrogativen Assertiv. Bezeichnet den Quotativ zum Ausdruck des Hörensagens. Siehe tan ta.

너희 반 학생들은 다들 축구구경 하러 가고싶어 하단가.	Nŏhŭi-ban haksaengdŭr-ŭn ta-dŭl ch'ukku-ku=gyŏng-harŏ kago-sip'ŏ-hadan'ga? (ad hoc).	Heißt es, daß die Schüler eurer Klasse alle gehen wollen, um das Fußballspiel anzusehen?

tan ta 단다 1,4,5,6-tanda (§ 2.12)

Erweiterte Terminalform (< -tago-handa) der 2. Soziativstufe im deklarativen Assertiv. Bezeichnet den Quotativ zum Ausdruck des Hörensagens.

메뚜기는 구우면 맛이 있단다.	Mettugi-nŭn kuumyŏn mas-i ittanda (K 4-1, 139).	Wenn man Heuschrecken röstet, schmecken sie (so heißt es).

우리 동무들은, 모두 네 아름다운 노래를 듣고 싶어 한단다.	Uri-dongmudŭr-ŭn, modu ne arŭmdaun norae-rŭl tŭkko-sip'ŏ-handanda (K 2-1, 82).	Unsere Freunde möchten alle deinen schönen Gesang hören (wie sie sagen).

ta nŭn　　다는　　1,4,5,6-tanŭn　　(§§ 2.12, 3.11.2)

Partizipialform des Quotativs (< -tago-hanŭn), gekennzeichnet durch die Partizipialendung -nŭn (§ 3.11). Häufig als Anschlußform für Formalnomina oder nominalwertige Prädikate verwendet, besitzt die Verbindung oft nurmehr eine syntaktische Funktion (vgl. jap. -to-iu-).

가장 뚜렷한 것은 말과 글을 사용한다는 것이다.	Kajang tturyŏt-han kŏs-ŭn mal-gwa kŭr-ŭl sa=yong-handanŭn-gŏs-ida (K 6-2, 39).	Die evidenteste Sache ist die, daß sie Sprache und Schrift gebrauchen.
기역자를 어떻게 쓰는지 모른다는 말이다.	Kiyŏkcha-rŭl ŏttŏk'e ssŭnŭnji morŭndanŭn mar-ida (K 4-2, 30).	Es besagt, daß man nicht weiß, wie der Buchstabe K zu schreiben ist.

ta o　　다오　　1,4,5,6-tao　　(§ 2.12)

Erweiterte Terminalform (< -tago-hao) der 4. Soziativstufe im Assertiv, deklarativer und interrogativer Geltung (fallende bzw. steigende Intonation). Bezeichnet den Quotativ zum Ausdruck des Hörensagens.

고향엔 처자가 있는지 모르지만 여기엔 없다오.	Kohyang-en ch'ŏja-ga innŭnji morŭjiman yŏgi-en ŏptao (HYSCh 8, 145).	Ob er in seiner Heimat Frau und Kinder hat, weiß ich nicht; aber hier soll er keine haben.
병력은 얼마나 된다오.	Pyŏngnyŏg-ŭn ŏlmana toendao? (a.a.O., 172).	Wie (stark) soll denn die militärische Kraft geworden sein?
늦었다오, 늦었다오, 점심참이 늦었다오.	Nŭjŏttao, nŭjŏttao, chŏmsŭmch'am-i nŭjŏttao (Hanguk-minjojip, 5).	Es ist zu spät, es ist zu spät, so heißt es; zur Mittagspause ist es zu spät, so heißt es.

ta o (3-dao) s. tal ta

ta op na i ta   다옵나이다   1,4,5,6-taomnaida   (§ 2.12)

Erweiterte Terminalform (< -tago-haomnaida) der 6. Soziativstufe im deklarativen Assertiv; häufiger in der kompositionellen Vorstufe 다 하옵나이다 -ta-haomnaida gebräuchlich. Bezeichnet den Quotativ zum Ausdruck des Hörensagens.

이순신 장군께서 적군을 무찌르고저 진해로 오신다 하옵나이다.	Yi Sunsin-janggun-kkesŏ chŏkkun-ŭl mutchirŭgojŏ Chinhae-ro osinda-haomnaida (ad hoc).	Es heißt, daß General Yi Sunsin, um die feindliche Armee anzugreifen, nach Chinhae kommt.

ta op tŏ i ta   다옵더이다   1,4,5,6-taoptŏida   (§ 2.12)

Erweiterte Terminalform (< -tago-haoptŏida) der 6. Soziativstufe im deklarativen Retrospektiv; häufiger in der kompositionellen Vorstufe 다 하옵더이다 -ta-haoptŏida gebräuchlich. Bezeichnet den Quotativ zum Ausdruck des Hörensagens, retrospektiv im Sinne der Erinnerung.

상감 마마께옵서 덕수궁으로 곧 행차하신다 하옵 더이다.	Sanggam-mama-kkeopsŏ Tŏksugung-ŭro kot haengch'a-hasinda-haoptŏida (ad hoc).	Es heißt (wie ich mich erinnere), daß sich Seine Majestät gleich zum Tŏksu-Palast begibt.

tap ne   답네   1,4,5,6-tamne   (§ 2.12)

Erweiterte Terminalform (< -tago-hamne) der 3. Soziativstufe im deklarativen Assertiv. Bezeichnet den Quotativ zum Ausdruck des Hörensagens.

조리 사시오들 복조리 사시오들, 다른 복 없어도 내 조리 복 있답네.	Chori sasio-dŭl pokchori sasio-dŭl, tarŭn pok ŏpsŏdo nae jori pok ittamne (HS, 143).	Kauft eine Schöpfkelle, Leute, kauft eine Glücksschöpfkelle; selbst wenn man kein anderes Glück hat, mit meiner Schöpfkelle hat man Glück, so heißt es.

tap ni kka 답니까 1,4,5,6-tamnikka (§ 2.12)

Erweiterte Terminalform (< -tago-hamnikka) der 5. Soziativstufe im interrogativen Assertiv. Bezeichnet den Quotativ zum Ausdruck des Hörensagens.

처녀 사서 무엇에 쓴답니까.	Ch'ŏnyŏ sasŏ muŏs-e ssŭndamnikka? (K 6-2, 52).	Wenn man ein junges Mädchen kauft, wozu, heißt es, braucht man es?
김정수의 귀밑에는 옥관자 금관자 못 붙는답니까.	Kim Chŏngsu-ŭi kuimit'-enŭn okkwanja kŭmgwanja mot-punnŭndamnikka? (HYSCh 1, 444).	Sagt man, daß kein Jadeschmuck oder Goldschmuck unter den Ohren von Kim Chŏngsu (d.h. am Hut als Zeichen der Amtswürde) befestigt sei?

tap ni ta 답니다 1,4,5,6-tamnida (§ 2.12)

Erweiterte Terminalform (< -tago-hamnida) der 5. Soziativstufe im deklarativen Assertiv. Bezeichnet den Quotativ zum Ausdruck des Hörensagens.

아직도 일년 더 공부 하신답니다.	Ajik-to illyŏn tŏ kong=bu-hasindamnida (K 2-2, 44).	Es heißt, daß er noch ein Jahr lernt.
사람들은 이 꽃 이름을 할미꽃이라 부른답니다.	Saramdŭr-ŭn i-kkoch'-irŭm-ŭl halmikkoch'-ira purŭndamnida (K 6-1, 55).	Es heißt, daß die Leute den Namen dieser Blume Anemone nennen.

tap te 답데 1,4,5,6-tapte (§ 2.12)

Erweiterte Terminalform (< tago-hapte) der 4. Soziativstufe, retrospektiv; mit fallender Intonation deklarativ, mit steigender - interrogativ. Die Endung -pte (< optŏi, vgl. -ptida) scheint nur in erweiterten Terminalformen aufzutreten. Bezeichnung des Quotativs zum Ausdruck des Hörensagens, retrospektiv im Sinne der Erinnerung: "es heißt/ heißt es? (wie erinnerlich).

그러구 학보는 그전에 벌써 기장에서 없어졌답데.	Kŭrŏgu (=kŭrŏgo) Hakpo-nŭn kŭjŏn-e pŏlssŏ Ki= jang-esŏ ŏpsŏjŏttapte (HMCh 6, 134).	Und Hakpo soll (wie ich mich erinnere) schon vorher aus Kijang verschwunden sein.
그렇다면 학보는 지금 기장땅에 살고 있답데.	Kŭrŏt'amyŏn Hakpo-nŭn chigŭm Kijang-ttang-e salgo-ittapte? (a.a.O.).	Dann soll also (wie du dich erinnerst) Hakpo jetzt im Gebiet von Kijang leben?

tap te kka s. tap ti kka

tap te ta 답데다 1,4,5,6-tapteda (§ 2.12)

Erweiterte Terminalform (< -tago-hapteda) der 5. Soziativstufe im retrospektiven Deklarativ. Bezeichnet den Quotativ zum Ausdruck des Hörensagens, retrospektiv im Sinne der Erinnerung: "es heißt, wie erinnerlich", "nicht wahr". Nebenformen lauten 답디다 -taptida und 답듸다 -taptŭida. Vgl. p ti ta.

살고 있다니. 윤보가 죽은지가 벌써 십년 가까이 된답데다.	Salgo-ittani! Yunbo-ga chugŭnji-ga pŏlssŏ sim-nyŏn kakkai toendapteda (HMCh 6, 134).	Zu sagen, daß er lebt! Es heißt doch, nicht wahr, daß es schon fast zehn Jahre werden, seit Yunbo gestorben ist.
부산 사람이 듣고와서 전해서 그 때에야 비로서 기장 사람들이 알았답데다.	Pusan-saram-i tŭkko wasŏ chŏn-haesŏ kŭ-ttae-eya pirosŏ Kijang-saramdŭr-i arattapteda (a.a.O.)	Ein Mann aus Pusan hörte es, kam und berichtete es, und damals haben die Leute aus Kijang es zum ersten Mal erfahren, wie es heißt, nicht wahr.

tap ti kka 답디까 1,4,5,6-taptikka (§ 2.12)

Erweiterte Terminalform (< -tago-haptikka) der 5. Soziativstufe im retrospektiven Interrogativ. Nebenformen lauten 답데까 -taptekka, 답듸까 -taptŭikka. Vgl. tap te ta.

그래 국혼은 언제 한답디까.	Kŭrae kukhon-ŭn ŏnje handaptikka? (HMCh 16, 34).	Wann also, sagte man, findet die Staatshochzeit statt?

수양궁에서 사람들을 부른답디까.	Suyanggung-esŏ saramdŭr-ŭl purŭndaptikka? (a.a.O., 35).	Aus dem Palast von Su=yang ruft man Leute, heißt es?

tap ti ta s. tap te ta

ta si p'i   다시피   1-ta-sip'i   (§ 3.31)

Kompositionelle Verbalform in adverbialer Stellung (S), entstanden aus der Verbindung einer Deklarativform auf -ta (s.d.) mit der Adverbialform sip'i (시피) von sipta ("wollen", "scheinen"). Bezeichnet die Übereinstimmung mit einem Sachverhalt: "wie", "gemäß" (jap. -yô-ni, -dôri).

누구나 잘 알다시피, 공산당의 우두머리는 소련이다.	Nugu-na chal alda-sip'i, kongsandang-ŭi udumŏri-nŭn Soryŏn-ida (K 5-1, 139).	Wie ein jeder gut weiß, ist das Haupt der Kommunistischen Partei die Sowjetunion.

ta te   다데   1,4,5,6-tade   (§ 2.12)

Erweiterte Terminalform (< tago-hade) der 3. Soziativstufe im retrospektiven Deklarativ. Die Form kann auch interrogativ gebraucht werden (Steigton). Sie bezeichnet den Quotativ zum Ausdruck des Hörensagens, retrospektiv im Sinne der Erinnerung: "es heißt, wie erinnerlich", "nicht wahr". Siehe 1-te.

오늘 신문사엘 들렸더니 입장권이 벌써 한장두 없이 다 나갔다데.	Onŭl sinmunsa-el tŭl=lyŏttŏni ipchanggwŏn-i pŏlssŏ hanjang-du (=do) ŏpsi ta nagattade (HMCh 8, 273).	Als ich heute (wie ich mich erinnere) zur Zeitungsgesellschaft ging, gab es keine einzige Eintrittskarte mehr; alle waren, wie es hieß, ausgegangen.
그래서 그 결과는. 사랐다데.	Kŭraesŏ kŭ-gyŏlgwa-nŭn? - Sarattade (HTMCh I, 73).	Ja nun, und das Ergebnis? - Er war am Leben, so sagte man (wie ich mich erinnere).
이 잡것들이 서양 사람들 양코백이를 막	I-japkŏttŭr-i sŏyang-saramdŭl yangk'obaegi-	Diese Kerle ziehen gerade jetzt die Europäer,

끌어들인다데.	rŭl mak kkŭrŏdŭrindade (HYSCh 5, 271)	die langnasigen Westler, ins Land, so heißt es (wie ich mich erinnere).

ta tŏn ka 다던가 1,4,5,6-tadŏn'ga (§ 2.12)

Erweiterte Terminalform (< -tago-hadŏn'ga) der 3. Soziativstufe im retrospektiven Interrogativ. Bezeichnet den Quotativ zum Ausdruck des Hörensagens, retrospektiv im Sinne der Erinnerung: "heißt es? (wie erinnerlich)". Siehe tŏn ka.

그래 대들보감은 있다던가.	Kŭrae taedŭlbo-gam-ŭn ittadŏn'ga? (HYSCh 7, 169).	Er hat also gesagt, daß Material für den großen Kreuzbalken da sei?

ta tŏ nya 다더냐 1,4,5,6-tadŏnya (§ 2.12)

Erweiterte Terminalform (< -tago-hadŏnya) der 1. und 2. Soziativstufe im retrospektiven Interrogativ. Bezeichnet den Quotativ zum Ausdruck des Hörensagens, retrospektiv im Sinne der Erinnerung (s.o.). Siehe tŏ nya.

그 애가 정말 학교에 안 나간다더냐. 누가 그랬어.	Kŭ-ae-ga chŏngmal hak=kyo-e an-nagandadŏnya? Nu-ga kŭraessŏ? (ChK II-I, 94)	Dies Kind geht wirklich nicht in die Schule, heißt es? (so erinnerst du dich). Wer hat das gesagt?
그 일 잘 되었다. 언제 데려 간다더냐.	Kŭ-il chal toeŏtta. Ŏn=je teryŏ-kandadŏnya? (ChK III-II, 105).	Diese Sache ist gut geworden. Wann sollte er (sie) denn mitnehmen? (wie es heißt).

ta tŏ ra 다더라 1,4,5,6-tadŏra (§ 2.12)

Erweiterte Terminalform (< -tago-hadŏra) der 1. und 2. Soziativstufe im retrospektiven Deklarativ. Bezeichnet den Quotativ zum Ausdruck des Hörensagens, retrospektiv im Sinne der Erinnerung: "es heißt, wie erinnerlich", "nicht wahr". Siehe tŏ ra.

처녀의 집안도 좋고 처녀의 외양도 좋고 마음씨가 퍽 곱다더라.	Ch'ŏnyŏ-ŭi chiban-do chok'o ch'ŏnyŏ-ŭi oe=yang-do chok'o maŭmssi-ga p'ŏk koptadŏra (KLR I, 13).	Des Mädchens Haus ist gut, und des Mädchens Aussehen ist gut, und (ihr) Charakter soll sehr edel sein, wie es heißt.

ta ŭm (e)   다음 (에)   6-daŭm(e)   (§ 2.24.2)

Nominalwertige Konjunktionalform, gebildet aus dem Nomen taŭm (Nächstes) nach dem n-Partizip und im Lokativ (-e, fakultativ), gekürzt auch 담 tam (6-dam). Bezeichnet temporale Nebensätze der unmittelbaren Vorzeitigkeit: "gleich nachdem".

오늘은 순희와 창호 차례가 끝난 다음, 선생님께서도 이야기 하여주셨읍니다.	Onŭr-ŭn Sunhŭi-wa Ch'angho ch'arye-ga kkŭnnandaŭm, sŏnsaengnim-kkesŏdo iyagi-hayŏ-jusyŏs= sŭmnida (K 2-1, 61).	Heute, gleich nachdem Sunhŭi und Ch'angho an der Reihe gewesen waren, erzählte uns auch der Herr Lehrer eine Ge- schichte.
준비가 다 된 다음 에, 아버지와 어머니 들께 편지를 내기로 하였읍니다.	Chunbi-ga ta toendaŭme, abŏji-wa ŏmŏnidŭl-kke p'yŏnji-rŭl naegiro- hayŏssŭmnida (K 2-2, 36).	Gleich nachdem die Vor- bereitungen alle fertig waren, entschlossen wir uns, den Vätern und Müt- tern einen Brief zu schreiben.

te   데   5,6-de   (§§ 2.13.9, 2.24.1/6/9)

Nominalwertiges Endungsmorphem bzw. Nominalisator (Ort, jap. tokoro) in der Stellung nach dem nŭn-Partizip (bei prozessiven Verba) oder dem n-Partizip (bei qualitativen und Hilfsverben); bezeichnet a) ein konjunktionales Prädikat in eingeschalteten Finalsätzen ("um zu tun", jap. -suru-no-ni) oder in nebengeschalteten Koordinativ- und Adversativsätzen ("und", "aber"), b) sekundär ein terminales Prädikat, emphatisch und familiär. Siehe te yo.

저에게는 이 연구를 완성하는데 필요한 전기의 지식이 없읍 니다.	Chŏ-egenŭn i-yŏn'gu-rŭl wansŏng-hanŭnde p'iryo- han chŏn'gi-ŭi chisig-i ŏpsŭmnida (K 5-1, 48).	Um dieses Studium abzu- schließen, fehlt es mir am nötigen Wissen über die Elektrizität.
아무데서나 모여 공 부하는데 그 모이는 데가 학교입니다.	Amude-sŏna moyŏ kongbu- hanŭnde kŭ moinŭn te-ga hakkyo-imnida (KLR I, 20).	Überall versammelt man sich und lernt, und der Ort, an dem man sich versammelt, ist die Schule.
글을 쓰고 싶은데 글재주가 없어서 쓸	Kŭr-ŭl ssŭgo-sip'ŭnde kŭltchaeju-ga opsŏsŏ	Ich will schriftstellern, aber ohne literarisches

수가 없다.	ssŭl-ssu-ga ŏpta (KK I, 28).	Talent kann ich nicht schreiben.
편지가 왔는데.	P'yŏnji-ga wannŭnde (K 2-2, 51).	Ein Brief ist gekommen.

te iss ta   데있다   5-de-itta   (§ 4.31)

Kompositionelle Verbalform, bestehend aus dem Nominalisator -te (s. o.) nach dem Präsenspartizip des Hauptverbs und dem Hilfsverb der Befindlichkeit itta. Bezeichnet die Inhaltlichkeit eines Sachverhaltes: "darin bestehen, daß", "darauf beruhen, daß".

그 중요한 목적은 우리의 사상을 상대자에게 전달하는데 있다.	Kŭ-jungyo-han mokchŏg-ŭn uri-ŭi sasang-ŭl sangdaeja-ege chŏndar-hanŭnde-itta (KK I, 110).	Ihre (der Sprache) wichtigster Zweck besteht darin, dem Partner unsere Gedanken zu vermitteln.
다른 사람들이 이해한다는 것은 결국 우리 주위에 있는 사회 일반이 공통적으로 인식하는데 있다.	Tarŭn saramdŭr-i ihae-handanŭn-gŏs-ŭn kyŏlguk uri-juwi-e innŭn sahoe-ilban-i kongt'ongjŏg-ŭro insik-hanŭnde-itta (KK I, 111).	Daß man sagt, die anderen Menschen verstehen, beruht darauf, daß schließlich die gesamte Gesellschaft, die sich in unserem Umkreis befindet, gemeinsam versteht (=Verständniskraft besitzt).

te (yo)   데 (요)   1,4-te(yo)   (§ 2.11.3)

Deklarative Terminalform des Retrospektivs in der 3. Soziativstufe, entstanden aus dem retrospektiven Endungsmorphem -tŏ (s.d.) und dem Demonstrativum i: -tŏ i > -te. Wird zuweilen auch in interrogativer Funktion verwendet (Steigton). Nach der Kopula lautet die Form 레 -re (vgl. -ta - -ra, -tŏ - -rŏ, -to - -ro). Verbunden mit der Endung -yo (§ 2.11.41) entspricht die Form der höflichen Sprechweise (4. Soziativstufe). Vgl. ra te, ta te, ti.

남촌서 남풍 불제 나는 좋데나.	Namch'on-sŏ namp'ung pulje na-nŭn chot'e-na (K II-I, 5).	Immer wenn vom Süddorf her der Südwind wehte, ging es mir gut (wie ich mich erinnere).

너는 그냥 사무실에 있으라데...	Nŏ-nŭn kŭnyang samusir-e issŭrade...? (HMCh 6, 478).	Heißt es, daß du weiter im Büro bleiben sollst?
기남이는 산보를 가지않고 집에서 공부를 하겠데요.	Kinami-nŭn sanbo-rŭl kaji-ank'o chib-esŏ kongbu-rŭl hagetteyo (ad hoc).	Kinam macht keinen Spaziergang, sondern will zu Hause arbeiten (wie es heißt).
교장 선생님 방에 앉아 계신 분이 독일어 선생님이래.	Kyojang-sŏnsaengnim-bang-e anja-gyesin pun-i togirŏ-sŏnsaengnim-ire (ad hoc).	Ich glaube, daß der Herr, der im Zimmer des Rektors sitzt, der Deutschlehrer ist.

te yo   데요   5-deyo   (§ 2.13.9)

Der Nominalisator -te (s.o.) bildet in Verbindung mit der Terminalform yo der Kopula ida (4. Soziativstufe, § 2.11.41) eine höfliche emphatische Terminalform neben der familiären auf -te (s.o.).

사십 환이면 너무 싼데요, 어머니.	Sasip-hwan-imyŏn nŏmu ssandeyo, ŏmŏni (K 2-2, 48).	Wenn es vierzig Hwan sind, ist es sehr billig, Mutter.
두루미님, 왜 국을 좋아하지 않으십니까. 나는 퍽 맛있는데요.	Turuminim, wae kug-ŭl chowa-haji-anhŭsimnikka? Na-nŭn p'ŏk mas-innŭndeyo (K 2-1, 74).	Herr Kranich, warum mögen Sie die Suppe nicht? Mir schmeckt sie sehr gut.

ti   디   1,4-ti   (§ 2.11.1/2)

Interrogative Terminalform der 1. und 2. Soziativstufe im Retrospektiv (= -tŏnya), entstanden aus dem retrospektiven Endungsmorphem -tŭ= -tŏ (s.d.) und dem Demonstrativum i: -tŭ i > -ti (vgl. 1,4-ni). - Das gleiche Formans tritt bei meist einsilbigen qualitativen Verba zur Bildung von Intensivformen bei der Reduplizierung auf (Typ 희디희다 hŭidi hŭida "ganz weiß sein").

무슨 동요를 지었디.	Musŭn tongyo-rŭl chiŏt=ti? (ChK I-II, 118).	Welches Kinderlied soll er gemacht haben?
그 때 할머니가 차디찬 물을	Kŭ-ttae halmŏni-ga ch'adi-ch'an mur-ŭl	Da schöpfte die Großmutter eiskaltes Wasser

뜨어왔다 .	ttŭŏ-watta (Chôsengo no gakushû, 87).	und brachte es.

to 도 3-do (§ 2.24.5)

Konzessive Konjunktionalform, bezeichnet eine reale oder irreale Einräumung: "obgleich", "selbst wenn".

헤엄을 칠줄 모르는 사람이 뛰어들어 가도 둥둥 뜨는 바다가 있읍니다 .	Heŏm-ŭl ch'iltchul mo=rŭnŭn saram-i ttuiŏdŭ=rŏgado tungdung ttŭnŭn pada-ga issŭmnida (K 3-1, 89).	Es gibt ein Meer, in dem man nicht untergeht, selbst wenn ein Mensch hineinspringt, der nicht schwimmen kann.
어느쪽을 바라보아도 , 더러운 길가에 보잘것 없는 건물만 서있읍니다 .	Ŏnŭ-tchog-ŭl paraboado, tŏrŏun kilga-e pojalkkŏs-ŏmnŭn kŏnmul-man sŏ-issŭmnida (K 4-1, 129).	Nach welcher Seite man auch schauen mag, an den schmutzigen Straßenrändern stehen nur unansehnliche Häuser.

to choh ta 도 좋다 3-do-jot'a (§ 4.11)

Kompositionelle Verbalform modaler Funktion aus dem Bereich des Necessativs, bestehend aus der konzessiven Verbalendung -to (s.o.) und dem Verb chot'a (gut sein): "obgleich (es so ist), ist es gut" = "dürfen", "können". Im Falle der Negation des Hauptverbs bedeutet die Verbindung "nicht brauchen" (<"selbst wenn es nicht so ist, ist es gut").

이젠 집으로 돌아가도 좋소 .	Ije-n chib-ŭro toragado-josso (K 5-1, 17).	Du kannst jetzt ruhig nach Hause gehen.
이젠 집으로 안 돌아가도 좋소 .	Ije-n chib-ŭro andora-gado-josso (ad hoc).	Du brauchst jetzt nicht nach Hause zu gehen.
마음대로 떠들며 놀아도 좋아 .	Maŭm-daero ttŏdŭlmyŏ norado-joha (K 3-2, 64).	Ihr dürft nach Herzenslust Lärm machen und spielen.

toe 되 1,2,4-toe (§ 2.24.5)

Konjunktionalform konzessiver Nebensätze: "obgleich". 2-doe steht häufig nach konsonantischen Verbalbasen, insb. nach iss-, ŏps-, -ŏss- (Prät.), -kess- (Fut.). Vgl. toe = tae (Quotativ).

태산이 높다하되 하늘 아래 메이로다.	T'aesan-i nopta-hadoe hanŭl arae me-iroda (K 6-2, 35).	Obgleich sie sagen, die Berge seien hoch, sind es (doch nur) Hügel unter dem Himmel.
신문의 사명은 독자에게 알려주고 가르쳐주되, 뜻깊은 것을 빨리 정확하게 전하여야 한다.	Sinmun-ŭi samyŏng-ŭn tokcha-ege allyŏ-jugo karŭch'ŏ-judoe, ttŭtkip'ŭn kŏs-ŭl ppalli chŏnghwak-hage chŏnhayŏya-handa (K 6-1, 5).	Was die Aufgabe der Zeitung anlangt, informiert und unterrichtet sie den Leser, aber bedeutsame Dinge muß sie schnell und genau übermitteln.

tong s. tung

tong an (e) 동안(에) 5-dongan(e) (§ 2.24.2)

Das Formalnomen tongan (Zeit) fungiert nach dem Präsenspartizip und mitunter im Lokativ (-e) als nominalwertige Konjunktionalform zur Bildung temporaler Nebensätze, welche die Gleichzeitigkeit angeben: "während", "solange".

내가 살아있는 동안, 적의 배가 우리 바다에 가까이 하지 못한다.	Nae-ga sara-innŭndongan, chŏg-ŭi pae-ga uri-pada-e kakkai-haji-mot-handa (K 3-1, 121).	Solange ich lebe, wird kein feindliches Schiff unseren Gewässern nahekommen.
밧줄을 구하러 다니는 동안에, 어린이라도 이 종을 치러 오면 어떻게하나.	Patchur-ŭl ku-harŏ taninŭndongane, ŏrinirado i chong-ŭl ch'irŏ omyŏn ŏttŏk'e hana? (K 4-2, 49).	Wenn selbst die Jungen kommen, um diese Glocke zu läuten, während du gehst, um ein Seil zu suchen, was soll ich tun?

to rok 도록 1-torok (§ 2.24.10)

Konjunktionalform, die einen resultativen Nebensatz bezeichnet: "bis daß", "so sehr daß" (jap. - hodo, -made). Beachte, daß die Form 하도록 hadorok zu 토록 t'orok verkürzt werden kann.

나는 뛰고싶도록 기뻤읍니다	Na-nŭn ttuigo-siptorok kippŏssŭmnida (K 5-1, 31).	Ich freute mich so sehr, daß ich hochspringen wollte.

그는 그의 가르침을 듣는 사람으로 하여금 스스로 그 뜻을 깨달을 수 있도록 말하였다고 합니다.	Kŭ-nŭn kŭ-ŭi karŭch'im-ŭl tŭnnŭn saram-ŭro ha=yŏgŭm sŭsŭro kŭ-ttŭs-ŭl kkaedarŭl-ssu-it<u>torok</u> mar-hayŏttago-hamnida (K 6-2, 104).	Es heißt, daß er sprach, bis daß er die Leute, die seine Lehren hörten, veranlaßte, von selbst deren Bedeutung zu verstehen.

<u>to rok ha ta</u> 도록하다 1-torok-hada (§ 4.15.2)

Kompositionelle Verbalform, bestehend aus der resultativen Konjunktionalendung -torok (s.o.) und dem Hilfsverb hada. Bezeichnet einen resultativen Faktitiv: "es so machen (einrichten) daß" (jap. -yô-ni-suru).

모두들 내려오시도록 해.	Modudŭl naeryŏ-osi<u>dorok-hae</u>! (ChK I-I, 80).	Mach es so, daß alle herabkommen!
그 밖에 재미있는 문답을 실리도록 하면, 아주 훌륭한 신문이 될줄안다.	Kŭ-bakke chaemi-innŭn mundab-ŭl silli<u>dorok-hamyŏn</u>, aju hullyung-han sinmun-i toel-tchul-anda (K 5-1,10).	Wenn wir es außerdem so machen, daß wir ein interessantes Gespräch einrücken, meine ich, daß eine ganz prächtige Zeitung zustandekommt.

<u>to so</u> s. <u>to so i ta</u>

<u>to so i ta</u> 도소이다 1-tosoida (§ 2.11.67)

Nebenform der retrospektiven Terminalform der 6. Soziativstufe im Deklarativ 더(니)이다 1-tŏ(ni)ida, veraltete S. -toso- ist als honorativ verstärkte Nebenform des Retrospektivmorphems -tŏ (§ 1.33.11) anzusehen (-so ist Honorativmorphem, vgl. -sosŏ), -ida als honorative Terminalform.

죽사와도 한이 없도소이다.	Chuksawado han-i ŏp<u>to=soida</u> (KK II, 193).	Selbst wenn ich sterbe, gibt es keinen Groll mehr (wie ich meine).

<u>to ta</u> 도다 1,4-toda (§ 2.13.11)

Emphatische Terminalform der älteren S. Vgl. no ra.

우리들의 앞길은	Uridŭr-ŭi apkir-ŭn	Fest ist der Weg, der

탄탄 하도다.	t'ant'an-hadoda (K 6-1, 59).	vor uns liegt.
대대로 이에 사는 우리 삼천만, 복되도다. 그 이름 대한이로세.	Taedae-ro i-e sanŭn uri-samch'ŏnman, poktoedoda. Kŭ-irŭm Taehan-irose (a.a.O.).	Wir 30 Millionen, die hier generationenlang leben, sind glücklich, fürwahr. Sein Name ist Korea.

tŏ 더 1,4-tŏ (§ 1.33.11)

Morphem zur Bildung von Retrospektivformen. Bezeichnet den Bezug auf zurückliegende Sachverhalte, über die aus eigener Erinnerung (erfahrung) oder fremder Beobachtung Aussagen gemacht werden (vgl. § 2. 10.3.). Eine phonetische Variante lautet 드 -tŭ. In der häufigen Nachbarschaft mit folgendem -i ergeben sich Kontraktionsformen wie 데 -te oder 디 -ti (s.d.). Siehe tŏ i kka - tŏ ra myŏn.

tŏ i kka 더이까 1-tŏikka (§ 2.11.6)

Retrospektive Terminalform der 6. Soziativstufe im Interrogativ. Als Nebenform erscheint 더니이까 -tŏniikka (§ 2.11.67). Phonetische Varianten lauten 되까 -tŭikka, 드니이까-tŭniikka. Siehe tŏ i ta.

사단장이 적진으로 정찰대를 보내라고 하더이까.	Sadanjang-i chŏkchin-ŭro chŏngch'aldae-rŭl ponaerago-hadŏikka? (ad hoc).	Erinnern Sie sich, daß der Divisionskommandeur gesagt hat, wir sollen einen Spähtrupp ins feindliche Lager schicken?

tŏ i ta 더이다 1-tŏida (§ 2.11.6)

Retrospektive Terminalform der 6. Soziativstufe im Deklarativ, zusammengesetzt aus dem Retrospektivmorphem -tŏ (s.o.) und der honorativen Terminalform -i(ta); veraltete S (>디다, siehe -p ti ta). Phonetische Varianten mit der Form -tŭ lauten 되다 -tŭida und드니이다 -tŭniida.

그는 떨리는 손을 더듬더듬하여 제 손을 찾아 쥐더이다.	Kŭ-nŭn ttŏllinŭn son-ŭl tŏdŭm-dŏdŭm-hayŏ che son-ŭl ch'aja-chuidŏida (ChK 1-1, 151).	Er tastete mit zitternder Hand umher, suchte nach meiner Hand und ergriff sie (wie ich mich erinnere).

쓰린 괴로움을 말도 차마 못하시고, 매었던 옷고름 풀고 가슴 내어 뵈더이다.	Ssŭrin koeroum-ŭl mal-do ch'ama mothasigo, maeŏttŏn okkorŭm p'ulgo kasŭm naeŏ-poedŏida (KK I, 68).	Das brennende Leid konntet Ihr wahrlich nicht in Worte fassen; Ihr löstet das zugebundene Kleiderband und entblößtet die Brust (wie ich mich erinnere).

tŏ ku myŏn　　더구면　　1-tŏgumyŏn　　(§ 2.13)

Emphatische Terminalform der 1. Soziativstufe im Retrospektiv, zusammengesetzt aus dem Retrospektivmorphem -tŏ (s.o.) und der emphatischen Terminalform -kumyŏn (s.d.). Eine verkürzte Nebenform lautet -tŏgun. Vgl. ku myŏn.

응, 나가고 없더구면.	Ŭng, nagago-ŏptŏgumyŏn (HMCh 6, 394).	Ja, er war ausgegangen und nicht da (wie ich mich erinnere).

tŏ ku na　　더구나　　1-tŏguna　　(§ 2.13)

Emphatische Terminalform der 2. Soziativstufe im Retrospektiv, zusammengesetzt aus dem Retrospektivmorphem -tŏ (s.d.) und der emphatischen Terminalform -kuna (s.d.).

너 참, 아이 낳았다 죽었다더구나.	Nŏ ch'am, ai nahatta chugŏttadŏguna? (ChTK, 295).	Du sollst wahrhaftig ein Kind bekommen haben, das dann gestorben ist?

tŏ ku ryo　　더구료　　1-tŏguryo　　(§ 2.13)

Emphatische Terminalform der 4. Soziativstufe im Retrospektiv, zusammengesetzt aus dem Retrospektivmorphem -tŏ (s.d.) und der emphatischen Terminalform -kuryo (s.d.).

남 화백은 아틀리에에서 전람회에 출품할 작품 그리기에 몰두하고 있더구료.	Nam-hwabaeg-ŭn at'ŭl=lie-esŏ chŏllamhoe-e ch'ulp'um-hal chakp'um kŭrigi-e moldu-hagoittŏguryo (ad hoc).	Der Maler Nam ist im Atelier ganz dem Malen der Werke hingegeben (wie ich mich erinnere), die er auf einer Ausstellung zeigen will.

<u>tŏn</u> 던 1-tŏn (§ 3.13)

Endung des retrospektiven Partizips, bestehend aus dem Retrospektivmorphem -tŏ (s.d., § 1.33.11) und der Partizipialform -n (§ 3.12). Bezeichnet die Vorzeitigkeit eines Sachverhaltes (aus der Erinnerung), in Verbindung mit dem Präteritalstamm auch den Abschluß einer Handlung in der Vergangenheit (Perfekt präteriti). Bei qualitativen Verba und Verba der Befindlichkeit wird die tŏn-Form generell als Partizip präteriti gebraucht.

제 나라 제 말을 마음대로 쓰지 못하던 때였단다.	Che nara che mar-ŭl maŭm-daero ssŭji-mot-ha<u>dŏn</u> ttae-yŏttanda (K 3-1, 19).	Es soll eine Zeit gewesen sein, in der man im eigenen Lande die eigene Sprache nicht nach Belieben gebrauchen durfte.
우연히 큰 발견을 하게 되었던 것이다.	Uyŏnhi k'ŭn palgyŏn-ŭl hage-doeŏt<u>tŏn</u>-gŏs-ida (K 6-1, 145).	So war es denn durch Zufall gekommen, daß er eine große Entdeckung gemacht hatte.
그전에 영길이가 앉았던 자리에는 이웃집 순이가 앉아있었읍니다.	Kŭ-jŏne Yŏnggiri-ga an=jat<u>tŏn</u> chari-enŭn iut-chip Suni-ga anja-is=sŏssŭmnida (K 2-1, 9).	Auf dem Platz, wo (wie ich mich erinnere) vorher Yŏnggil gesessen hatte, saß Sun aus dem Nachbarhaus.

<u>tŏn chi</u> s. <u>tŭn chi</u>

<u>tŏ ni</u> 더니 1,4-tŏni (§§ 2.24.1/2/4/6)

Konjunktionalform, zusammengesetzt aus dem Retrospektivmorphem -tŏ (s.d.) und der konjunktionalen Endung -ni (vgl. 2-ni). Bezeichnet das Prädikat eines koordinativen oder adversativen, auch temporalen oder kausalen Nebensatzes, dessen Aussagegehalt aus der Erinnerung reproduziert wird: "(so war es, wie ich mich erinnere) und" (jap. -ta-ga, -datta-ga).

아침부터 날씨가 흐리더니, 점심 때부터 비가 오기 시작하였다.	Ach'im-but'ŏ nalssi-ga hŭri<u>dŏni</u>, chŏmsim-ttae-but'ŏ pi-ga ogi-sijak-hayŏtta (K 3-1, 12).	Vom Morgen an war das Wetter trübe, und (aber) seit der Zeit des Mittagessens fing es an zu regnen.

호랑이가 제 소리를 하면 온다더니, 지금 막 해바라기 아가씨 이야기를 하는 중인데...	Horangi-ga che sori-rŭl hamyŏn ondadŏni (<ondago-hadŏni), chigŭm mak haebaragi-agassi-iyagi-rŭl hanŭnjung-inde... (K 5-1, 56).	Man sagt, (wie ich mich erinnere), daß der Tiger kommt, wenn man von ihm spricht, und eben jetzt sind wir dabei, von Fräulein Sonnenblume zu sprechen (d.h. während sie kommt), und...
아버지께 보여드렸더니. 잘 만들었다고 칭찬해 주셨다.	Abŏji-kke poyŏ-dŭryŏttŏni, chal mandŭrŏttago ch'ingch'an-hae-jusyŏtta (K 4-1, 38).	Als ich es dem Vater zeigte, lobte er mich (und sagte), daß es gut gemacht sei.

tŏn ka (yo) 던가 (요) 1,4-tŏn'ga(yo) (2.11.3)

Retrospektive Terminalform der 3. Soziativstufe, gebildet aus dem Retrospektivmorphem -tŏ (s.d.) und der Interrogativform -n'ga (vgl. -ka, 5,6-ga). Eine phonetische Variante lautet 든가 -tŭn'ga, eine ältere Nebenform 던고 -tŏn'go (vgl. -ko, 5,6-go). Durch folgendes yo kann die Form der höflichen Sprechweise der 4. Soziativstufe angepaßt werden: 던가요 -tŏn'gayo (§ 2.11.41). Bezeichnet interrogative und interjektionale Prädikate aus der Sicht der Rückerinnerung oder fremder Beobachtung.

여기 그 누가 꽃을 심어 놓았던가.	Yŏgi kŭ-nu-ga kkoch'-ŭl simŏ-nohattŏn'ga? (ChK I-I, 69).	Wer denn soll hier die Blumen eingepflanzt haben?
아, 얼마나 그리던 태극기이었던가.	A, ŏlma-na kŭridŏn t'aegŭkki-iŏttŏn'ga! (K 6-1, 131).	Ach, das ist doch die Nationalfahne, nach der wir uns solange gesehnt haben!
또 얼마나 입께 기나긴 말씀을 하소연하였던고.	Tto ŏlma-na im-kke kina-gin malssŭm-ŭl hasoyŏn-hayŏttŏn'go? (KK III, 194).	Und noch, wie lange hatte sie mit langen, langen Worten beim Geliebten Klage geführt?
우리 나라에 빈민 구제소는 없던가요.	Uri-nara-e pinmin-kuje=so-nŭn ŏptŏn'gayo? (K 6-2, 61).	Gab es in unserem Land keine Hilfsstelle für Arme?

tŏn ko s. tŏn ka (yo)

<u>tŏn tŭl</u>　　던 들　　4-tŏndŭl　　(§ 2.24.3)

Konjunktionalform der älteren S zur Bezeichnung irrealer konditionaler Nebensätze, gebildet aus dem Retrospektivmorphem -tŏ (s.d.) und der nominalwertigen Verbalendung -ndŭl (6-dŭl, siehe tŭl) konditional-kon= zessiver Funktion: "gesetzt den Fall, daß", "selbst wenn" (es, wie erinnerlich, so wäre).

너이 모친이 있었던 들 오죽 기쁘랴마는 ...	Nŏi moch'in-i issŏt<u>tŏn=</u> <u>dŭl</u> ojuk kippŭrya-manŭn ... (Ye, 72).	Gesetzt den Fall, eure Mutter wäre dagewesen, wie glücklich wäret ihr aber...
말과 글이 발명되지 아니 하였던들, 그 목숨조차 능히 보존 하지도 못하였을 뻔 하였다.	Mal-gwa kŭr-i palmyŏng-doeji ani-hayŏt<u>tŏndŭl</u>, kŭ-moksum-joch'a nŭnghi pojon- hajido mot-hayŏssŭlppŏn-hayŏtta (ChK I-I, 5).	Gesetzt den Fall, daß Sprache und Schrift nicht erfunden worden wären, es wäre nahe daran gewesen, daß (der Mensch) nicht einmal hätte sein Leben erhalten können.

<u>tŏ nya</u>　　더 냐　　1-tŏnya　　(§§ 2.11.1, 2.11.2/26)

Retrospektive Terminalform der 1. und 2. Soziativstufe im Interrogativ, gebildet aus dem Retrospektivmorphem -tŏ (s.d.) und der Interrogativform -nya (s.d.). Eine phonetische Variante lautet 드냐 -tŭnya, eine ältere Nebenform 더뇨 -tŏnyo. Vgl. nya, nyo.

아프더냐. 영길이가 물었읍니다.	'Ap'ŭdŏnya?'Yŏnggiri-ga murŏssŭmnida (K 2-1, 47).	"Hat es weh getan?" fragte Yŏnggil.
어머니가 조퇴하고 오라고 하시더냐.	Ŏmŏni-ga chot'oe-hago orago-hasi<u>dŏnya</u> (ChK I-II, 113).	Hat (dir) die Mutter gesagt, du sollst vorzeitig weggehen und (nach Haus) kommen?
나라가면 가는 곳이 어디이더뇨.	Nara-gamyŏn kanŭn kos-i ŏdi-i<u>dŏnyo</u>? (K 6-1, 51).	Wenn wir fortfliegen, wo soll der Ort sein, wohin wir fliegen?

<u>tŏ nyo</u>　s.　<u>tŏ nya</u>

<u>tŏ ra</u> 더라 1-tŏra (§§ 2.11.1, 2.11.2/26)

Retrospektive Terminalform der 1. und 2. Soziativstufe im Deklarativ, gekennzeichnet durch das Retrospektivmorphem -tŏ (s.d.). Die Form hat zuweilen durch die deklarative Verbalendung -ra apodiktische Geltung (vgl. -nira). Eine phonetische Variante lautet 드라 -tŭra.

정말 장선생님께서 빙그레 웃으시며, 우리 앞으로 걸어 오시더라.	Chŏngmal Chang-sŏnsaengnim-kkesŏ pinggŭre usŭsimyŏ, uri ap'ŭro kŏrŏ-osi<u>dŏra</u> (K 4-1, 19).	Tatsächlich trat Lehrer Chang lächelnd vor uns hin (wie ich mich erinnere).
사람이 제 아니오르고 메만 높다하더라.	Saram-i che ani-orŭgo me-man nopta-ha<u>dŏra</u> (K 6-2, 35).	Der Mensch steigt selbst nicht hinauf und sagt, daß der Berg hoch sei (wie ich mich erinnere).
뭐 대구에 처니가 있다 하기는 하드라만.	Muŏ Taegu-e ch'ŏni (=ch'ŏnyŏ)-ga itta-hagi-nŭn ha<u>dŭra</u>-man (HSiMCh 9, 118).	Aber man hat doch gesagt (wie ich mich erinnere), daß es in Taegu ein Mädchen gibt.

<u>tŏ ra</u> 더라 4-tŏra- (§ 2.12.7)

Retrospektives Quotativformans vor Terminal- und Konjunktionalendungen, gekennzeichnet durch das Retrospektivmorphem -tŏ (s.d.) im Anschluß an Präterital- und Plusquamperfektstämme sowie das Quotativmorphem -ra der Kopula ida (§ 2.12.5). Bezeichnet das auf einen aus der Vergangenheit erinnerlichen Vorgang gerichtete Hörensagen: "es heißt, daß war (wie erinnerlich)". Zusammen mit der Endung des Prädikats erweisen sich die betreffenden Formen als Kontraktionen aus 더라(고) 하(다) -tŏra(go) -hada).

복동이 놈이 네 방에 들어갔었더라지.	Poktongi-nom-i ne pang-e tŭrŏgassŏt<u>tŏra</u>=ji? (HYSCh 4, 253).	Wie es heißt, soll Poktong, der Kerl, in dein Zimmer eingedrungen gewesen sein?
이 사람이 제 나라에 있으면서 진도에서 내가 겪은 이야기를 들었더라오.	I-saram-i che nara-e issŭmyŏnsŏ Chindo-esŏ nae-ga kyŏkkŭn iyagi-rŭl tŭrŏt<u>tŏrao</u> (HYSCh 8, 143).	Wie man sagt, hat er, als er in seinem Lande war, die Geschichte gehört, die ich in Chindo erlebt habe.

tŏ ra to 더라도 1,4-tŏrado (§ 2.24.5)

Konzessive Konjunktionalform, zusammengesetzt aus dem retrospektiven Quotativformans -tŏra (s.o.) und der konzessiven Endung -to (§ 2.24.5). Bezeichnet eine irreale Einräumung mit Bezug auf einen Vorgang, der erinnerlich oder von anderen beobachtet worden ist.

잘 하지 못하더라도 끝까지 보아주시기 바랍니다.	Chal haji-mot-hadŏrado kkŭt-kkaji poa-jusigi-baramnida (K 2-2, 39).	Selbst wenn wir es nicht gut gemacht haben sollten, möchten wir, daß ihr es euch bis zu Ende anseht.
올해는 어떤 일이 있더라도 꼭 계속하겠읍니다.	Orhae-nŭn ŏttŏn ir-i ittŏrado kkok kyesok-hagessŭmnida (K 3-2, 120).	Was es auch in diesem Jahr geben mag, ich werde es unbedingt fortsetzen.

ttae 때 7-ttae (§ 2.24.2)

Das Nomen ttae "Zeit" bildet nach dem l-Partizip eine nominalwertige Konjunktionalform zur Bezeichnung temporaler Nebensätze der Gleichzeitigkeit: "als", "(immer) wenn". Als temporale Konjunktionalform steht es auch in den postpositionellen Verbindungen 때마다 -ttae-mada "jedesmal wenn", 때마침 -ttae-mach'im "gerade wenn", 때부터 -ttae-but'ŏ "seitdem".

공부할 때 비가와서 운동장에도 나가 놀지 못하였읍니다.	Kongbu-halttae pi-ga wasŏ undongjang-edo naga-nolji-mot-hayŏssŭmnida (K 2-1, 13).	Als sie lernten, regnete es, und sie konnten auch auf den Sportplatz nicht hinausgehen und spielen.
바람이 불때마다 나뭇잎들이 우수수 떨어진다.	Param-i pulttae-mada namuniptŭr-i ususu ttŏrŏjinda (K 2-2, 14).	Jedesmal wenn der Wind weht, fallen raschelnd die Blätter ab.
이번에 학급신문을 만들때는, 그림을 그려 넣어 예쁘게 꾸며보도록 하겠읍니다.	I-bŏn-e hakkŭp-sinmun-ŭl mandŭlttae-nŭn, kŭ=rim-ŭl kŭryŏ-nŏhŏ yeppŭge kkumyŏ-podorok hagessŭmnida (K 3-2, 122).	Wenn wir diesmal die Klassenzeitung machen, werden wir Bilder hineinzeichnen und (sie) schön auszustatten versuchen.

tta rŭm i ta 따름이다 7-ttarŭm-ida (§ 4.31)

Kompositionelle Verbalform, bestehend aus dem Nominalisator ttarŭm (< ttarŭda "folgen") nach dem l-Partizip und der Kopula ida. Bezeichnet die Ausschließlichkeit eines Vorganges: "nichts anderes sein (tun) als", "nur" (= 7-ppun-ida).

화랑도의 정신을 살려, 싸움에서 죽을 따름입니다.	Hwarangdo-ŭi chŏngsin-ŭl sallyŏ, ssaum-esŏ chugŭlttarŭm-imnida (K 5-2, 32).	Es ist nur, den Geist des Rittertums zur Geltung zu bringen und im Kampfe zu sterben.
다만 우리가 이것을 이용하고 살 따름이다.	Taman uri-ga igŏs-ŭl iyong-hago salttarŭm-ida (K 6-1, 77).	Nur nutzen wir dies und leben (so).
노교수의 손을 쥔 나는, 다만 감개무량 할따름 이었다.	Nogyosŭ-ŭi son-ŭl chuin na-nŭn, taman kamgaemuryang-halttarŭm-iŏtta (ChK II-I, 70).	Ich, der des alten Professors Hand ergriffen hatte, war nichts anderes als tief bewegt.

ttŭ ri ta 뜨리다 3-ttŭrida (§ 4.16)

Das Hilfsverb ttŭrida bildet transitive Verba intensiva, z.B. 떨다 ttŏlda "schütteln" - 떨어뜨리다 ttŏrŏ-ttŭrida "fallen lassen", 기울다 kiulda "sich neigen" - 기울어뜨리다 kiurŏ-ttŭrida "schräg machen".

황산과 초산을 섞은 것에 글리세린의 물방울을 떨어뜨리며 휘저은것을 물속에 넣으면, 그릇에 누런 액체가 생기는것이다.	Hwangsan-gwa ch'osan-ŭl sŏkkŭn-gŏs-e kŭlliserin-ŭi mulbangur-ŭl ttŏrŏ-ttŭrimyŏ huijŏŭn-gŏs-ŭl mul-soge nŏhŭmyŏn, kŭrŭs-e nurŏn aekch'e-ga saengginŭn-gŏs-ida (K 6-1, 143).	Wenn man in ein Gemisch von Schwefelsäure und Salpetersäure Tropfen von Glyzerin fallen läßt und die Mischung in Wasser tut, entsteht eine gelbliche Flüssigkeit.

ttŭs i ta 뜻이다 5-ttŭs-ida (§ 4.31)

Kompositionelle Verbalform, gebildet aus dem Nominalisator ttŭs (Bedeutung) nach dem Präsenspartizip und der Kopula ida; kennzeichnet die vorausgehende Aussage als eine Erklärung: "es bedeutet, daß".

조심하라는 뜻입니다.	Chosim-haranŭnttŭs-im=nida (K 5-2, 23).	Es bedeutet, daß man vorsichtig sein soll.
마치 철로 만든 장막을 쳐 놓은것과 같다는 뜻이다.	Mach'i ch'ŏl-lo mandŭn changmag-ŭl ch'ŏ-nohŭn-gŏt-kwa-gattanŭnttŭs-ida (K 5-1, 134).	Es bedeutet, daß es so ist, als ob man einen aus Eisen gefertigten Vorhang aufgehängt hätte.

tui (e)   뒤(에)   5,6-dui(e)   (§ 2.24.2)

tui (Rücken) bildet als Formalnomen nach nicht futurischen Partizipien eine nominalwertige Konjunktionalform, meist durch die Lokativpostposition -e erweitert, und bezeichnet die Vorzeitigkeit im temporalen Nebensatz: "nachdem". Vgl. hu (e).

나는 밥상을 치운 뒤에, 콩씨를 갖다 쪼개어 보았읍니다.	Na-nŭn papsang-ŭl ch'iunduie, k'ongssi-rŭl katta tchogaeŏ-poassŭmnida (K 4-1, 33).	Nachdem ich den Eßtisch abgeräumt hatte, nahm ich die Bohnensamen und versuchte, sie zu zerteilen.
우리 부대가 중학교 교실을 숙소로 정한 뒤에, 나는 시가지 방문을 나섰읍니다.	Uri-budae-ga chunghakkyo-kyosir-ŭl sukso-ro chŏng-handui(e), na-nŭn sigaji pangmun-ŭl nasŏssŭmnida (ChK I-I, 76)	Nachdem unsere Kompanie ein Klassenzimmer der Mittelschule zum Quartier bestimmt hatte, ging ich zu einem Stadtbummel los.

tung   둥   5,6,7-tung   (§ 2.24.7)

Nominalwertige Konjunktionalform distributiver Geltung, deren Paare durch die Postposition -to verstärkt werden können. Das zweite Glied der beiden distributiven Prädikate enthält das semantische Antonym des ersteren oder dessen Negation, ausgedrückt durch das Hilfsverb malda (aufhören); als Hauptprädikat folgt in der Regel eine Form von hada oder morŭda: "(nicht wissen) ob ... oder (nicht)", z.B. 갈둥(도) 말둥(도) 한다 -kalttung(-do) malttung(-do) handa "er weißt nicht, ob er gehen soll oder nicht". Eine ältere Nebenform lautet 동 tong (auch 똥 ttong). Vgl. sung.

이 놈이 죽을둥 살둥 옳은지	I-nom-i chugŭlttung salttung orhŭnji	Dieser Kerl machte, ohne zu wissen, ob er sterben

그른지 모르고 그 흉소를 하니.	kŭrŭnji morŭgo kŭ-hyungso-rŭl hani (HMKT 14, 565).	oder leben wird, ob er im Recht oder im Unrecht ist, dieses schlimme Memorandum.
시절이 하 수상하니 올동 말동 하여라.	Sijŏr-i ha susang-hani olttong malttong hayŏra (UY, 107).	Da die Zeiten sehr unsicher sind, weiß ich nicht, ob ich kommen soll oder nicht.

tu ta 두다 3-duda (§ 4.16)

Tuda "legen" steht als Hilfsverb nach der Konverbalform zur Bezeichnung der resultativen Aktionsart: "tun und so belassen" (jap. -te-oku).

모든 물건은 모두 제자리에 놓아 둡시다.	Modŭn mulgŏn-ŭn modu che chari-e noha-dupsida (K 1-2, 22).	Laßt uns alle Sachen jeder an den eigenen Platz legen.
세면소의 전등은 사용할때만 켜고 그렇지 아니 한때는 반드시 꺼둔다.	Semyŏnso-ŭi chŏndŭng-ŭn sayong-hal-ttae-man k'yŏgo, kŭrŏch'i ani-han-ttae-nŭn pandŭsi kkŏ-dunda (ChK II-I, 65).	Die elektrische Lampe des Waschraums macht man nur in der Zeit an, wenn man (ihn) benutzt; in der Zeit, wenn man es nicht tut, läßt man sie unbedingt aus.

tŭl 들 6-dŭl (§ 2.24.3/5)

Nominalwertige Konjunktionalform konzessiver oder konditionaler Nebensätze zur Bezeichnung einer realen oder irrealen Einräumung bzw. Bedingung, meist vor rhetorischen Fragen.

너희들이 모르는걸 낸들 알겠니.	Nŏhŭidŭr-i morŭnŭn-gŏl naendŭl (<na-in-tŭl) algenni? (K 3-1, 65).	Wie könnte ich das wissen, was ihr nicht wißt? (wrtl. "selbst wenn ich es bin, wüßte ich es?").
나는 젊었거니 돌인들 무거울까.	Na-nŭn chŏlmŏkkŏni tor-indŭl mugŏulkka? (K 6-2, 36).	Da ich jung bin, mag es auch ein Stein sein, ist er etwa (für mich zu) schwer?
언젠들 잊으랴, 어디	Onjendŭl ijŭrya, odi	Wann es auch sein mag,

간들 잊으랴.	kandŭl ijŭrya! (K 6-2, 137).	(wie) könnte man (sie) vergessen, wohin man auch geht, (wie) könnte man (sie) vergessen!
이런들 어떠하며, 저런들 어떠하료.	Irŏndŭl ŏttŏ-hamyŏ chŏrŏndŭl ŏttŏ haryo? (PY, 134).	Wenn es so ist, wie ist es; wenn es anders ist, wie ist es?

tŭl ta 들다 3-dŭlda (§ 4.16)

tulda "hineingehen", "einsetzen" (beginnen) steht als Hilfsverb nach der Konverbalform zur Bezeichnung der progressiven Aktionsart.

새 교실에는 동무들이 모두 기쁜얼굴로 모여들었읍니다.	Sae-kyosir-enŭn tongmudŭr-i modu kippŭn ŏlgullo moyŏ-dŭrŏssŭmnida (K 2-1, 6).	Die Kameraden versammelten sich alle mit freudigem Gesicht im neuen Klassenzimmer.
두 형제는 저도 모르게 보릿단을 내던지고 달려들었읍니다.	Tu-hyŏngje-nŭn chŏ-do morŭge porittan-ŭl naedŏnjigo tallyŏ-dŭrŏssŭmnida (K 2-2, 100).	Die beiden Brüder warfen unbewußt die Gerstengarben nieder und stürmten (aufeinander) los.

tŭn chi 든지 1,4-tŭnji (§ 2.24.5/7)

Konjunktionalform, bestehend aus der retrospektiven Partizipialform -tŭn (= -tŏn, s.d.) und dem Nominalisator chi. Eine phonetische Variante lautet 던지 -tŏnji. Ähnlich der Form -chi (vgl. 5,6,7-chi) bezeichnet -tŭnji/-tŏnji indirekte Fragen in konzessiven oder distributiven Nebensätzen: "wenn auch", "was/wie/wieviel auch immer", "ob/entweder... oder".

삼천만이 누구든지 쓰고, 다 알수있다.	Samch'ŏnman-i nugu-dŭnji ssŭgo, ta al-ssu-itta (K 4-2, 15).	30 Millionen, wer es auch sein mag, (jeder) schreibt (sie), und alle verstehen (sie).
기선이 강을 올라갔다 내려갔다 하는것이라든지, 그 밖의 것 들이	Kisŏn-i kang-ŭl olla-gatta naeryŏ-gatta-hanŭn-gŏs-iradŭnji, kŭ-bakk-ŭi kŏttŭr-i	Ob der Dampfer den Fluß hinauf- und hinabfuhr und all die anderen Dinge hatte er bis zu die-

모두 이때까지 보도 듣도 못하던것 뿐이 었읍니다.	modu i-ttae-kkaji podo tŭtto mot-hadŏn-gŏt- ppun-iŏssŭmnida (K 3-2, 99).	ser Zeit weder gesehen noch gehört; nur so war es.
가을이 왔다든지, 가 을 바람이 분다든지 하는 이야기는 쓸데 없는 이야기 같구나.	Kaŭr-i wattadŭnji, kaŭl-baram-i punda- dŭnji (< -dago- hadŭnji) hanŭn iyagi- nŭn ssŭltte-ŏmnŭn iyagi kakkuna (K 3-2, 13).	Die Geschichte, in der du entweder sagst, daß der Herbst gekommen ist oder daß der Herbstwind weht, gleicht doch einer nutzlosen Geschichte.
그 말씨가 어찌도 우 습던지, 집안식구들 이 모두 웃음을 터뜨 리며 들었읍니다.	Kŭ-malssi-ga ŏtchi-do usŭptŏnji, chiban- sikkudŭr-i modu usŭm- ŭl t'ŏttŭrimyŏ tŭrŏssŭmnida (K 4-2, 9).	Diese Sprechweise mochte so komisch sein, daß al- le Familienmitglieder im Haus es vor Lachen ber- stend anhörten.

tŭn ka s. tŏn ka

tŭ nya s. tŏ nya

tŭ ra s. tŏ ra

tŭ ri ta 드리다 3-dŭrida (§ 4.16)

tŭrida "geben" bezeichnet als Hilfsverb nach der Konverbalform die destinative Aktionsart, d.h. die Gezieltheit der Handlung auf personale Objekte, hier höher stehende (jap. -sashiageru). Vgl. chu ta.

뵈어드릴게요.	Poeŏ-dŭrilkkeyo (ChK I-II, 118).	Ich will es Ihnen zeigen (Schüler zum Lehrer).
아저씨, 지난번에 보내드린 제 편지 받으셨어요.	Ajŏssi, chinan pŏn-e ponae-dŭrin che p'yŏnji padŭsyŏssŏyo? (K 4-1, 27).	Onkel, hast du meinen Brief erhalten, den ich dir vergangenes Mal ge- schickt habe?

tŭs (i) 듯(이) 1,5,6,7-tŭs(i) (§ 4.31,7)

Verselbständigte Adverbialform der kompositionellen Prädikatsform -tŭt-hada (s.u.): 듯히 -tŭt-hi (= 듯하게 -tŭt-hage) > 듯이 -tŭs-i > 듯

-tŭt. -tŭs(i) bedeutet "als ob", "gleichsam", "wie" (jap. -yô-ni).

산골에 나믄 눈이 다 산듯이 보이고녀.	Sankkor-e namŭn nun-i tasandŭsi poigonyŏ (KK I, 67).	Der Schnee, der in der Bergeinsamkeit liegengeblieben ist, sieht aus, fürwahr, als wäre er warm.
나는듯 숨은 소리 못 듣는다 없을쏜가.	Nanŭndŭs sumŭn sori mot-tŭnnŭnda ŏpsŭlssonga? (a.a.O.).	Hört man nicht (überall) einen verborgenen Ton, gleichsam im Entstehen begriffen?
선생님은 네가 쓴 노래를 좋아하듯이 용문이를 좋아한단다.	Sŏnsaengnim-ŭn ne-ga ssŭn norae-rŭl chowahadŭsi Yongmuni-rŭl chowahandanda (ChK I-II, 121).	Es heißt, daß der Herr Lehrer Yongmun gern hat, so wie er das Lied gern hat, das du geschrieben hast.
열릴듯 닫힌 문으로 눈이 자주 가더라.	Yŏllilttŭt tathin mun-ŭro nun-i chaju kadŏra (KK I, 66).	Zur geschlossenen Tür, die sich öffnen zu wollen schien, gingen oftmals (meine) Augen.

tŭs ha ta   듯하다   5,6,7-tŭt-hada   (§ 4.31)

Kompositionelle Verbalform, bestehend aus dem Nominalisator tŭt (Anschein) in der Stellung nach Partizipien und dem Hilfsverb hada; bezeichnet den Anschein (jap. -rashii). Vgl. tŭs (i), tŭs sip' ta.

이 집에만은 봄이 없는 듯합니다.	I-jib-e-manŭn pom-i ŏmnŭndŭt-hamnida (K 4-1, 71).	Nur in diesem Hause scheint es keinen Frühling zu geben.
그 날에 부르짖던 소리들이 막 들려오는 듯합니다.	Kŭ-nar-e purŭjittŏn soridŭr-i mak tŭllyŏ-onŭndŭt-hamnida (K 3-2, 63).	Die Stimmen, die an dem Tage schrien, scheinen gerade eben hörbar zu werden.

tŭs sip' ta   듯십다   5,6,7-tŭt-sipta   (§ 4.31)

Kompositionelle Verbalform, bestehend aus dem Nominalisator tŭt (Anschein) in der Stellung nach Partizipien und dem hier als Hilfsverb verwendeten sipta (wollen, scheinen); bezeichnet den Anschein (jap. -rashii). Vgl. tŭs ha ta.

여기에서도 호장한 고인의 기풍을 엿보는 듯싶었다.	Yŏgi-esŏdo hojang-han koin-ŭi kip'ung-ŭl yŏp=ponŭndŭs-sip'ŏtta (ChK II-I, 51).	Auch hier tut man anscheinend einen Streifblick auf das Ethos der mannhaften Verstorbenen.
우리가 너를 쏘아 죽일듯 싶으냐.	Uri-ga nŏ-rŭl ssoa-jugildŭs-sip'ŭnya? (ChK I-I, 78).	Sieht es so aus, als ob wir dich totschießen wollten?

t'e ni (yo) 테니(요) 7-t'eni(yo) (§ 4.31)

Spezielle Terminalform der kompositionellen Verbalform 7-t'eda (< -t'ŏ-ida, s.d.). Die Endung -ni ist mit der älteren deklarativen Terminalform 2-ni (s.d.) identisch (2.Soziativstufe); der Anschluß von -yo (§ 2.11.41) bezeichnet die höfliche Sprechweise (4. Soziativstufe). Bezeichnung der Wahrscheinlichkeit, seltener der Absicht.

보려무나, 아저씨에게서 네게 답장이 올테니.	Poryŏmuna, ajŏssi-egesŏ ne-ge tapchang-i olt'eni (K 2-2, 50).	Schau mal, da wird wohl vom Onkel der Antwortbrief für dich kommen.
노랑 나비 도령님이 이길 테니요.	Norang-nabi-toryŏngnim-i igilt'eniyo (K 5-1, 58).	Der Junker Gelber Schmetterling wird wohl siegreich sein.

t'e ta s. t'ŏ i ta

t'ong e 통에 5,6-t'onge (§ 2.24.4)

Das Nomen t'ong (Folge), in der Regel mit der Lokativpostposition -e verbunden, bildet nach nicht futurischen Partizipien eine Nominalwertige Konjunktionalform kausaler Bedeutung zur Bezeichnung eines Vorganges, der einen anderen zur Folge hat: "infolge von", "als Ergebnis von".

누이동생은 피난 다니는 통에 병으로 죽어 버렸읍니다.	Nui-dongsaeng-ŭn p'inan taninŭnt'onge pyŏng-ŭro chugŏ-pŏryŏssŭmnida (K 4-2, 73).	Die jüngere Schwester war infolge davon, daß sie auf der Flucht war, an einer Krankheit gestorben.

t'ŏ i ta 터이다 7-t'ŏ-ida (§ 4.31)

Kompositionelle Verbalform, bestehend aus dem Nominalisator t'ŏ

(Ort, Vorhaben) und der Kopula ida; häufig kontrahiert zu 테다 -t'eda. Bezeichnet die Absicht oder Wahrscheinlichkeit (jap. -tsumori-da, -hazu-da). Vgl. t'e ni (yo).

꼭 방송국 구경을 할터입니다.	Kkok pangsongguk kugyŏng-ŭl halt'ŏ-imnida (K 2-2, 74).	Ich möchte unbedingt die Sendestation besichtigen.
행복하게 살겠다는 생각을 하고 있을 테지.	Haengbok-hage salgettanŭn saenggag-ŭl hago-issŭl=t'eji (K 5-2, 81).	Du denkst wahrscheinlich, daß du glücklich leben willst.

u 우 1-u (§ 3.32)

Unproduktive Abverbialform von Verba, häufiger als die nur fakultativ nach den Stammvokalen a und o verwendete Form auf 1-o.

아이들은 모두 함께 셈을 세어갑니다.	Aidŭr-ŭn modu hamkke sem-ŭl seŏ-gamnida (K 1-2, 41).	Die Kinder sind alle zusammen am Zählen (못다 motta sich versammeln).
재미있지만, 그건 너무 쉽다.	Chaemi-itchiman, kŭgŏn nŏmu suipta (K 3-1, 32).	Interessant, aber das ist zu leicht (넘다 nŏmta überschreiten).
우산 세개가 이마를 마주대며 걸어갑니다.	Usan se-gae-ga ima-rŭl maju taemyŏ kŏrŏ-gamnida (K 3-1, 35).	Drei Schirme, sich Stirn an Stirn berührend, gehen spazierend dahin (맞다 matta treffen).

u 우 2-u (§ 2.11.40.3)

Umgangssprachliche (dialektale) Variante der Terminalform 2-o (s.d.) der 4. Soziativstufe.

그러면 인사 해볼까요. 인사 받으우.	Kŭrŏmyŏn insa hae-bol=kkayo. Insa padŭu (Ye, 57).	Dann wollen wir uns also begrüßen. Nehmen Sie (meinen) Gruß.
내가 일동구장으로 잘 처리하겠으니 염려마우.	Nae-ga ildong-kujang-ŭro chal ch'ŏri-hages=sŭni yŏmnyŏ-mau (= mao, maldo) (a.a.O., 58).	Da ich es als Distriktvorsteher gut in Ordnung bringen werde, machen Sie sich keine Sorgen.

ya　　　야　　　1-ya　　　(§ 2.11.13)

Terminalform der Kopula ida in der 1. Soziativstufe; wird als Deklarativform verwendet. In Verbindung mit folgendem -yo entspricht die Endung (-yayo) der höflichen Sprechweise der 4. Soziativstufe. Beachte die häufige Kontraktion 것이야 kŏs-iya > 거야 kŏya (s.d.). (§ 2.11.41).

정말이야.	Chŏngmar-iya (K 4-1, 116).	Es ist wahr.
아니야, 제자리에 두어야지.	Aniya. Che chari-e tu=ŏyaji (K 1-2, 21).	Nein, du sollst ihn auf seinen Platz stellen.
지금 쓰지 않는거야.	Chigŭm ssŭji-annŭn-gŏya (K 1-2, 21).	Es ist so, daß (wir es) jetzt nicht benutzen.
여순 다섯살 이야요.	Yŏsun-dasŏs-sar-iyayo (ChTK, 216).	Ich bin fünfundsechzig Jahre (alt).

ya (5,6-ya) s. nya, nŭ nya

ya (man)　　　야(만)　　　3-ya(-man)　　　(§§ 2.24.3, 3.34)

Endungsmorphem einer konditionalen Konjunktionalform, die eine einschränkende Bedingung bezeichnet: "nur wenn". Wird mitunter durch die Postposition -man verstärkt. Vgl. ko ya, ra ya (man).

어머니, 몸이 튼튼해야 훌륭한 사람이 되지요.	Omŏni, mom-i t'ŭnt'ŭnhaeya hullyung-han saram-i toejiyo? (K 2-1, 49).	Mutter, wird man ein tüchtiger Mann, nur wenn der Körper kräftig ist?
병정에게 허락을 받아야 겨우 할머니의 의자앞에 꿇어 앉을 수가 있었읍니다.	Pyŏngjŏng-ege hŏrag-ŭl padaya kyŏu halmŏni-ŭi ŭija-ap'e kkurhŏ-anjŭlssu-ga issŏssŭmnida (K 3-1, 60).	Nur wenn er von der Wache die Erlaubnis erhielt, konnte er mit Müh und Not vor dem Sitz der Alten knieen.
그까짓 것쯤이야 어렵지 않지.	Kŭ-kkajit kŏt-tchŭm-iya ŏryŏpchi-anch'i (K 2-2, 85).	Wenn es nur diese Kleinigkeit ist, ist es nicht schwer.

ya chi　s.　ya ha ta

ya ha ta   야하다   3-ya-hada   (§ 4.11)

Kompositionelle Verbalform, bestehend aus dem konditionalen 3-ya (s.o.), hier in adverbialer Stellung (§ 3.34), und dem Hilfsverb hada. Bezeichnet den Necessativ. In der U wird die Terminalform häufig durch Elision des Hilfsverbstammes kontrahiert, z.B. -ya-haji> 야지 -yaji (§ 4.11.1). Siehe ya toe ta.

다른 때 보다 일찌기 학교에 가야한다.	Tarŭn ttae-boda iltchigi hakkyo-e ka<u>ya-handa</u> (K 2-2, 13).	Ich muß früher als zu anderer Zeit in die Schule gehen.
먹고 살아야할 양식, 입고 살아야할 옷.	Mŏkko sara<u>ya-hal</u> yangsik, ipko sara<u>ya-hal</u> ot (K 4-2, 4).	Die Speisen, die man zum Leben essen muß, die Kleider, die man zum Leben anziehen muß.
제 자리에 두어야지.	Che chari-e tuŏ<u>yaji</u> (K 1-2, 21).	Du mußt ihn auf seinen Platz stellen.

ya kess   야겠   3-yagess/t-   (§ 4.11.1)

Morphemverbindung aus dem konditionalen 3-ya (s.o.) und der Endung -kess- des Futurstammes (§ 1.33.3); bezeichnet den Necessativ und ist als Kontraktionsform aus -ya-hagess/t- anzusehen. -kess- verleiht der Form eine dubitative Bedeutung. Vgl. ya ha ta.

좀더 빨아야겠다.	Chomdŏ ppara<u>yagetta</u> (K 2-1, 53).	Du mußt es wohl noch etwas waschen.
저 예쁜 가을·산을 그려 보아야겠다.	Chŏ yeppŭn kaŭl-san-ŭl kŭryŏ-poa<u>yagetta</u> (K 2-2, 14).	Jenen schönen Herbstberg müßte ich zu malen versuchen.

yang (ha ta)   양(하다)   5,6,7-yang(-hada)   (§ 4.32)

Der Nominalisator yang (< moyang Anschein) bezeichnet in der Stellung nach nicht futurischen Partizipien den falschen Anschein, nach dem Futurpartizip die anscheinende Absicht oder Wahrscheinlichkeit. Es steht nach nicht futurischen Partizipien häufig in Verbindung mit dem Hilfsverb hada: "sich den Anschein geben". Vgl. mo yang.

저의 도리 차리는 양 뉘우치며 기쁠세라.	Chŏ-ŭi tori ch'arinŭn=<u>yang</u> nuiuch'imyŏ kippŭl=sera (HS, 103).	Als ob ich meine Pflicht erfülle, fühle ich Reue und bin wohl (auch) froh.

요다지 덧 없을양이면 아예 오들 말 것이.	Yodaji tŏd-ŏpsŭlyang-imyŏn aye odŭl-mal-gŏs-i (HS, 202).	Wenn (die Blüten) anscheinend so rasch vergehen werden, sollten sie überhaupt nicht erst kommen.
사람은 각각 제가 제일인양 한다.	Saram-ŭn kakkak che-ga cheir-inyang-handa (Uri malbon, 385).	Bei den Menschen gibt sich ein jeder den Anschein, der erste zu sein.
안 먹어도 먹은양하고만 있으면, 배가 부른가.	An-mŏgŏdo mŏgŭnyang-hago-man issŭmyŏn, paega purŭn'ga? (a.a.O.).	Wenn du nur vorgibst, gegessen zu haben, obwohl du nicht gegessen hast, bist du (dann) satt?

ya toe ta   야되다   3-ya-doeda   (§ 4.11)

Kompositionelle Verbalform, bestehend aus dem konditionalen 3-ya (s.d.) in adverbialer Stellung (§ 3.34) und dem Hilfsverb toeda; bezeichnet den Necessativ. Vgl. ya ha ta.

그 뜻을 확실히 이해하는 습관을 양성해야 됩니다.	Kŭ-ttŭs-ŭl hwaksirhi ihae-hanŭn sŭpkwan-ŭl yangsŏng-haeya-doemnida (ChK II-II, 95).	Sie müssen eine Praxis ausbilden, deren Sinn genau zu verstehen.
한국 사회에, 또는 세계사회에 나아가 활동하여야 되겠읍니다.	Hanguk-sahoe-e, ttonŭn segye-sahoe-e naaga-hwalttong-hayŏya-doeges=sŭmnida	Sie werden in der koreanischen Gesellschaft wie auch in der Gemeinschaft der Welt vorankommen und aktiv sein müssen.

ya yo   s.   ya (1-ya)

yo   요   1-yo   (§ 2.24.1)

Koordinative Konjunktionalform, nur bei der Kopula ida und häufig bei Aufzählungen gebräuchlich.

그렇다면, 민족정신이요, 자유	Kŭrŏt'amyŏn, minjok-chŏngsin-iyo, chayu-	Was also lehrt uns Heutigen der Geist des Er-

정신 이요, 평화정 신인 삼일정신은 오늘날의 우리에게 무엇을 가르치고 있는가.	jŏngsin-iyo, p'yŏnghwa-jŏngsin-in Samil-jŏngsin-ŭn onŭllar-ŭi uri-ege muŏs-ŭl karŭch'igo- innŭn'ga? (K 6-2, 124).	sten März, der der Geist der Nation, der Geist der Freiheit und der Geist des Friedens ist?
그 몸집이 큼도 아니요, 그 기운이 셈도 아니요, 그 용기의 많음도 아니요, 다만 첫째로 슬기의 많음이다.	Kŭ-momjib-i k'ŭm-do aniyo, kŭ-kiun-i sem-do aniyo, kŭ-yonggi-ŭi manhŭm-do aniyo, taman ch'ŏtchaero sŭlgi-ŭi manhŭm-ida (ChK I-I, 3).	Nicht, daß sein Körper groß wäre, nicht, daß seine Energie stark wäre und auch nicht, daß er viel Mut hätte, (es liegt) vor allem nur (daran), daß er viel Klugheit hat.

yo 요 3-yo (§ 2.11.41)

Assertive Terminalform einer höflichen Sprechweise, die der 4. Soziativstufe entspricht und aus der o-Form der Kopula ida nach der Konverbalform besteht. Diese Form kann als Deklarativ, Interrogativ, Imperativ oder Propositiv fungieren (Intonationsunterschiede vgl. § 2.11.11).-yo kann vielen Terminalformen der 1.-3. Soziativstufe angefügt werden, um diese auf das Niveau einer höflichen Sprechweise zu heben. Vgl. ka yo, kŏ tŭn yo, na yo, kŏ yo, ke ta (ke yo).

4학년 이어요.	Sa-hangnyŏn-iŏyo (ChK I-I, 78).	Ich bin im vierten Schuljahr.
산속으로 들어간 사람도 많아요.	San-sog-ŭro tŭrŏ-gan saram-do manhayo (a.a.O.).	Zahlreich sind auch die Leute, die ins Bergesinnere gegangen sind.
어떻게 부쳐요. 어머니, 부쳐 주셔요.	Ŏttŏk'e puch'ŏyo? Ŏmŏni, puch'ŏ-jusyŏyo! (K 2-2, 47).	Wie sende ich (den Brief) ab? Mutter, sende du (ihn) für mich ab!

yŏ yo 여요 yŏyo (§ 2.11.41.2)

Höfliche Terminalform der Kopula ida in der 4. Soziativstufe, kontrahiert aus 이어요 iŏyo (= i- + 3-yo, s.o.).

내일 학교에 가지고 갈 숙제여요.	Nae'il hakkyo-e kajigo-gal sukche-yŏyo (K 3-2, 9).	Es ist die Hausaufgabe, die ich morgen in die Schule bringen soll.

여러 지방 사람들에게 물어서 적어넣은 거여요.	Yŏrŏ chibang saramdŭrege murŏsŏ chŏgŏ-nŏhŭngŏ-yŏyo (< -kŏs-iŏyo) (K 4-2, 10).	Es ist das, was ich von den Leuten aus vielen Gegenden erfragt und niedergeschrieben habe.